国家电网公司
电力科技著作出版项目

电力大数据技术及其应用

王继业　主编

中国电力出版社
CHINA ELECTRIC POWER PRESS

内 容 提 要

　　电力大数据贯穿于电力产业的各个环节，依托电力大数据价值的深度挖掘，实现"数据转化资产""数据转化智慧"，以及"数据转化价值"，以大数据驱动企业创新化、智能化，助力电网迈进全景实时的电网时代已经到来。国家电网公司在该领域开展了相关技术研究与应用实践工作，并取得了一定的成果。本书结合国家电网公司大数据研究成果，着重从大数据基础、电力大数据关键技术、电力大数据实践和应用等方面入手，以技术结合实例的形式全方位、多视角展现大数据技术给传统电力行业带来的发展创新和变革，为电力行业在向能源互联网转型、重构企业价值链、增强核心竞争力提供了重要参考依据。

　　本书能够帮助读者了解电力行业大数据的发展现状，给电力工作者和从事其他行业大数据相关工作的研究人员和技术人员在工作中带来新的启发与认识。

图书在版编目（CIP）数据

电力大数据技术及其应用／王继业主编. —北京：中国电力出版社，2017.10
ISBN 978-7-5198-0971-3　（2020.1 重印）

Ⅰ.①电…　Ⅱ.①王…　Ⅲ.①互联网络-应用-电力工业-工业企业管理-中国-指南
Ⅳ.①F426.61-39

中国版本图书馆 CIP 数据核字（2017）第 167445 号

出版发行：中国电力出版社
地　　址：北京市东城区北京站西街 19 号（邮政编码 100005）
网　　址：http：//www.cepp.sgcc.com.cn
责任编辑：刘　炽（010-63412395）
责任校对：李　楠
装帧设计：张俊霞　赵姗姗
责任印制：蔺义舟　杨晓东

印　　刷：北京瑞禾彩色印刷有限公司
版　　次：2017 年 10 月第一版
印　　次：2020 年 1 月北京第四次印刷
开　　本：787 毫米×1092 毫米　16 开本
印　　张：20.25
字　　数：309 千字
印　　数：5001—6500 册
定　　价：88.00 元

编　委　会

编 写 组

组 长　黄文思

副组长　陈　宏　邹保平　章剑涛　郑晓崑

成　员　(以姓氏首字母为序，排名不分先后)

蔡世霞	蔡宇翔	陈　坤	陈　强	丁　明	范松海
付　婷	胡　辉	黄　林	黄海潮	黄鑫烨	江　樱
孔晓昀	连纪文	赖伟平	雷振江	李　钊	李宏发
李金湖	李剑谓	李　云	李子乾	林笔星	林海玉
林佳能	林　燊	刘　宏	刘　青	刘鸿宁	刘燕秋
罗文甜	罗义旺	骆伟艺	冉　冉	宋　岩	宋坤煌
苏志勇	王　扬	王电钢	王红星	王璐鑫	吴　飞
吴　钢	徐德力	许梓明	杨小蕾	殷　博	于海涛
余仰淇	张才俊	张晓慧	赵保华	赵一斌	赵以兵
郑建宁	周志荣				

序一

　　大数据在中国历经五年的发展，这五年来，很多大数据企业、学会和科研单位，都把眼光放在实现数据间的融合，试图要充分地挖掘数据融合中的价值。这确是我们需要研究的主要方向，但是回过头来想一想，当我们对数据进行挖掘时，其价值都是针对解决特定的经济、社会、生活或是相关领域问题的。但是数据真正的价值，并不单指数据本身所具有的价值，更是指这些数据对于解决问题所具有的价值。

　　如今，无论是经济新常态的"三个转变"，还是社会服务、公共服务的社会管理，以及老百姓生活要解决的问题，都需要足够的数据作支撑。在这个数据爆发式增长的时代，如何利用大数据促进经济社会发展，对于我们利用大数据来解决今天社会面临的问题尤为重要。想要解决这个问题，就需要利用工具。可以说，大数据产品的价值体现是工具。

　　现在成千上万的工具被使用，国家电网公司的企业级大数据平台作为解决电力大数据的重要工具，已经在应用中取得些许成果，这对于电力行业的大数据解决方案，具有非常重大的参考价值和理论实践意义。

　　作为关系国家能源安全和国民经济命脉的国有骨干企业，国家电网公司具有明显的经济属性和社会属性。而大数据同样具有这两种属性。今天经济社会发展面临着一个重要的变革，即信息成为整个生产过程中的要素，信息提供了产品。这样的要素和产品，和它原来的材料、能源在整个经济运行过程中的性质不同：它不遵循材料能源的基本规律，这才有了我们今天的零边际经济、共享经济等一系列的经济模式。所以，在理论上，大数据拥有一种经济属性。我们还要研究信息的社会属性。信息的获取、处理和利用模式的改变，也改变着社会发展中的每个成员和每个功能系统的发展轨迹。作为工具的大数据平台，因此也被赋予了社会属性。

本书从基础概念、前沿技术和实际案例三个角度为我们详细介绍了大数据及其在电力企业中的应用成效。也让我对电力大数据的发展有了新的认识，对于大数据在公共事业及社会发展中的作用有了新的启示。

国家电网公司在实现技术创新的同时不忘坚持理论创新，创建了独具特色的企业信息模型。目前公司海量、多样的数据资源为数据深层次分析提供了良好条件，利用大数据技术开展电力大数据平台建设工作，对电力数据的价值提升具有重要意义。

纵观全书，电力大数据正在演化着一场模式与价值功能的重构，为智能电网、全球能源互联网的发展提供了新思路、新方法和新的解决方案，也为我国电网企业赶超国际先进水平，在应用领域采取跨越式的方法吸收创新，提供了新的机遇。电力大数据将迎来最好的时代，成为产业风口。这需要积极面对，需要得到强烈认知和战略上的认同，从而推进大数据时代的电网管理从概念走向现实。

❶ 杨学山，工业和信息化部原副部长。

序二

　　大数据带来的信息风暴在改变人们生活、工作和思维的同时，也开启了重大的时代转型。 世界上许多国家充分认识到数据作为战略性资源所发挥的重要作用，以美、英等国为代表的诸多国家纷纷制定了以大数据为核心的相关战略或计划，以此实现业务创新及新兴产业发展。 我国政府部门也通过印发《促进大数据发展行动纲要》《大数据产业发展规划（2016—2020 年）》等指导性文件，提出实施国家大数据战略的重大决策。

　　在能源互联网和新电改背景下，传统电力行业正面临着能源转型所带来的机遇和挑战，大数据为电力行业的发展注入了新的活力。电力大数据贯穿于电力产业的各个环节，依托电力大数据价值的深度挖掘，实现"数据转化资产""数据转化智慧"，以及"数据转化价值"，以大数据驱动企业创新化、智能化，助力电网迈进全景实时的电网时代已经到来。

　　本书分基础篇、技术篇、应用篇三个部分，对大数据概念、关键技术及业务应用进行了全面介绍。 基于电力生产、管理、运营领域数据现状，重点对电力大数据应用等行业内普遍关注的焦点问题，进行了详尽地论述及深入地剖析。

　　基础篇主要针对大数据基础、电力大数据概念等内容，通过对电力大数据研究现状及发展前景的分析，揭示大数据的影响已经渗透到各行各业，其对生产方式和商业模式创新的推动作用不容小觑。 在能源互联网和新电改背景下，电力大数据的市场潜力也将被充分释放，为企业带来新的增长点的同时，也将成为电力工业发展的驱动器。

　　技术篇关注电力大数据信息模型和电力大数据平台的设计与实现。 信息模型是大数据平台落地的有力保障。 在此基础上，结合国家电网公司"三集五大"体系的建设成果，对国家电网公司公共信息模型（SG－CIM）、国家电网大数据平台建设进行了详尽地阐述，以此对电力大数据关键技术加以验证。

应用篇立足于电力大数据价值的深度挖掘，结合国家电网公司最佳应用实践，对电力生产、企业经营管理、电力客服服务、电力增值服务等领域典型应用，从设计思路、分析方法、应用成效等角度进行了分析，对于指导电力大数据分析应用的深入开展、提高数据资产利用水平，具有很高的借鉴价值。

本书着重介绍大数据概念、电力大数据信息模型及电力大数据分析应用等知识，既有一定的理论深度，又有指导实际操作的借鉴价值，为电力行业在向能源互联网转型、重构企业价值链、增强核心竞争力提供了重要参考依据。 本书适合能源、电力行业的从业者，帮助他们深度了解电力大数据的关键技术及典型应用，也适合关注大数据技术及发展的人士，为他们提供基础概念、技术等信息，也可供高等院校电力相关专业学生学习参考。

---

❶ 徐宗本，中国科学院院士，大数据算法与分析技术国家工程实验室主任。

前　言

　　数据已成为重要资源，在人类的社会生活、工作、交流过程中，不断产生并逐步被记录和存储，蕴含着各类活动的内在规律。读懂这些海量数据的内在规律正是大数据分析技术的魅力所在。大数据是新技术和新理念的融合体，代表新的数据管理和分析技术，打开一种全新的思维和认知视角，是建设信息社会的基础。

　　电力大数据独具特色，具有体量大、类型多、价值高、变化速度快等典型大数据特征。全社会的用电大数据可为国家宏观经济决策提供支持；电力生产大数据为电力生产的上下游企业，如发电、输电、配电、用电等环节各方，为设备提供智能状态检修和运行管理，提升效率，降低损耗；电力营销大数据为电力客户提供更优质、量身定制的服务；电网运行大数据为最大限度消纳清洁能源，实现源网荷协调优化，保障整个大电网的安全稳定运行保驾护航。

　　在"互联网+"的背景下，大数据为电力企业提供强大的信息技术支撑，电力企业充分利用大数据实现电力生产、传输、调度、运维、营销和供电服务等全流程效率的提高，实现企业规划、计划、建设、运营等各环节相关的人财物核心资源的优化配置和管理，实现对上下游客户的友好互动和优质服务，真正做到"用数据管理企业，用信息驱动业务"，实现现代企业管理的科学决策，提质增效。

　　目前，已面市的大数据相关书籍主要包括通用技术类、理念传播类、实现方法描述类、理论探讨类等。本书全面总结大数据实践经验，着重从大数据基础、电力大数据关键技术、电力大数据实践和应用等方面入手，以技术结合实例的形式，为读者全方位、多视角展现大数据技术给传统电力行业带来的发展创新和变革。基础篇通过对电力大数据研究现状和发展前景的分析，揭示大数据对生产方式和商业模式创新的影响。技术篇关注电力大数据关键技术、电力大数据标准体系和电力大数据平台的设计与实现。 结合国家电网公司大数据工作实践，对国家电网公共信息模型（SG-CIM）、企业级大数据平台建设进行详尽阐述。 应用篇对电力生产、企业经营管理、优质客户服务、电力增值服务等领域等 24 个典型应用，从设计思路、分析方法、应用成效等角度进行细致分析，对于指导电力大数据分析应用的深入开展、提高数据资产利用水平，具有借鉴价值。

今天，我们对大数据的分析探索刚刚起步，数据的应用和价值就像浩瀚天空中的星星一样纷繁，等待我们去探索。 大数据能够产生大智慧，建设应用大数据也需要大胸怀，不能够因循守旧，故步自封，相互封闭。 未来我们还有很长的路要走，有更多的技术，更好的方法，更好的应用会出现。 也许将来，"大数据"会成为一个历史名词，人们生活、工作、学习中到处都是浩瀚的海量数据，数据与能源、物资一样成为世界的基本组成，数据成为融合世界的一部分，无处不在又发挥着巨大的"能量"，成为未来社会进步的重要驱动力。

最后，衷心感谢国家工业和信息化部原副部长杨学山先生和西安交通大学徐宗本院士在本书编写过程中给予的指导和帮助，感谢所有对于本书编写提供支持和帮助的各位专家，以及参与编著的各位同志。 希望本书能够帮助读者了解电力行业大数据的发展现状，给电力工作者和从事其他行业大数据相关工作的研究人员和技术人员在工作中带来新的启发与认识。

编　者

特 别 声 明

　　本书旨在介绍目前电力行业相关企业应用大数据技术在电力生产及企业经营管理等方面行之有效的理论基础和实践方法。 但是出于信息安全考虑，为避免信息泄露，书中的数据均已进行脱敏处理。 在进行数据脱敏时，保留了基本的分析方法，但分析结论可能会与实际出入较大，特别是与社会行业及社会经济发展相关的分析，可能与实际情况完全相反。 因此，不建议直接引用本书的数据和结论，请读者在阅读本书时有所选择及判断。

目　录

---

❶ 基于客户的电力市场营销分析在 2016 CCF 大数据与计算智能大赛(BDCI)中获二等奖。

❷ 客户用电异常分析在 2016 CCF 大数据与计算智能大赛(BDCI)中获二等奖。

第一部分　基础篇

　　"数据驱动发展"是时代大势所趋。 如今，大数据已经被赋予多重战略含义。 从资源的角度来看，数据被视为"钻石矿"，被作为战略性资产进行管理；从公共事业治理角度来看，大数据被用来提升治理效率、重构治理模式、破解治理难题，它将掀起一场国家公共事业治理革命；从经济增长角度来看，大数据是经济发展的新引擎，它将有力驱动经济向高速、高效的方向发展；从国家安全角度来看，全球数据空间没有国界边疆，大数据能力成为大国之间博弈和较量的利器。 总之，国家竞争焦点将从资本、土地、人口、资源转向数据空间，世界各国也纷纷利用大数据进行政府治理，主要发达先进国家也开始谋求从"数据大国"向"数据强国"转变。

　　本部分主要讲述目前国内外大数据发展现状和趋势，以及电力大数据的概念、现状和未来发展。 第1章首先从国家层面概述大数据时代带来的战略机遇和挑战，以及主要国家在大数据方面的战略部署，然后对比分析了国内外大数据研究、应用现状及大数据技术的演进趋势，并列举了大数据技术在某些行业的应用和取得的成效。 第2章主要讲述了电力大数据的概念、特征和在国内外的发展现状和趋势，最后展望电力大数据在电力行业以及电力行业外的应用前景。

第 1 章　大数据发展现状及趋势

　　我们正处在一个数据爆发增长的时代。移动互联网和物联网技术的发展，使数据以超出人们想象的速度快速增长，未来五年，全球数据量将呈指数级增长。据国际数据公司（IDC）统计，2014 年全球数据总量为 8ZB（1ZB = 10^{21}B），预计 2020 年将达到 44ZB。同期，我国数据总量为 909EB（1EB = 10^{18}B），占全球数据总量的 13%，预计到 2020 年，我国数据量将达到 8060EB，占全球数据总量的 18%。"大数据时代"已然到来。

1.1　主要国家大数据发展现状及趋势

　　近几年，世界各国对大数据的关注程度日益提高，数据正在成为这个世界上经济发展最重要的土壤和基础，成为一切管理和决策的依据，各个国家都在试图通过扩大大数据应用范围，进一步释放大数据的潜在价值。实践证明，大数据与传统产业的深度融合和创新应用，确实能够推动社会管理创新，带动各行业向信息化、网络化、智能化发展，加速制造业、服务业等产业转型升级，激发新的经济增长点，提升产业竞争力，甚至增强国家安全防护能力，变革科研和教育模式。

　　大数据在经过前几年的概念热炒以后，逐步走过了探索及市场启动阶段，当前已经在接受度、技术、应用、交易等各个方面步入快速发展阶段。大数据技术正在成为各行各业颠覆性创新的原动力和助推器，跨国 IT（Information Technology，信息技术）企业纷纷进入大数据领域。谷歌（Google）、Facebook 等公司大数据资源优势逐步显现。2016 年 3 月 15 日，谷歌阿尔法围棋

（AlphaGo）与世界围棋冠军李世石的世纪人机大战以 4∶1 取胜，2017 年 5 月 27 日，阿尔法围棋与柯洁的大战又以 3∶0 取胜，更是将大数据的深度应用推向了一个更新的高度。AlphaGo 是大数据和深度学习的融合，它通过基于大数据的深度学习来减少搜索量，从而在有限的搜索时间和空间内找到最大的取胜概率。2016 年 11 月，互联网巨头亚马逊（Amazon）在 AWS re：Invent 大会上发布了亚马逊人工智能（Amazon AI）。2016 年 10 月，加州大学伯克利分校宣布，曾经发明内存计算组件（Apache Spark）等多项大数据技术的 AMPLab 实验室将被替换为 RISELab 实验室，后者将致力于人工智能（AI）和自动驾驶汽车等应用。除此之外，甲骨文（Oracle）、国际商业机器公司（IBM）、微软（Microsoft）、赛贝斯（SYBASE）、易安信（EMC）、SAP、英特尔（Intel）、天睿（Teradata）、英伟达（NVIDIA）等企业也陆续推出大数据产品和方案，如甲骨文公司的 Oracle NoSQL 数据库、IBM 的 InfoSphere BigInsights 数据分析平台、微软公司 Windows Azure 上的 HDInsight 大数据解决方案、EMC 公司的 Greenplum UAP 大数据引擎、SAP 的 HANA 内存计算技术、Teradata 的 Teradata 数据库等，NVIDIA 更是推出了装备 8 颗最新的 Tesla P100 GPU 的 DGX-1 服务器，相当于 250 台传统服务器使用 GPU 处理大数据，这些走在科技前沿的 IT 公司纷纷迈开了进军大数据业务的步伐。转身看向国内的企业界，百度、阿里巴巴、奇虎 360、京东等互联网企业均已将大数据作为公司的重要战略，依靠自身的数据优势发展公司业务，提升经营管理能力。

学术界大数据科学研究队伍也不断壮大，美国哥伦比亚大学和纽约大学、澳大利亚悉尼科技大学、日本名古屋大学、韩国釜山国立大学、中国西安交通大学等院校纷纷成立数据科学研究机构，美国加州大学伯克利分校和伊利诺伊大学香槟分校、英国邓迪大学、中国香港中文大学等一大批高校开设了数据科学课程。2016 年 4 月，麻省理工学院推出了"数据美国"在线大数据可视化工具，可以实时分析展示美国政府公开数据库（Open Data）。2017 年 1 月，西安交通大学与国家电网公司全球能源互联网研究院联合共建"大数据算法与分析技术国家工程实验室"，旨在以电力大数据为基础，开展大数据算法与分析核心技术的研发和工程化，提升电力大数据分析能力，更好地为国家、能源行业和公司发展服务，支撑"大众创业、万众创新"发展。

1.1.1　美国大数据发展现状及趋势

美国政府将大数据视为强化美国竞争力的关键因素之一，把大数据研究和生产计划提高到国家战略层面。2009 年，美国国家科学技术委员会（NSTC）发布了《开发数字数据的威力》报告，初步提出了发展大数据的框架、建议和目标。2012 年 3 月 29 日，奥巴马政府宣布投资 2 亿美元启动"大数据研究和发展计划"，希望增强收集海量数据、分析萃取信息的能力；2013 年 5 月，奥巴马政府发布行政令，加大政府数据开放力度，以更加有效地利用宝贵的公共信息资源；2014 年 5 月，白宫行政办公室与总统科技顾问委员会（PCAST）联合发布报告《大数据：抓住机遇，保护价值》与《大数据和隐私：技术视角》，分别从政策和技术的角度分析了大数据技术的发展对社会带来的影响，特别是对隐私的影响；2016 年 5 月，白宫又发布了《联邦大数据研发战略计划》报告，在已有基础上总结未来研发重点战略，指导美国大数据发展进程。

以美国科学与技术政策办公室（OSTP）为首，国土安全部、美国国家科学基金会、国防部、美国国家安全局、能源部等已经开始了与民间企业或大学开展多项大数据相关的各种研究开发。美国政府为之拨出超过 2 亿美元的研究开发预算。奥巴马指出，要通过提高从大型复杂的数字数据集中提取知识和观点的能力，加快其在科学与工程中应用的步伐，改变教学研究，加强国家安全。美国国防部已经在积极部署大数据行动，利用海量数据挖掘高价值情报，提高快速响应能力，实现决策自动化。而美国中央情报局通过利用大数据技术，将分析搜集数据的时间由 63 天缩减到 27 分钟。

美国在《大数据研究和发展倡议》中，提出将通过收集庞大而复杂的数字资料，从中获得知识和洞见，以提升能力，并协助加速应用在科学和工程上的步伐，强化美国国土安全，转变教育和学习模式。根据这一计划，美国希望利用大数据技术实现在多个领域的突破，包括科研教学、环境保护、工程技术、国土安全、生物医药等。其中具体的研发计划涉及了美国国家科学基金会、国家卫生研究院、国防部、能源部、国防部高级研究局、地质勘探局等 6 个联邦部门和机构。

在大数据应用方面，美国的一些中小企业利用公开获取的数据信息进行加工分析，开发了新的产品或服务。如在医疗领域，Archimedes 公司利用电子病历数据库，开发了 IndiGO 软件系统，根据综合体检结果判断罹患心脏病、糖尿病等的健康风险，为医生提供诊断辅助；在个人金融领域，Bill Guard 公司利用美国消费金融保护局的数据库信息，分析信用卡欺诈的常见行为模式，对客户的注册信用卡提供实时保护。

在开发工具技术方面，美国国防部每年投入 2.5 亿美元，其中有 6000 万美元用于大数据创新研究，来开发足以计算大量数据的软件及工具，美国国防部希望数据分析后能够转换成决策的依据。其下的高级研究计划局也推动了一项四年计划 XDATA，每年预计投入 2500 万美元，来开发更先进的数学演算法，以处理分散式数据仓储中的不完整数据，同时设计更有效率的人机互动工具，以满足不同分析任务的需求。XDATA 计划也力推开源软件，来提供使用者在不同应用环境下更弹性地处理大量数据。美国能源部则成立了大数据研究单位，邀请来自六个国家实验室与七所大学的专家，共同开发新工具，用数据视觉化管理能源部内的超级电脑。

学术领域方面，主要是赞助各级学术单位进行大数据相关研究，像是美国国家科学基金会邀请了跨学科的研究人员，共同探讨大数据如何改变教学领域，成立培训小组，提供技术训练，协助用图像与视觉化处理复杂的海量数据，并鼓励科学研究院设立研究学程，培育下一代的数据科学家与工程师。

1.1.2 德国大数据发展现状及趋势

德国是世界主要的经济强国之一，也是欧盟国家中重视信息化建设、信息化程度较高的国家之一。有研究预测，全球大数据的市场规模将蓬勃增长，2016 年，全球大数据产业的销售额将达到 150 亿欧元以上，其中德国将达到 16 亿欧元。

为迎接信息社会的新挑战，确保德国在大数据时代居欧洲领先地位，2014 年 8 月 20 日，德国联邦政府内阁通过了由德国联邦经济和能源部、内政部、交通与数字基础设施建设部联合推出的《2014～2017 年数字议程》，提出在变革中推动"网络普及""网络安全""数字经济发展"三个重要进程，希望以此打造具有国际竞争力的"数字强国"。无论是之前的信息社会发展战略，还是现在的数字议程，德国始终在互联网基础设施建设、数据安全保护、挖掘数字化价值创造潜力在公共管理和国民经济各领域的运用等方面保持了高度关注，这些措施为德国迈入大数据时代提供了有力支撑。

对政府管理而言，大数据的价值在于提供尽可能多的详尽信息并对信息进行有效分析，促进决策科学化和管理精细化。德国凭借自身较高的信息化水平，通过大型基础数据库和地方数据库的建设，重视在政府管理中运用数据资源服务公众和服务决策。早在 2000 年，德国就发布了《2005 年联邦政府在线计划》，要求联邦政府到 2005 年将所有可在网上提供的服务在线提供给公众。2003 年 6 月，德国推出了整合电子政务的"德国在线"计划，加强基础数据库和地方数据库建设力度，整合集成大量分散的信息资源，以公众需求为导向，为公众提供更便捷的数据服务。数据库的建设和开放体现了德国一直以来所倡导的"让数据而不是让公民跑路"的导向，切实地为公众提供了便利。数据库的建设和开放也为各地政府的科学决策提供了基础。在数据库的建设中，涉及人口资源、经济社会、地理环境等基础数据库资源的开发建设，主要由联邦和州一级政府负责，州一级的统计局兼具州政府全面信息服务商的角色。例如，德国西部的北莱茵—威斯特法伦州统计局建立了该州的"中央数据库"，专门向州政府提供人口分布、地理数据、矿藏信息等信息服务，并提供相应分析软件。通过应用软件对大量数据的分析，州政府的各部门能获得很多有价值的信息，从而促进决策的科学化。类似的大型数据库的建立，将分散在各个政府部门大量数据整合起来，使德国的政府信息资源得到了很好的利用。

除了强调数据库在政府系统的运用，德国也重视各行各业之间的信息资源共享。例如，2013 年 1 月，为了提高科研与教育中的数字信息支撑能力，德国科学组织联盟启动了第二期数字信息计划，该计划主要包括以专业的信息科学与信息技术方法实现科研数据的收集、存储和开放共享、确保用于科研目的的科研数据不受访问限制、实现数字出版物的永久保存等内容。可以看到，德国对数据资源的运用并不仅仅局限于数据本身的开放和提供，数据更是促进政府更有效运转和社会更多发挥创造能力的强有力的支撑，以数据开放来支持和促进社会创新，能够更好地发挥数据的价值。

在大数据迅速发展的背景下，德国经济和能源部为更好地开发德国大数据的未来市场，支持大数据相关技术的研发创新，启动了"智慧数据——来自数据的创新"项目。德国的 IT 企业、研究机构和大数据领域的企业都摩拳擦掌、跃跃欲试，力促德国发展成为数据管理和分析系统领域的领头羊。德国"智慧数据"行动的必要性主要体现在三个方面：一是开发商业模式，二是优化发展环境，三是以数据促进工业发展。

1.1.3　澳大利亚大数据发展现状及趋势

2012 年 10 月，澳大利亚政府发布《澳大利亚公共服务信息与通信技术战略 2012—2015》，强调应增强政府机构的数据分析能力，从而实现更好的服务传递和更科学的决策，并将制订一份大数据战略作为战略执行计划之一。

2013 年 2 月，澳大利亚政府信息管理办公司成立了跨部门工作组——"大数据工作组"，启动了《公共服务大数据战略》（以下简称为《战略》）制定工作，并于 2013 年 8 月正式对外发布。《战略》以"数据属于国有资产""从设计着手保护隐私""数据完整性与程序透明度""技巧资源共享""与业界和学界合作""强化开放数据" 6 条大数据原则为指导，旨在推动公共部门利用大数据分析进行服务改革、制定更好的公共政策、保护公民隐私。政府通过引入和发展大数据，提升公共服务质量，增加服务种类，并为公共服务提供更好的政策指导。澳大利亚国家血液管理局通过将移动化和数据注入供应链的创新效率，共计节省了约达 1000 万澳元的资金。澳大利亚国家血液管理局借助于数据和移动技术创新，以优化其涉及澳大利亚的 1300 多家医院的实时供应链。澳大利亚农业部采用一款在线数据工具，包括监测预警工具、气候影响分析模型、降水对牧草生长展望模型等，有效提升了数据挖掘分析利用能力。农业部正在开发和使用机器人、自主系统、先进的电信、无线、天线和传感器网络等来提高科研能力，同时与国内外世界一流的研究伙伴共同开发世界领先的计算和模拟系统。澳大利亚交通局从 GPS 设备和智能手机应用程序中收集大数据，利用先进的基于位置的分析，以增加流动性。交通局与主要运输机构进行合作，创造更适宜居住的智能城市。交通局通过使用先进的技术来绘制和分析大数据，揭示交通发展趋势和流量模式，更好地进行网络规划和管理之前隐藏的盲点。澳大利亚犯罪委员会花费 1.45 亿美元开发大数据系统，预测全国各地的犯罪趋势，这表明委员会开始由数据驱动执法，通过扫描数据，使用数据挖掘，发现新兴犯罪威胁的信号，预测遍布全国各地潜在的新兴犯罪问题和趋势。澳大利亚默多克儿童研究所是全球致力于研究 DNA 测序技术的医学研究中心之一，研究所利用大数据解密 DNA，这种技术可以为整个人类基因组进行测序，同时也让研究所有了分析这些大数据集的能力。

1.1.4　印度大数据发展现状及趋势

作为世界第二大人口国的印度，近两年也持续运用大数据，期许打造出一个更便利、更亲民的智慧城市。印度全国软件与服务企业协会（Nasscom）预计，印度大数据行业规模在三年内将快速增长，为当前规模的 6 倍，同时还将达到全球大数据行业平均增长速度的 2 倍。对于印度的整个 IT 行业来说，大数据时代的到来会创造更多更新的机遇。

印度大数据产业发展迅猛，据印度技术创业培训公司 Simplilearn 最新报告，印度大数据 2016 年为 IT 行业提供 6 万个就业机会，同比增长 30%。随着印度 IT 服务公司对大数据分析需求快速增长以及云计算领域新时代数字项目的发展，IT 行业对大数据专业人士的需求将持续上涨。预计在 2017 年，印度对数据科学家的需求将大幅增长，将会出现大数据人才短缺的现象。据《印度大数据就业市场报告》中描述，班加罗尔汇集了印度大部分大数据企业，占有印度 40% 的大数据就业市场份额。其他大数据专业人员需求旺盛的城市包括浦那、海德拉巴、德里、孟买和金奈等。2016 年，印度诸多大数据创新企业，包括 Realbox、Scienaptic、Bridgei2i 等公司已完成融资并步入良好发展时期。

随着大数据的应用领域越来越广阔，印度积极使用大数据等相关技术进行社会治理。印度互联网与社会中心选取了五种使用大数据进行社会治理的案例进行调研及分析，包括预测警务应用、唯一身份识别项目、信用评分大数据、智能仪表和大数据、智能交通系统，研究各种实施举措，探索各种大数据应用带来的好处以及存在的问题，最后提出相关的政策解决方案和干预措施，确定最佳做法和建议。

1.1.5 中国大数据发展现状及趋势

我国紧紧抓住大数据驱动社会发展的战略机遇，及时于 2014 年将大数据写入政府工作报告，并于 2015 年先后发布了《中国制造 2025》、"互联网+"行动计划、《促进大数据发展行动纲要》《大数据产业发展规划（2016～2020年）》等指导性文件，将大数据发展列为国家战略。习近平总书记指出："大数据是工业社会的'自由资源'，谁掌握了数据，谁就掌握了主动权。"各部门、各地方高度重视，2016 年 9 月 9 日，国家发展和改革委员会发布《关于推进全国发展改革系统大数据工作的指导意见》。2016 年 3 月 8 日，环境保护部办公厅发布《生态环境大数据建设总体方案》。据不完全统计，截至 2016 年底，已有 20 多个省级地方和 10 余个部委出台了本地区、本行业大数据发展规划。2017 年 2 月，国家信息中心、南海大数据应用研究院联合发布《2017 年中国大数据发展报告》，该报告基于 30 多个种类，总计 40 多亿条数据，对我国大数据产业发展的人才、政策、投融资等多个维度进行全面分析。2017 年中国政府工作报告再次强调加快大数据、云计算、物联网应用，以新技术、新业态、新模式，推动传统产业生产、管理和营销模式变革。另外，京津联手布局大数据走廊，凭借技术领先优势吸引大量资本投资和人才流入。长三角地区成立大数据联盟，以智慧城市、云计算为发展切入口。大数据为各行业加快转型升级，实现"弯道超车"提供了难得机遇。有了国家政策方针的指导和开路，目前我国大数据发展已经正式驶入快车道。

国内学术界和企业界近年来也纷纷开启了集中于大数据存储、建模、挖掘与服务等方面的研究。2012 年，国家重点基础研究发展计划（973 计划）专家顾问组在前期项目部署的基础上，将大数据基础研究列为信息科学领域 4 个战略研究主题之一。此外，国内一系列高校成立了以大数据方向为核心的研究机构，包括西安交通大学与国家电网公司全球能源互联网研究院联合共建的大数据算法与分析技术国家工程实验室、华北电力大学的配网大数据实验室、北京航空航天大学国际交叉科学研究院的大数据科学与工程国际研究中心、中国国际经贸大数据研究院（我国第一所以大数据研究为核心的国家级智库型科研机构）、华东师范大学云计算与大数据研究中心、上海市数据科学重点实验室

（复旦大学）、厦门大学云计算与大数据研究中心、香港中文大学大数据决策分析研究中心、清华青岛数据科学研究院等科研机构。由北京航空航天大学承担的"网络信息空间大数据计算理论"、中国科学院计算技术研究所承担的"网络大数据计算的基础理论及其应用研究"、清华大学承担的"面向城市管理的三元空间大数据计算理论与方法""大数据群体计算的基础理论与关键技术"、上海交通大学承担的"城市大数据三元空间协同计算理论与方法"、山东大学承担的"城市大数据计算理论和方法"等项目获得 973 计划支持。由上海交通大学承担的"面向大数据的内存计算关键技术与系统"、电子科技大学承担的"初等数学问题求解关键技术及系统"、科大讯飞承担的"基于大数据的类人智能关键技术与系统"、国网上海电力公司承担的"智能配用电大数据应用关键技术"、哈尔滨工业大学承担的"生物大数据开发与利用关键技术研究"、中山大学肿瘤防治中心承担的"常见恶性肿瘤大数据处理分析与应用研究"等项目获得国家高技术研究发展计划（863 计划）支持。

在国内的企业界，百度、阿里巴巴、奇虎 360、京东等互联网企业依靠自身的数据优势，均已将大数据作为公司的重要战略。百度在大数据方面让人印象深刻的有"百度迁徙"这样的公益项目，应用在民生和新闻等领域。百度网盟利用基于大数据的 CTR（广告内容匹配）数据使站长的平均收入提升 70%。阿里巴巴集团宣布无线开放战略，启动"百川计划"，该计划将全面分享阿里无线资源，为移动开发者提供技术、数据、商业等全链条基础设施服务，其中，大数据层面则将联合移动应用统计分析平台友盟，帮助开发者完善数据精准挖掘分析及完善个性化推送体系。奇虎 360 发布实效平台、聚效平台和来店通等 3 款产品，把集合了数 10 亿用户信息的数据免费分享给广告商，帮助广告商利用大数据做更有效的营销。京东也在积极通过大数据技术挖掘用户需求，提供更精准的服务。中国移动提出了大数据时代全新的移动互联网战略，即构筑"智能管道"、搭建"开放平台"、打造"特色业务"与提供"友好界面"，中国移动大数据服务平台，依托大数据，提供分钟级的客户细分和推送能力，构建实时精确的营销体系，助力 4G 营销战略的执行；公共服务平台，面向政府治理、公共服务、旅游、交通、金融、地产、医疗、广告等行业提供大数据服务，助力行业创新。国家电网公司从 2014 年启动大数据建设，组织研究大数据平台技术，2016 年完成大数据平台研发，并在总部及 27 家省市电力公司完成大数据平台部署，实现了 159 个大数据应用实施。2017 年 1 月，由西安交通大学承担，国家电网公司全球能源互联网研究院作为联合共建单位共同筹建大数据算法与分析技术国家工程实验室。

1.2　大数据应用发展现状及趋势

大数据正在改变着各行各业，电商的成功、互联网业的爆发式增长及互联网金融的高速发展向各大行业展现了互联网与行业融合的巨大发展潜力和独特的创新路径。大数据在各个领域的应用持续升温。据 Gartner 公司 2015 年的调研，全球范围内已经或未来 2 年计划投资大数据应用的企业比例达到 76%，比 2014 年增长 3%。

1.2.1　在交通运输业的应用

在交通运输业，美国 Inrix 公司和新泽西州运输部达成合作伙伴关系。Inrix 公司通过汽车和移动电话 GPS（Global Positioning System，全球定位系统）装置上的信号和数据，采集主干道上的车速数据，然后实时向新泽西州运输部警示任意主干道上的路况险情，同时向司机的车载 GPS 装置或移动电话发送警示提醒司机注意路况险情。这个项目现已扩展为跨州服务，覆盖范围包括马里兰州和北卡罗来纳州。

1.2.2　在农业方面的应用

在农业方面，美国天气保险公司（Climate Corporation）可以为美国的农民提供天气意外保险，农民可以在电脑上模拟未来可能破坏农业生产的天气，然后选择合适的保险进行投保，这样在未来发生灾害时损失可以降低到最少。该公司通过庞大的传感器网络分析和预测 2000 万美国农田的气温、降水、土壤湿度和产量。在知晓高温天的天数以及土壤湿度数据后，建立模型帮助其预判农民需要的天气保险金额以及公司需要支付的保费。

1.2.3　在气候方面的应用

在气候方面，美国纽约州能源研究和发展管理局运用一系列的大数据技术来评估气候变化对纽约州的影响，并为农业、公共卫生、能源和交通运输等领域提供应对气候变化的策略。这一应用也被引入美国疾病控制中心，正与美国其他 10 个州和城市一起开展"阅读州和城市计划"，共同研究和应对气候变化，而大数据技术是其中一个非常重要的组成部分。

1.2.4　在电信行业的应用

在电信行业，一些发达国家电信运营商对大数据的利用，一方面提升服务质量，改善内部管理，包括客户维系、精准营销和网络运营与管理，代表企业分别为法国电信、O2、NTT DoCoMo 和沃达丰。法国电信开展针对用户消费的大数据分析评估，借助大数据改善服务水平，提升用户体验；英国 O2 在推出了免费 WiFi 服务，以积累更多的用户，从而收集到更多的用户数据，用在精准的媒体广告和营销服务方面；NTT DoCoMo 通过制作精细化表格，收集用户详细信息，大大加强了 CRM 系统和知识库，准确定位目标客户，提高了业务办理的成功性；沃达丰爱尔兰公司的 Tellabs "洞察力分析"服务是将通信网络中的大数据转化为可利用的情报。另一方面确立商业模式，创造外部收益，包括直接出售数据获取收益，以及与第三方公司合作项目给运营商创造盈利，代表企业有 AT&T、西班牙电信、Dynamic Insights、Verizon、德国电信和沃达丰。AT&T 将与用户相关的数据出售给政府和企业以获利；西班牙电信成立了动态洞察部门；Dynamic Insights 开展大数据业务，为客户提供数据分析打包服务，与市场研究机构 GFK 进行合作，在英国、巴西推出了首款名为智慧足迹（Smart Steps）的产品；Verizon 成立了精准营销部门（Precision Marketing Division），提供了精准营销洞察、精准营销、移动商务等服务，包括联合第三方机构对其用户群进行大数据分析，再将有价值的信息提供给政府或企业获取额外价值，数据业务的盈利在其整个业务中占比非常高；德国电信和沃达丰主要尝试通过开放 API 向数据挖掘公司等合作方提供部分用户匿名地理位置数据，以掌握人群出行规律，有效地与一些 LBS（Location Based Service，基于移动位置服务）应用服务对接。

1.2.5　在制造行业的应用

在制造行业，GE（General Electric Company，美国通用电气公司）航空通过与微软合作，把物联网平台成功用于飞机发动机的监测和预测性维护。GE所有的飞机发动机传感器数据被采集到物联网平台，企业实时分析，一方面能够精确控制发动机油耗，另一方面能够准确预测发动机损坏时间，在设备损坏之前实行预测性维护，可有效提高飞机发动机安全性和可用性。目前，国内的智能制造尚处于起步阶段，2016 年 3 月，海尔率先发布具备自主知识产权、支持大规模定制的互联网智能制造解决方案平台 COSMO，并通过开放、互联、可视化让用户成为智能制造的参与者，海尔已在全国各地建成了 8 座基于 COSMO 平台的大型互联工厂。

1.2.6　在连锁零售业的应用

在连锁零售业，英国最大的连锁超市特易购（TESCO）已经开始运用大数据技术采集并分析其客户行为信息数据集。特易购首先在大数据系统内给每个顾客确定一个编号，然后通过顾客的刷卡消费、填写调查问卷、打客服电话等行为采集他们的相关数据，再用计算机系统建立特定模型，对每个顾客的海量数据进行分析，得出特定顾客的消费习惯、近期可能的消费需求等结论，以此来制订有针对性的促销计划并调整商品价格。这种"有的放矢"的营销和定价模式为特易购提供了更加高效的盈利方法。在信息安全行业，FireEye 和 Splunk 这类国际企业在大数据安全方面发展迅速，它们在大数据安全方面的技术也值得国内企业借鉴。专做 DLP 产品的 Websense 公司，它们基于数据流的分析技术十分有利于大数据的分析、挖掘。

1.2.7　在电力行业的应用

在电力行业，传统的数据处理技术已无法满足从海量的电力生产数据、设备监测数据、企业运营和管理数据中快速获取知识与信息的分析需求。国家电网公司、中国南方电网公司、华能集团、国家电力投资集团公司等纷纷开展了电力大数据的研究与试点项目的推进。

国家电网公司于 2015 年 1 月发布《国家电网公司大数据应用指导意见》，明确到 2020 年，在现有一体化平台基础上，建成具有国际先进水平的企业级大数据平台。2016 年初，国家电网公司在《国家电网公司"十三五"科技战略研究报告》中指出，十二五期间"先进计算与电力大数据技术取得良好开端"，主要体现在：在公司一体化信息平台及专业应用实现基础上，探索了大数据平台基础体系架构与应用规范；掌握了批量计算、流计算、内存计算等先进计算技术；在实时数据采集、数据库实时复制、分布式 ETL（Extract-Transform-Load）等数据整合技术方面取得突破；运用分布式文件系统、分布式数据库技术，提升了数据存储横向扩展能力；在数据检索、分析挖掘技术上取得突破，提升了大数据专业化分析能力。该技术领域整体处于国内先进水平，但同国际领先水平仍有一定差距，主要在基于大规模集群的计算架构、混合计算体系、数据质量治理、深入分析挖掘、数据业务应用建设等方面有待深化研究。紧接着，在"十三五"重点任务中，按电网安全与控制技术、输变电技术、配用电技术、新能源技术、基础和共性技术、决策支持技术、重点跨领域技术进行分类，从多个角度提出了电力大数据应用的具体设想。目前公司已经研发了大数据平台并在总部和 27 家省级电力公司部署实施，基于平台构建了电力生产、企业经营管理、优质客户服务、电力增值服务等领域涉及 159 个电力大数据应用。

中国南方电网公司也高度关注大数据的应用与研究，并明确了南网在大数据领域的行动计划，即：第一阶段（2014～2015 年）组建大数据工作小组，开展大数据顶层设计；启动大数据关键技术研究和大数据平台建设，探索大数据平台集中部署模式；选取业务价值高、数据基础好的业务场景开展试点应用。第二阶段（2016～2017 年）深入开展大数据关键技术研究，全面掌握大数据各环节关键技术，构建企业级大数据平台；全面开展大数据分析应用建设，辅助业务管理决策；开展大数据服务模式研究及试点应用。第三阶段（2018 年后）持续完善与优化大数据平台，全面深入开展大数据应用建设，全面拓展大数据服务模式，形成持续发展的大数据运营机制。

综上所述，数据资产可以成为任何产业的最核心竞争力。未来几年，随着数据中心等基础设施建设的落地，大数据市场将进一步向软件和服务端拓展，深度融合多个产业。对大数据的价值挖掘也将进入快速发展期，为不同行业的需求提供差异化的服务。

1.3 大数据技术发展现状及趋势

自大数据技术受到关注以来，以 HDFS、GFS、MapReduce、Hadoop、Storm、HBase、MongoDB 为代表的一批大数据通用技术和开源项目迅猛发展。2016 年，近 40% 的公司开始或正在实施和扩展大数据技术应用，另有 30% 的公司计划在未来 12 个月内采用大数据技术。2016 年 NewVantage Partners 的大数据管理调查发现，62.5% 的公司现在至少有一个大数据项目投入生产，只有5.4% 的公司没有大数据应用计划，或者是没有正在进行的大数据项目。互联网数据中心（IDC）预测，到 2020 年大数据和分析技术市场将达到 2030 亿美元，并预计在 2020 年以 11.7% 的复合年增长率（CAGR）继续增长。

业界通用的数据处理平台的基础架构通过 IPO〔输入（Input）、加工（Processing）、输出（Output）〕设计视角，数据输入主要是接入，数据处理主要是存储和计算，数据输出主要是分析展现及其他数据应用。因此，构建一个强大的数据处理平台的核心是如何构建一个高效的存储和计算的运行平台。在此基础上，提供一系列辅助的数据接入、输出工具/产品，支撑业务应用。

业界大数据平台技术路线主要是通过开源 Hadoop 体系扩展优化形成的，通常围绕数据处理组件进行性能、可靠性、安全等核心功能的深度优化，培养数据处理过程的技术支撑和运维队伍，以此延伸，根据业务特性自主研发数据接入、分析展现工具和相关数据应用，或引入集成第三方工具，形成大数据应用链条，如阿里、腾讯、华为等。目前大数据技术上常会用到的工具主要有用于数据整合的 DataX 和 Informatica PowerCenter；用于数据存储及计算的 Greenplum、Impala 和翰云数据库引擎软件；用于数据分析的 Alteryx 和 Pluto；用于数据展现的 Tableau 和 SmartBI；保障数据安全的 Apache Knox 和 Kerberos。

新的大数据技术正在进入市场，而一些原有技术的使用还在继续增长。未来大数据的发展趋势较为热门的几个方面有：人工智能、机器学习、图数据库、时空大数据、内存数据库、SQL on Hadoop、边缘计算、实时计算、大数据可视化、自助服务、大数据安全等。

1.3.1　人工智能

人工智能（Artificial Intelligence，AI）是研究、开发用于模拟、延伸和扩展人的智能的理论、方法、技术及应用系统的一门新的技术科学。人工智能是计算机科学的一个分支，它企图了解智能的实质，并生产出一种新的能以人类智能相似的方式做出反应的智能机器，该领域的研究包括机器人、语言识别、图像识别、自然语言处理和专家系统等。人工智能从诞生以来，理论和技术日益成熟，应用领域也不断扩大，可以设想，未来人工智能带来的科技产品，将会是人类智慧的"容器"。

2016 年发生了许多关于人工智能的"第一次"：特斯拉的自动驾驶系统第一次实现车祸预测、Alexa 作为凶杀案证人被传唤、白宫发表人工智能白皮书以及谷歌的 AlphaGo 在围棋比赛中战胜人类冠军。2016 年 AI 战功赫赫，随着 AI 技术进一步渗入到人们的日常生活的方方面面，AI 在 2017 年有望迎来更大进步。

1.3.2　机器学习

机器学习（Machine Learning，ML）是人工智能的一项分支，允许计算机在没有明确编码的情况下学习新事物。机器学习提出了一种让计算机自动学习产生特征的方法，并将特征学习融入建立模型的过程中，从而减少了人为设计特征引发的不完备。机器学习借助深层次神经网络模型，能够更加智能地提取数据不同层次的特征，对数据进行更加准确、有效地表达。机器学习的根本任务是数据的智能分析与建模。

2016 年 12 月，《2017 年大数据发展趋势预测》中十大预测指出，机器学习继续为智能分析核心技术。机器学习已经在容易积累训练样本数据的领域，如图像分类、语音识别、问答系统等应用中获得了重大突破，并取得了成功的商业应用。预测随着越来越多的行业和领域逐步完善数据的采集和存储，机器学习的应用会更加广泛。由于大数据应用的复杂性，多种方法的融合将是一个持续的常态。目前，主流的机器学习技术主要有度量学习、多核学习、多视图学习、集成学习、主动学习、强化学习等。新兴的机器学习技术有迁移学习、深度学习、统计关系学习、演化学习等。在大数据时代背景下，数据往往体现出多源异构、语义复杂、规模巨大、动态多变等特殊性质，为传统机器学习技术带来了新的挑战，近几年，并行机器学习、哈希学习、在线学习等技术随着"大数据"概念和"云计算"的普及也得到迅速发展。

（1）并行机器学习：就是在并行运算环境下（例如云计算平台），利用大量运算单元合作完成机器学习任务，通过扩大时间单位内使用的运算单元规模，减小整个任务的完成时间。

（2）哈希学习：通过机器学习机制将数据映射成二进制串的形式，能显著减少数据的存储和通信开销，从而有效提高学习系统的效率。

（3）在线学习：与批量学习不同，在线学习假设训练数据持续到来，通常利用一个训练样本更新当前的模型，大大降低了学习算法的空间复杂度和时间复杂度，实时性强。

1.3.3 图数据库

图数据库是将结构化数据存储在网络上而不是表中的数据库。最常见的一个例子，就是社会网络中人与人之间的关系。关系型数据库用于存储"关系型"数据的效果并不好，其查询复杂、缓慢、超出预期，而图数据库的独特设计恰恰弥补了这个缺陷。图数据库是将社交关系等数据描述为点（Vertex）和边（Edge）及他们的属性（Property），每一张图（Graph）都可以看作是一个结构化数据。目前图数据库市场占用率最高的是 Neo4J，其分布式也是采用 HA 模式。图数据库目前还处在起步阶段，知名度较高的开源软件有 Neo4J 社区版、Titan、ArangoDB 和 OrientDB 等。

电力网络、企业供应链或整体生态系统这样的网络通常由许多的节点组成，这些节点通过它们之间的弧共享大量的多元关系。这些网络非常适合用图来表示，图数据库利用了这个强大的能力来表示网络的组成和连接。目前，图数据库已经可以很成熟地支持图发现、知识管理和事件预测。图数据库的使用一方面是便于查询社交关系，另一方面是为了分析计算、进行数据挖掘。但图数据库还有很多问题未解决，许多技术还需发展，比如超级节点问题和分布式大图的存储。随着互联网数据的膨胀，图数据库将迎来发展契机。

1.3.4　时空大数据

在智慧城市的建设和应用中，无所不在的传感器网将产生反映自然和人类活动的百万兆（TB）级到十亿兆（PB）级和万亿兆（EB）级数据。越来越多的数据使世界进入真正的大数据（Big Data）时代，其中大量的与时空位置有关的数据称为时空大数据。

时空大数据由于其所在空间的空间实体和空间现象在时间、空间和属性三个方面的固有特征，呈现出多维、语义、时空动态关联的复杂性，因此，需要研究时空大数据多维关联描述的形式化表达、关联关系动态建模与多尺度关联分析方法，时空大数据协同计算与重构提供快速、准确的面向任务的关联约束。具体特点包括：

（1）时空大数据包含对象、过程、事件在空间、时间、语义等方面的关联关系。

（2）时空大数据具有时变、空变、动态、多维演化特点，这些基于对象、过程、事件的时空变化是可度量的，其变化过程可作为事件来描述，通过对象、过程与事件的关联映射，建立时空大数据的动态关联模型。

（3）时空大数据具有尺度特性，可建立时空大数据时空演化关联关系的尺度选择机制；针对不同尺度的时空大数据的时空演化特点，可实现对象、过程、事件关联关系的尺度转换与重建，进而实现时空大数据的多尺度关联分析。

（4）时空大数据时空变化具有多类型、多尺度、多维、动态关联特点，对关联约束可进行面向任务的分类分级，建立面向任务的关联约束选择、重构与更新机制，根据关联约束之间的相关性，可建立面向任务的关联约束启发式生成方法。

（5）时空大数据具有时间和空间维度上的特点，实时地抽取阶段行为特征，以及参考时空关联约束建立态势模型，实时地觉察，理解和预测导致某特定阶段行为发生的态势。可针对时空大数据事件理解与预测问题，研究空间大数据事件行为的本体建模和规则库构建，为异常事件的模式挖掘和主动预警提供知识保障，可针对相似的行为特征，时空约束和事件级别来挖掘事件模式并构建大尺度事件及其应对方案的规则库。

时空大数据一方面具有一般大数据的大规模、多样性、快变性和价值性的特点，另一方面还具有与对象行为对应的多源异构和复杂性、与事件对应的时/空/尺度/对象动态演化、对事件的感知和预测特性。目前来看，国际上的时空大数据科学的研究仍处于起步阶段，需要面向具体应用开展深入研究。例如在国防领域，整体态势感知是现代化国防的关键，具有整体获取特性的遥感大数据在国防上意义重大；在气象领域，空间信息是气象预测的基础，能融合时空大数据的气象大数据将为大气环境监测、农业灾害监测提供强有力的支撑；在交通领域，融合了地理位置信息、空间信息的时空大数据将是应急处置的重要决策依据，可以提高应急交通指挥决策的科学性。因此，进一步研究时空大数据表示、度量和理解的基本理论和方法，揭示时空大数据与现实世界对象、行为、事件间的对应规律，将大有可为。

1.3.5　内存数据库

内存数据库（Main Memory Database，MMDB，也叫主存数据库）抛弃了磁盘数据管理的传统方式，基于全部数据都在内存中管理进行了新的体系结构的设计，并且在数据缓存、快速算法、并行操作方面也进行了相应的改进，从而使数据处理速度一般比传统数据库的数据处理速度要快很多，一般都在 10 倍以上，理想情况甚至可以达到 1000 倍。内存数据库的最大特点是其"主拷贝"或"工作版本"常驻内存，即活动事务只与实时内存数据库的内存拷贝打交道。常用的内存数据库有 SQLite、Altibase、Berkeley DB、Times Ten、eXtremeDB 等。

1.3.6　SQL on Hadoop

在 Hadoop 发展到如今的水平之前，工业界在做大数据基础架构选型时，一般采用这样的混合架构策略：数据规模在 TB（百万兆字节）级时选择 MPP（Massively Parallel Processing，大规模并行处理系统）架构的关系型数据库，如果数据规模上升到 PB（十亿兆字节）级则选择 Hadoop。随着 SQL on Hadoop 的演进，MPP 在这些方面的特点将不再具有竞争优势，并且 SQL on Hadoop 还克服了 MPP 在生产应用中暴露的诸如需要进行数据重分布、较低的容错性、有限的扩展性等自身弱点。

SQL on Hadoop 引擎在近五年间得到了快速的发展，各类产品不断出现，性能和功能不断强大。国际市场上诞生的主流引擎有 Cloudera Impala、Hortonworks Tex/Stinger、Databricks Spark SQL、MapR Drill。这些产品对 SQL 的支持度都在日益提升，许多已接近或超越 MPP，很大程度上降低了技术入门门槛，方便业务从传统数据库上迁移。同时 SQL on Hadoop 的产业链也在不断完善，不仅得到一些传统 BI（Business Intelligence，商业智能）/ETL（Extract-Transform-Load）工具的支持，另外还带动了一批建立于 Hadoop 的分析工具的发展。

1.3.7　边缘计算

边缘计算是一种可以帮助公司处理物联网大数据的新技术。在边缘计算中，大数据分析非常接近物联网设备和传感器，而不是数据中心或云。对于企业来说，这种方式的优点显而易见。因为在网络上流动的数据较少，可以提高网络性能并节省云计算成本。它还允许公司删除过期的和无价值的物联网数据，从而降低存储和基础架构成本。边缘计算还可以加快分析过程，使决策者能够更快地洞察情况并采取行动。

1.3.8　实时计算

随着近期工业大数据热度的提升，对海量物联网数据的实时处理技术也提出了更为迫切的需求。批处理对历史数据的分析已经远不能满足现实需求，各行各业越来越希望大数据技术能够扮演一种"智人"的角色。

为了应对实时性查询的需求和挑战，业界也推出了一些有代表性的实时分析架构。实时计算系统（Storm）创始人 Nathan Marz 提出了一种基于 Storm 设计的实时分析架构——Lambda。Lambda 将批处理（Batch Layer）和流计算（Speed Layer）分别放在两套系统中实现，最后由统一服务层（Serving Layer）

负责整合两套系统结果并交互给用户。通常 Lambda 的实现方案是，数据进入分布式实时队列 Kafka，Hadoop 作为 Batch Layer 执行实时性需求不高的历史数据分析生成历史视图，Storm 作为 Speed Layer 负责实时数据处理生成实时视图，二者结果的同一归宿是 Druid，由它向用户提供交互式实时查询。

但是 Lambda 架构有着自身难以避免的弊端，首先做实时查询时只能进行预先设定的分析，不能做 Ad-Hoc 分析；其次，用户需要维护跑在两套系统中的两套代码，不方便代码调试和参数调优；最后从开发、测试和运维的角度来看，在架构中部署两套系统的方式也是不利的。

为此，Jay Kreps 设计了 Kappa 架构解决了 Lambda 中存在的问题。Kappa 方案的诞生归功于内存计算开发（Spark）的发展，由于 Spark 对于批处理和流计算双方面的支持，使两套系统的合并成为可能。Kappa 中实时计算和批处理过程可使用同一份代码，极大地方便了代码优化、模型验证工作。但是，实现 Kappa 常用方案也存在一个问题，其最多只能存储近 30 天的历史数据，对于数据规模较大的情况此结构将力不从心，需要对其进行改进。

实时分析的实现是大数据分析系统向"拟人化"迈进的重要一步，随着实时分析扮演的角色越来越多，应用范围越来越广，相信今后会有很多的企业将 Kappa、Lambda 等批处理流计算结合的架构用于生产实践，依靠它们提供高效可靠的决策意见。

1.3.9　大数据可视化

随着大数据在人们工作及日常生活中的应用，大数据可视化也改变着人类对信息的阅读和理解方式。从百度迁徙到谷歌流感趋势，再到阿里云推出县域经济可视化产品，大数据技术和大数据可视化都是幕后的英雄。可视化技术是通过把复杂的数据转化为可以交互的图形，帮助用户更好地理解分析数据对象，发现、洞察其内在规律。可视化实际上已经极大拉近了大数据和普通民众的距离，即使对 IT 技术不了解的普通民众和非技术专业的常规决策者也能够更好地理解大数据及其分析的效果和价值。

数据可视化的开发，可以根据需求筛选数据维度或属性，也可以根据目的和用户群来选用表现方式。所以，同一份数据经过可视化技术处理后，能以多种迥然不同的视觉形式来表现数据内容，图 1-1 为大数据可视化示例。目前，最常见的数据可视化方法包括：

（1）2D 区域：使用地理空间数据可视化技术，往往涉及事物特定表面上的位置。如点分布图，显示诸如在一定区域内的犯罪情况。

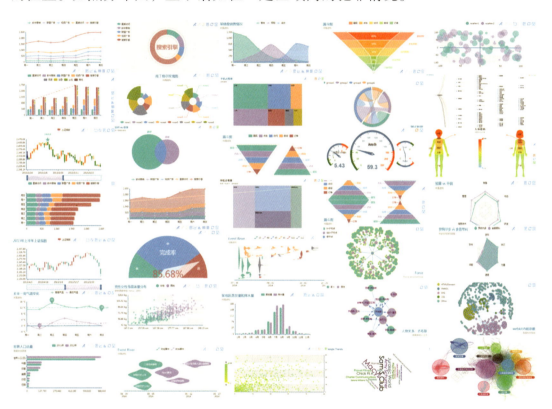

图 1-1　大数据可视化示例

（2）时态：是指数据以线性的方式展示。时态数据可视化有一个起点和一个终点。如连接的散点图，显示诸如某些区域的温度信息。

（3）多维：可以通过使用常用的多维方法来展示目前 2 维或高维度的数据。如饼图，显示诸如政府开支。

（4）分层：用于呈现多组数据。这些数据可视化通常展示的是大群体里面的小群体。如树形图，可以显示语言组。

（5）网络：展示数据间的关系，是一种常见的展示大数据量的方法。如冲积图，可以显示医疗业变化的信息。

目前常用的数据可视化工具包括：

（1）Google charts：谷歌的产品，提供动态图表功能，方便使用，特别是对于初次使用的用户。

（2）Datawrapper：一个在线工具，可以帮助创建交互式数据可视化。

（3）RAW：优点是有很多现成的模板框架能够清晰、快捷的呈现信息。该平台开源，能够自定义布局，以及使用其他的设计。

（4）Infogram：新手用户的另一个强大工具，允许用户创建不同的图表和信息图，而且系统易于使用。

（5）Tableau：是一个将数据分析、数据挖掘与图表可视化展现完美地融合，从而达到帮助人们快速看清并理解数据，通过简单易学的操作对数据进行分析、可视化展现及信息分享的"敏捷商务智能"软件。

1.3.10　自助服务

随着大数据工具和服务的发展，越来越多的商业和学术领域用户都能借助相关工具或使用相关服务访问大量数据，自助服务大数据将成为 IT 行业的一种趋势。IDC 先前预测，"视觉数据发现工具"的增长速度将比其他商业智能（BI）市场快 2.5 倍，到 2018 年，所有企业都将投资终端用户自助服务。一些大数据供应商已经推出了具有"自助服务"能力的大数据分析工具，专家预计这种趋势将持续到 2017 年及以后。例如，百度"大数据引擎"包括开放云、数据工厂和百度大脑三个核心组件，面向所有人提供免费的自助型大数据服务。这种自助服务模式将促进企业更好地利用新的数据资源，同时又能够抓住新的市场机遇，应对问题和挑战。数据分析过程中，信息技术的参与将越来越少，大数据分析将越来越多地融入所有部门工作人员的工作方式之中。

1.3.11　大数据安全

大数据带来的安全与隐私问题主要包括以下三个方面：第一，大数据所受到的威胁也就是常说的安全问题，当大数据技术、系统和应用聚集了大量价值时，必然成为被攻击的目标；第二，大数据的过度滥用所带来的问题和副作用，比较典型的就是个人隐私泄露，还包括大数据分析能力带来的商业秘密泄露和国家机密泄露；第三，心智和意识上的安全问题，对大数据的威胁、大数据的副作用、对大数据的极端心智都会阻碍和破坏大数据的发展。许多企业也将大数据分析纳入安全战略。企业的安全日志数据提供了以往未遂的网络攻击信息，企业可以利用这些数据来预测并防止未来可能发生的攻击，以减少攻击造成的损失。一些公司正将其安全信息和事件管理软件（SIEM）与大数据平台（如 Hadoop）结合起来。

第 2 章　电力大数据概述

电力大数据是大数据理念、技术和方法在电力行业的广泛应用。随着能源互联网的提出和智能电网的建设应用，涉及发电、输电、配电、用电、调度等各环节的电力数据呈现出快速增长的势头，目前已满足数据量大、处理速度快、数据类型多、价值大、精确度高的大数据特征。在此背景下，运用大数据方法对电力数据进行跨单位、跨专业、跨业务的分析挖掘和信息提取，转化为更加丰富的知识并合理的展现和表达，将构建大数据时代能源变革的新格局。

2.1　电力大数据概念

2013 年 3 月，中国电机工程学会针对目前电力企业和电力行业数据的状况，发布了《中国电力大数据发展白皮书》，白皮书中指出，推动中国电力大数据事业的发展，首先要能够正确认识何为电力大数据。目前大数据在业内尚无形成统一的定义，引用麦肯锡全球研究院（McKinsey Global Institute，MGI）在《大数据：下一个创新、竞争和生产力的前沿》报告中的描述，即：大数据是指无法在一定时间内用传统数据库软件工具对其内容进行抓取、管理和处理的数据集合。

2.1.1　电力大数据定义

电力大数据主要来源于电力生产和电能使用的发电、输电、变电、配电、用电和调度各个环节，可大致分为三类：一是电力生产运行数据；二是电力企业运营数据；三是电力企业经营管理数据。对于电网而言，通过采集整个电力系统的运行数据，再对采集的电力大数据进行系统的处理和分析，从而实现对电网的实时监控。进一步地，结合大数据分析与电力系统模型，可以对电网运行进行诊断、优化和预测，为电网安全、可靠、经济、高效运行提供保障。

相对于大数据的技术定义，电力大数据则是一个更为广义的概念，并没有一个严格的标准限定多大规模的数据集合才是电力大数据。作为重要的基础设施信息，电力大数据的变化态势从某种程度上决定了整个国民经济的发展走向。如果将电力数据单独割裂来看，则电力大数据的价值无从体现。传统的 BI（Business Intelligence，商业智能）分析关注于单个领域或主题的数据，这造成了各类数据之间强烈的断层。而大数据分析则是一种总体视角的改变，是一种综合关联性分析，发现具有潜在联系之间的相关性。注重相关性和关联性，并不仅仅囿于行业内的因果关系，这也是电力大数据应用与传统数据仓库和 BI 技术的关键区别之一。

电力大数据是能源变革中电力工业技术革新的必然过程，而不是简单的技术范畴。电力大数据不仅仅是技术进步，更是涉及整个电力系统在大数据时代下发展理念、管理体制和技术路线等方面的重大变革，是下一代智能化电力系统在大数据时代下价值形态的跃升。重塑电力核心价值和转变电力发展方式是电力大数据的两条核心主线。

重塑电力核心价值：中国电力工业长期秉承"以计划为驱动、以电力生产为中心"的价值观念，重视企业价值和客户价值的实现，却在一定程度上忽视了社会效益，缺乏双向互动，导致电力供需的单方向传递，使得社会资源对电力工业的反馈促进很难实现，这是电力企业在社会主义市场经济条件下提升核心竞争力的最大挑战。

大数据核心价值之一就是个性化的商业未来，是对人的终极关怀。电力大数据通过对市场个性化需求和企业自身良性发展需求的挖掘和满足，重塑中国电力工业核心价值，驱动电力企业从"以人为本"的高度重新审视自己的核心价值，由"以电力生产为中心"向"以客户为中心"转变，并将其最终落脚在"如何更好地服务于全社会"这一根本任务上。

转变电力发展方式：人类社会经过工业革命两百多年来的迅猛发展，能源和资源的快速消耗以及全球气候变化已经上升为影响全人类发展的首要问题。传统投资驱动、经验驱动的快速粗放型发展模式，已面临越来越大的社会问题，亟待转型。

电力大数据通过对电力系统生产运行方式的优化、对间歇式可再生能源的消纳以及对全社会节能减排观念的引导，能够推动中国电力工业由高耗能、高排放、低效率的粗放发展方式向低耗能、低排放、高效率的绿色发展方式转变。同时，通过电力大数据与宏观经济、人民生活、社会保障、道路交通等外部数据的融合，可为社会各个角色提供智能化的服务，支撑国家大众创业、万众创新的生态环境，促进经济社会发展。

2.1.2 电力大数据特征

电力大数据的特征可概括为 5V。5V 分别为规模（Volume）、多样（Variety）、快速（Velocity）、价值（Value）和真实（Veracity）。

规模（Volume）：随着电力企业信息化快速建设和智能电力系统的全面建成，电力数据的增长速度将远远超出电力企业的预期。以发电侧为例，电力生产自动化控制程度的提高，对诸如压力、流量和温度等指标的监测精度、频度和准确度的要求将会更高，对海量数据采集处理也提出了更高的要求。就用电侧而言，一次采集频度的提升就会带来数据体量的指数级变化。不断增多的音视频等非结构化数据在电力数据中的占比将进一步加大。此外，电力大数据应用过程中还存在着对行业内外能源数据、天气数据等多类型数据的大量关联分析需求，而这些都直接导致了电力数据类型的增加，从而极大地增加了电力大数据的复杂度。

多样（Variety）：电力大数据涉及多种类型的数据，包括结构化数据、半结构化数据和非结构化数据。随着电力行业中视频应用的不断增多，音视频等非结构化数据在电力数据中的占比将进一步加大。

快速（Velocity）：主要指对电力数据采集、处理、分析的速度。鉴于电力系统中业务对处理时限的要求较高，以"1s"为目标的实时处理是电力大数据的重要特征，这也是电力大数据与传统事后处理型的商业智能、数据挖掘间的最大区别。

价值（Value）：随着电力大数据的快速增长，基于电力大数据的分析挖掘技术也已成功应用，电力大数据的商业价值逐渐显现。在电力行业内部，通过跨专业、跨单位、跨部门的电力数据融合，提升行业、企业管理水平和经济效益。

真实（Veracity）：真实性的数据，一方面，对于虚拟网络环境下大量的数据需要采取措施确保其真实性、客观性，这是大数据技术与电力业务发展的迫切需求；另一方面，通过大数据分析，真实地还原和预测事物的本来面目也是电力大数据未来发展的趋势。

2.2　与智能电网的关系

智能电网是以物理电网为基础，将现代先进的传感测量技术、通信技术、信息技术、计算机技术和控制技术与物理电网高度集成而形成的新型电网。它涵盖发电、输电、变电、配电、用电和调度等各个环节，对电力市场中各利益方的需求和功能进行协调，在保证系统各部分高效运行、降低运营成本和环境影响的同时，尽可能提高系统的可靠性、自愈性和稳定性。随着智能电网的发展，电网在电力系统运行、设备状态监测、用电信息采集、营销业务系统等各个方面产生和沉淀了大量数据，充分挖掘这些数据的价值具有重要的意义。

智能电网是大数据的重要技术应用领域之一。中投顾问发布的《"十三五"数据中国建设下智能电网产业投资分析及前景预测报告》分析认为智能电网大数据结构复杂、种类繁多，具有分散性、多样性和复杂性等特征，这些特征给大数据处理带来极大的挑战。智能电网大数据是大数据挖掘的基础，通过智能电网大数据可实现智能电网全数据共享，为业务应用开发和运行提供支撑。

2.3　与大数据技术的关系

电力大数据应用是基于电力大数据，运用先进的大数据相关思维、工具、方法，贯穿于电力的发、输、变、配、用等各个环节，使电力系统、产品具备描述、诊断、预测、决策、控制等智能化功能模式和结果。电力行业数据累积到一定量级，超出了传统技术的处理能力，就需要借助大数据技术和方法来提升能力和效率，大数据技术为电力大数据提供了技术和管理的支撑。

电力大数据可以借鉴大数据的分析流程及技术，实现电力数据的采集、处理、存储、分析、可视化。例如，大数据技术应用在电力大数据的集成与存储环节时，支撑实现高实时性采集、大数据量存储及快速检索；大数据处理技术的分布式高性能计算能力，为海量数据的查询检索、算法处理提供性能保障等。其次，电力生产过程中需要高质量的电力大数据，可以借鉴大数据的治理机制对电力数据资产进行有效治理。

虽然电力大数据以大数据技术为基础，但是在环节和应用上与传统大数据（互联网大数据）存在一定的区别，见表 2-1。

表 2-1　　　　　　　电力大数据与互联网大数据的区别

环节和应用	互联网大数据	电力大数据
采集	通过交互渠道（如门户网站、购物网站社区、论坛）采集交易、偏好、浏览等数据；对数据采集的时效性要求不高	通过传感器与感知技术，采集物联设备、生产经营过程业务数据、外部互联网数据等；对数据采集具有很高的实时性要求
处理	数据清洗、转换、规约，去除大量无关、不重要的数据	强调数据格式的转化；数据信噪比低，要求数据具有真实性、完整性和可靠性，更加关注处理后的数据质量
存储	数据之间关联性不大，存储自由	数据关联性很强，存储复杂
分析	利用通用的大数据分析算法；进行相关性分析；对分析结果要求效率不要绝对精确	数据建模、分析更加复杂；需要专业领域的算法，不同行业、不同领域的算法差异很大；对分析结果的精度和可靠度要求高
可视化	数据结果展示可视化	数据分析结果可视化及 3D 场景可视化；对数据可视化要求强实时性，实现近乎实时的预警和趋势可视化
闭环反馈控制	一般不需要闭环反馈	强调闭环性，实现过程调整和自动化控制

2.4　与云计算、物联网、移动互联网的关系

"大云物移"是大数据、云计算、物联网、移动互联等新一代信息化技术手段的简称，与传统技术相比，具有泛在、柔性、智能、互动、安全等特征，能够显著提升信息通信基础软硬件资源共享、按需分配能力；提升海量数据实时采集处理、在线计算和分析挖掘能力，业务创新驱动作用十分明显。如图 2-1 所示。

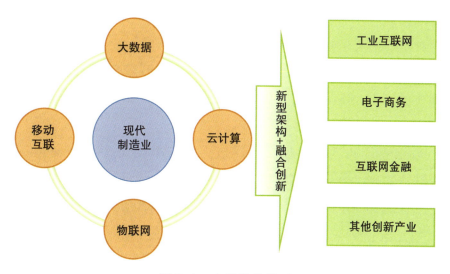

图 2-1　大云物移关系

其中，大数据实现实时计算、存储，以及跨专业、跨类型的数据关联分析，发现潜在价值；云计算实现信息化资源共享、按需分配，提高资源利用率，降低成本；物联网实现人、设备、数据实时双向互联，提高设备全方位、全生命周期实时管理水平；移动互联实现生产作业和客户服务随时、随地使用信息系统，提高人与电网双向互动水平。大数据是核心，云计算、物联网是基础，移动互联是交互手段。"大云物移"新型技术引领业务创新，提高服务协同的监控指挥水平，促进各专业之间、专业与客户之间的高效沟通，进一步支撑服务协同体系的构建。

2.5   与信息化管理、数据资产管理的关系

数据管理是指利用信息技术对数据进行产生、传输、存储、流转、处理、应用和销毁的全过程，其核心是数据的组织，其目的是服务于企业高效运转和分析决策。

2.5.1   数据管理主要内容

电力大数据时代，数据仍然是最关键的，如何将大数据管理好，是对企业的考验，其主要内容包括 7 大类 21 项工作。

（1）数据架构和标准管理：主要包括数据模型管理、主数据管理、数据标准管理 3 项工作。该部分内容主要由信息管理部门牵头，相关业务部门配合协同开展。

（2）数据建设和运行管理：主要包括数据库设计管理、数据字典管理、数据集成共享管理、数据链路监控管理、数据平台管理 5 项工作。该部分内容主要由信息管理部门牵头，相关业务部门配合协同开展。

（3）数据资产管理：主要包括数据资产形成管理、数据资产运维管理、数据资产价值管理 3 项工作。该部分内容主要由运营监控相关管理部门牵头开展。

（4）数据应用管理：主要包括数据集成应用管理、数据分析应用管理 2 项工作。该部分内容集成应用管理主要由信息管理部门牵头，相关业务部门配合协同开展；数据分析应用管理和大数据挖掘方面由各部门共同协力开展。

（5）数据维护管理：主要包括数据准确性管理、数据及时性管理、数据完整性管理 3 项工作。该部分内容处理域数据维护主要由相关业务部门牵头，信息管理部门配合开展；分析域数据维护主要由信息管理部门牵头，相关业务部门配合协同开展。

（6）数据质量管理：主要包括数据质量管控与跟踪、数据质量评价与考核 2 项工作。该部分内容信息管理部门及运营监控相关部门均可开展相关工作。

（7）数据安全管理：主要包括数据安全管理体系建设、数据安全技防体系建设、数据安全评价与考核 3 项工作。该部分内容主要由信息管理部门牵头，相关业务部门配合协同开展。

2.5.2 与信息化管理的关系

数据管理是信息化管理的核心内容和有机组成部分，贯穿信息化建设全过程，相互之间密不可分。

（1）数据伴随业务活动产生，数据反映的是业务，二者相互促进。业务流程的贯通能够促进数据质量的提升和共享利用，为大数据分析提供基础，数据的综合利用又能促进信息化管理提升和业务创新，两者相辅相成，相互促进。

（2）信息系统以实现和提升业务为目标，是数据产生、存储、处理和应用的载体。信息化管理的规划设计、研发实施、运行维护以及安全保障均以数据为核心对象，在架构设计、可研报告、需求和设计报告中均包含数据相关的内容。以数据分析应用为目标建立的信息系统，能够更加有针对性的发挥数据的价值，更好的指导业务应用。

（3）信息化管理的本质是数据管理，管理信息化必须管理业务架构和数据架构。数据是信息化的核心内容，是衔接业务和信息化的桥梁。数据的组织依托信息化架构进行设计，并且通过信息化建设予以支持。

2.5.3 与数据资产管理的关系

数据资产管理不等同于数据管理，前者是后者的重要组成部分。对信息系统中已产生并存储的数据进行资产化和价值挖掘的过程，其核心是数据的资产价值，其目的其实是实现数据增值变现，服务于分析决策。数据资产管理的重点业务是组织开展数据分析挖掘，体现数据资产价值。

2.6 电力大数据研究现状

近几年，随着电力行业信息化的长足发展，电力行业积累了巨大的数据资源，同时也呈现出突出的数据价值需求。来自于复杂电网的调度运行、新能源与负荷的时空变异、电力资产寿命与运行状态、主动配电与需求响应等都存在着巨大的以数据为支撑的决策与配置需求。同时，电力行业也在积极开展大数据的研究和应用。

2.6.1　能源互联网对电力行业的影响

能源互联网是以互联网理念构建的新型信息-能源融合的"广域网"，它以大电网为"主干网"，以微网、分布式能源、智能小区等为"局域网"，以开放对等的信息—能源一体化架构真正实现能源的双向按需传输和动态平衡使用，因此可以最大限度地适应新能源的接入。其本质是能量的开放、互联、对等和分享，以电力网络为枢纽平台，以可再生能源和分布式能源接入为主要任务，以互联网技术为实现工具，通过能源调节系统对可再生能源和分布式能源基础设施实施广域优化协调，实现冷、热、气、水、电等多种能源形式优化互补，提高能源使用效率，实现信息、能量和能源三者之间双向流动共享。在架构上采取自下而上分散自治协同管理的模式，与目前集中大电网模式相辅相成，符合电网发展集中与分布相结合的大趋势。

能源互联网的提出是为了满足各国能源结构调整以及建设节能、低碳、环保电力系统需求，其核心内涵是实现可再生能源，尤其是分布式可再生能源的大规模利用和共享，同时借助"互联网+"催生新的电力服务模式，实现用户和电力企业之间的有效互动，提高需求侧管理的精细化和合理化水平。能源互联网实现了多种能源协调控制和综合能效管理，促进了电能替代和绿色替代两个能源发展变革的实现，将改变当前电力工业的体系及格局。

能源互联网使用先进的传感器、控制设备和软件应用程序，将电力生产端、电力传输端、电力消费端的数以亿计的设备、机器、系统连接起来，形成了"物联基础"，大数据分析、机器学习和预测是这种互联网络实现生命体特征的重要技术支撑。能源互联网通过整合运行数据、气象数据、电网数据、电力市场数据等，利用大数据分析技术进行负荷预测、发电预测，打通并优化电力生产和电力消费端的运作效率，需求和供应将可以进行随时的动态调整。智能发电、用电、储电设备，最终都将接入网络，借助信息流，形成自我优化的良性循环。

2.6.2　电力大数据应用现状

电力领域大数据已经得到了广泛关注，一些发达国家作为先行者开展大数据的研究工作。自 2008 年开始，美国电力研究协会（EPRI）、美国能源信息署（EIA）等研究机构，法国 EDF、德国 E. ON、日本电力等电力公司以及西门子、GE、C3 Energy、Opower 等公司，先后围绕输电、配电、用电及基于电力信息的政府决策等领域的大数据问题开展了广泛研究和示范应用；国际电工委员会（IEC）研究并发布了一系列统一信息模型（CIM）标准和接口标准，为电力系统的数据流通共享和信息交换奠定基础。例如，法国电力公司通过对3500 万个智能化电表用电负荷数据的采集，利用数据挖掘和分析，实现对负荷曲线数据进行高速处理，使短期用户的用电趋势能被预测；美国 AutoGrid 通过采集和利用智能电表提供的电力大数据，进行用电预测及分析，以优化需求侧管理，截至 2016 年 12 月，美国电力用户安装的智能电表的数目已达 1330万只，预计到 2020 年智能电表的普及率将超过 70%；美国 Con Edison 公司与麻省理工学院、哥伦比亚大学联合开发了基于机器学习的配电网故障风险评估系统，该系统可针对馈线和设备（电缆、配电变压器等）进行故障风险等级评估，用于指导停电检修、提高设施维护效率、提升配电网可靠性。Opower公司目前为近 100 家公用事业公司管理着超过 1000 万个家庭和商户的账单，基于用户的用电消费数据，分析用户用电行为，从而为用户提供节能建议；C3 Energy 则通过集成电力大数据形成分析引擎，提供电网实时监测和即时数据分析，同时也能对终端用户进行需求响应管理；丹麦维斯塔斯公司采集风机运行信息和气象环境信息，基于 BigInsights 大数据平台对海量数据进行分析处理，优化风力涡轮机配置方案，从而实现最高效的能量输出；GE 公司基于其研发的工业互联网分析平台 Predix，将各种工业资产设备和供应商相互连接并接入云端，每天监测和分析来自 1000 万个传感器的 5000 万项元数据，通过工业数据分析并提供资产性能管理（APM）和运营优化服务。

我国电力行业也在积极开展大数据的研究和应用开发，依据《国家中长期科学和技术发展规划纲要（2006～2020 年）》，以及国务院《能源发展战略行动计划（2014～2020 年）》《中国制造 2025》和《关于积极推进"互联网+"行动的指导意见》等，国家科技部会同有关部门组织开展了《国家重点研发计划智能电网技术与装备专项实施方案》编制工作，在此基础上启动"智能电网技术与装备"重点专项科技项目。国内的一些专业机构和高校开展了电力大数据理论和技术研究，电网企业、发电企业在电力系统各专业领域开展大数据应用实践，国家电网公司启动了多项智能电网大数据应用研究项目。

迄今为止，国内科研机构在电力大数据方面的研究主要集中在用户用电行为分析、线损多维度分析、计量装置在线监测与智能诊断、负荷特性与有序用电分析、经济趋势分析等方面。在用户用电行为分析方面，根据客户用电量、用电特性、业务办理、缴费信息、客户投诉记录等用电信息，研究用户的负荷特性及用电行为习惯，针对目标用户通过不同的服务渠道开展精准服务；在线损多维度分析方面，通过配置线路及台区损耗模型，系统自动计算每日损耗，实现 10kV 输配电线路和台区线损的在线监测，及时发现线损异常，掌握现场供电情况，实现线损可视化图形展现分析；在计量装置在线监测与智能诊断方面，通过用电信息采集系统、营销系统的数据共享和交互，并利用大数据分析技术进行计量与采集装置故障诊断、设备整体工况分析，实现计量装置异常分析、采集设备故障分析、各类事件分析和用电异常分析等功能，为考核采集设备和计量设备厂家提供评价统计数据；在负荷特性与有序用电分析方面，分析了用户负荷曲线特征中的峰谷出现位置、峰谷持续时长、尖峰负荷出现时点、波峰出现的次数等特性，并分析了专用变压器和专线的移峰填谷潜力；在经济趋势分析方面，根据不同地区、行业的历史电量走势，结合电量与负荷预测，分析不同产业的用电量在各地区的增长情况、占比及变化情况，了解产业结构、产业链、产业转型升级、产业区域迁移，以及地方特色产业的发展情况，依据行业度电产值，分析电力弹性系数、电力密集度、电力 GDP（Gross Domestic Product，国内生产总值），结合用电走势、工厂企业产能利用率、业扩报装情况，分析电力生产力，参考 PMI（Purchasing Managers' Index，采购经理指数）指数发布各行业景气指数。

国家电网公司"三集五大"❶体系和坚强智能电网建设，积累了体量大、类型多、价值高、速度快等典型大数据特征的运营数据，具备了推广大数据应用的基础条件，是国内最早开展大数据技术探索，完成企业级大数据平台设计研发工作并部署实施的电力企业。国家电网公司积极落实国家"互联网+"行动计划和大数据战略，于 2015 年，发布实施《国家电网公司信息通信新技术推动智能电网和"一强三优"现代公司创新发展行动计划》，按照"四项目标、六大领域、四条主线、六年计划"❷的总体规划，全面推进大数据、云计算、物联网和移动互联技术在智能电网和企业运营管理中的广泛应用和深度融合。

国家电网公司致力于大数据技术及实用化场景的研究，在营销、客服中心、运监等领域逐步探索开发相关应用，进行大数据技术的落地实践。2015年 1 月，国家电网公司正式启动了企业级大数据平台的设计研发和试点建设工作，截至 2017 年 3 月，已在总部和 27 家省级电力公司部署实施大数据平台，并实现了在电力生产、企业经营管理、优质客户服务、电力增值服务等领域涉及 159 个电力大数据应用。2016 年 6 月初，国家电网公司下发了《国家电网公司关于印发公司全业务统一数据中心建设方案的通知》（国家电网信通〔2016〕509 号），启动了国家电网公司全业务统一数据中心的建设工作。国网浙江省电力公司作为建设的前锋和主力单位，承担了全业务统一数据中心数据分析域和数据管理域相关专项试点建设工作，在已有信息化基础架构优化综合试点建设成果基础上，全力组织开展全业务统一数据中心建设，国网辽宁省电力公司、国网福建省电力公司等也都陆续开展了全业务统一数据中心的建设工作。经过持续努力，大数据试点平台已经在电网运行、经营管理、优质服务三大业务领域得到广泛应用。截至 2017 年 1 月，结合全业务数据中心应用场景建设，与公司生产经营专业密切协作，积极开展大数据分析挖掘应用，取得了显著的成效。在电力服务经济方面尤其突出，目前已初步总结出了电力景气指

---

❶ "三集五大"指人力资源、财务、物资集约化管理；大规划、大建设、大运行、大检修、大营销体系。
❷ "四项目标、六大领域、六年计划"：到 2020 年，公司将实现技术先进、智能生产、智慧运营、业务创新四项目标；重点推进信息通信新技术在输变电智能化、智能配用电、源网荷协调优化、智能调度控制、企业经营管理和信息通信支撑 6 大领域的创新应用。

数分析、经济周期与行业特征分析、城市负荷热点及潮汐流动等三个方面的指标。意在通过电力视角看经济，服务政府和社会，为公司经营决策提供帮助。此外，平台完成了电力用户用电信息采集系统、营销业务应用系统、95598客户服务、用能服务管理平台、需求侧管理系统等系统和平台的建设，积累了大量的数据资源，业务数据从总量和种类上都已颇具规模，具备了良好的数据基础，并初步实现了企业级数据资源整合及共享利用。面向"十三五"（2016～2020)，国家电网公司提出了基于一体化国网云平台构建"三朵云"，即企业管理云、公共服务云和生产调度云，从而全面推进大数据云计算技术在电网生产、管理、服务的应用，助力全球能源互联网建设。

南方电网公司在利用电力大数据方面也开展了相关工作，例如南方电网生产技术支持中心的电能质量监测、雷电监测、覆冰监测等系统。南方电网科研院已建设完成了南方电网科学研究院的办公桌面云和实验云、实验室内部的云计算及大数据研究平台，正在着手建设虚拟数据中心。同时，初步尝试跟云南电网有限责任公司共建云计算实验室，计划申请建设国家电力大数据技术研发（实验）中心。后期实验室成立，目前正在开展电力大数据及其应用技术的研究工作。

2.6.3　存在的主要问题及面临的挑战

电力大数据独具特色，具有体量大、类型多、价值高、速度快等典型大数据特征，背后反映的是电网运行方式、电力生产方式及客户消费习惯等信息，蕴含着巨大的商业价值和社会价值。在电力行业，大数据已经被提升到企业战略层面，但目前还存在数据质量不高、非结构化数据处理能力较弱、数据深层挖掘分析能力有待加强等问题。大数据时代为电力行业带来了新的发展机遇，同时也提出了新的挑战。

（1）数据质量和数据管控能力的挑战。大数据时代中，数据质量的高低、数据管控能力的强弱直接影响了数据分析的准确性和实时性。目前，电力行业数据在可获取的颗粒程度，数据获取的及时性、完整性、一致性等方面的表现均不尽如人意，数据源的唯一性、及时性和准确性急需提升，部分数据采集效率和准确度还有所欠缺，行业中企业缺乏完整的数据管控策略、组织以及管控流程。

（2）多数据融合的挑战。多数据融合是电力大数据应用的关键。长期以专业信息系统为主的信息化建设，导致电力生产各专业数据彼此独立，形成信息孤岛。为破除信息孤岛的数据壁垒，需要融合发电、输电、变电、配电、用电、调度等多专业数据，挖掘电力大数据服务于发电企业、电力用户和经济社会发展的价值。

（3）数据可视化信息传递的挑战。电力大数据可视化是数据价值传递的有效方式，电力大数据中蕴藏电力生产和服务经济社会发展的规律和特征，一般较抽象，难以发现。大数据可视化分析将易于大数据规律的发现，展示海量数据中的特征和规律，便于数据价值的传递与知识的分享。

（4）大数据存储与处理的挑战。电力大数据对数据存储与计算能力需求巨大。电力大数据对多个数据源的结构化和非结构化数据进行分析处理，需要存储海量的数据，并提供快速的计算能力。分布式数据存储和计算是解决电力大数据存储和计算的有效途径。

（5）专业人才的挑战。大数据是一个崭新的事业，电力大数据的发展需要新型的专业技术人员，例如大数据处理系统管理员、大数据处理平台开发人员、数据分析员和数据科学家等，而当前行业内外此类技术人员的缺乏将会影响电力大数据发展的一个重要因素。

此外，正如美国白宫 2014 年 5 月发布的《大数据：抓住机遇，守护价值》报告中提醒，在发挥正面价值的同时，应该警惕大数据应用对隐私、公平等长远价值带来的负面影响。电力大数据由于涉及众多电力客户的隐私，且地域覆盖范围广阔，安全问题不容忽视。因此，大数据要按照分级管理的原则，同步规划、同步设计、同步投入运行，并根据数据的重要性以及共享程度，确定哪些是可开放的、哪些是要逻辑强隔离使用的。目前，电力企业需将外网上对于客户服务的内容、企业内部管理的内容以及生产方面的内容进行安全隔离，从而保证在云基础上数据系统的安全性。

2.7　电力大数据发展趋势分析

电力大数据作为一场变革，不仅改变了电网、厂商的发展，还改变了电力系统今后的运作方式。电力大数据贯穿发、输、变、配、用等电力生产及管理的各个环节，是能源变革中电力工业技术革新的必然过程，不仅是技术上的进步，更是涉及电力系统管理体制、发展理念和技术路线等方面的重大变革，是下一代电力系统在大数据时代下价值形态的跃升。随着能源互联网的发展，电力行业也将开始进入大数据时代"快车道"，大数据一方面将助力电力企业改革创新，激发企业发展潜力，降低企业决策风险；另一方面助力构建能源发展新格局，利于形成清洁能源占主导的世界能源格局。谁能够从大数据的"金矿"中发现暗藏的规律，就能够抢占先机。

2.7.1　电力行业大数据应用发展趋势分析

从长远来看，作为中国社会发展的晴雨表，电力数据与经济发展具有紧密而广泛的联系，将会呈现出无与伦比的正外部性，对我国经济社会发展以至人类社会进步也将形成更为强大的推动力。未来电力大数据的发展将促进数据中心的建设、数据资源的整合以及在各个领域的应用建设，电力大数据在电网和发电行业的应用前景如下：

（1）电网行业应用。

1）输变电智能化。基于对输变电数据的分析挖掘，提升输变电设备及输电通道环境在线智能诊断预警能力，提高智能装备及现场运维检修作业智能感知与移动交互水平。

2）智能配用电。基于营配数据的分析挖掘，提高海量数据采集监测和实时计算能力，开展配变超载预警、低电压治理、配网故障诊断与辅助规划等数据分析；开展用户行为细分分析，提供用电优化建议、停电精益化管理等服务；开展电能质量监测与分析、电费回收风险防范等数据分析。

3）源网负荷协调优化。基于源网负荷数据的分析挖掘，实现母线负荷预测、大规模储能分析、量价费损、用电行为特征分析、分时阶梯电价分析和政策性电价清洁能源补贴效果执行评估等。

4）智能调度控制。基于智能调度数据的分析挖掘，实现混合仿真决策、雷电分析、提升电网故障感知、继电保护在线监视与智能诊断、调控数据综合应用。

5）创造新模式的数据增值应用。基于大数据充分挖掘公司海量用电数据价值，结合移动互联网、社交网络等新技术，改变传统电力营销模式，支撑公司新型用电关系构建与新业务，丰富电力增值服务内容。

6）服务社会经济发展的数据增值应用。整合人口、经济、用电等数据构建"电力经济地图"，采用科学的方法及工具进行数据挖掘，寻找经济系统的特点、特征及内在规律，尽量避免被某些表面现象或假象所迷惑，辅助行业投资决策、城市建设和电网规划。

（2）发电行业应用。

基于发电、售电、工程建设、物资库存配送等数据，构建发电企业生产经营等数据分析模型，实现发电监测、购售电发展、工程监控、物资智能调配等增值应用，通过大数据增值应用，为发电企业提供高效、环保、智能的分析决策支持。随着电力大数据技术的推广和应用，将进一步优化发电企业产业布局；深化推广风能和太阳能等新能源发电功率预测和运行智能控制技术；提升新能源接入和分布式储能的能力；促进大规模风能和太阳能等可再生能源的科学合理利用；减少能量损失，优化发电侧运行效率，解决能源利用率低的问题；提升发电站的智能化管理水平，实现发电设备信息和运行维护策略与电力调度的智慧互动，从而制订行之有效的生产及检修计划；提升企业驾驭生产能力、资源优化配置能力、精准决策经营管理能力和灵活高效调控能力。

2.7.2　行业外电力大数据应用发展趋势分析

（1）能源行业应用。

结合"互联网+"智慧能源发展要求，基于能源结构、生产、消费、客户、供给等数据，构建辅助石油、煤炭、燃气等其他能源经营企业开展决策的相关数据分析模型，实现能源结构优化、能源生产监控、能源消费特征、节能分析等增值应用，通过大数据增值应用，为能源生产运营企业提供高效、环保、智能的分析决策支持。基于电能、石油、水、气等各类数据，开展基于能源大数据的信息挖掘与智能预测业务，对能源设备的运行管理进行精准调度、故障诊断及状态检修等；开展面向能源终端用户的用能大数据信息服务，对用能行为进行实时感知与动态分析，实现支撑远程、友好、互动的智能用能控制。

（2）交通运输行业应用。

基于海量的交通流量、运营信息、道路信息等数据，结合电力行业统计数据，构建辅助交通管理部门或运营公司决策的相关数据分析模型，实现运输路线规划、交通运输缓解、交通管理服务、刑侦分析、货物实时追踪等增值应用，为交通管理部门或运营公司提供高效、智能、实时的分析决策支持。

（3）其他行业应用。

基于电力行业统计数据构建行业外数据分析模型，提供行业用电和经济分析、电力消费结构及发展趋势分析等相关分析咨询，为电力和社会经济的结合应用开辟新方向。电力大数据的数据体量大、类型繁多、处理速度快，是能源互联网的基石，它的存在为电力安全、可靠、经济、高效地运行提供了较大的保障。围绕电力系统开展电力大数据应用实践，以重塑电力核心价值、转变电力发展方式为主线，将实现电力工业更安全、更经济、更绿色和更和谐的发展。在全球能源互联网的推动下，电力大数据的发展会越来越迅速且完善，对电力乃至能源领域的发展给予强大助力。

第二部分 技术篇

大数据技术涉及数据的采集、存储、计算、分析、应用等诸多环节，为了满足电力行业大数据技术的迫切需求，利用大数据技术开展电力大数据平台建设工作，对电力数据的价值提升具有重要意义。数据从产生到应用将覆盖各个系统，在数据的整个生命周期中，为了保证数据整合的规范性，制定电力行业的信息模型，遵循统一的规范和标准，从而形成大数据采集、整理、分析、应用的大数据生态圈。大数据平台是大数据在技术层面的具体落地，存储结构化、非结构化、半结构化等数据，数据统一遵循信息模型标准，即大数据平台是信息模型物理实现的落地，具体关系如图Ⅱ所示。

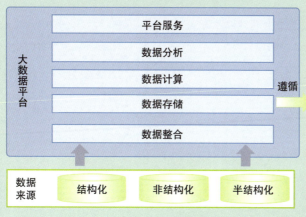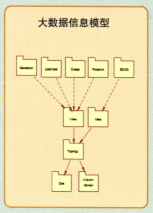

图Ⅱ 大数据平台与信息模型的关系

技术篇内容主要从电力大数据标准体系、电力大数据关键技术、电力大数据平台三个部分进行介绍，电力大数据标准体系主要介绍了电力大数据标准体系框架、信息模型、数据处理、数据管理、应用服务等标准，并重点介绍了信息模型；电力大数据关键技术和平台主要介绍了相关技术及大数据平台的架构设计、平台特性、平台应用，并以国家电网公司大数据平台建设为实例介绍整个平台的设计实现过程。

第 3 章　电力大数据标准体系

目前，电力大数据技术相关标准的研制还处于起步阶段，本部分对电力行业已经开展的关于电力大数据标准化工作进行梳理，形成电力大数据标准体系框架，并着重从电力大数据信息模型进行详细介绍。

3.1　电力大数据标准体系框架

如图 3-1 所示，电力大数据标准体系由四个类别的标准组成，分别为：信

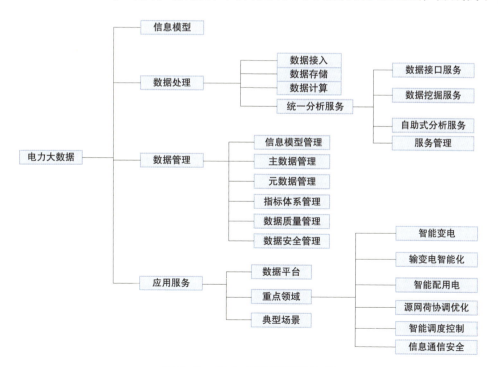

图 3-1　电力大数据标准体系

息模型标准、数据处理标准、数据管理标准和应用服务标准。信息模型是电力大数据的基础，是数据遵循的统一规范和标准，在此标准的基础上，建立数据处理、数据管理、应用服务等标准。

3.2　信息模型

电力行业在向数字化转型的过程中，需要贯穿发电、输电、变电、配电、用电等电力生产及管理的各个环节的全景数据。大数据平台是大数据在技术层面的具体落地，从大数据全生命周期角度来看，覆盖大数据的产生、采集、存储及计算、分析、共享、应用多个环节的多个系统。不同系统所使用的数据模型、应用程序接口、开发平台千差万别，给信息的共享带来很多困难。为了保证数据整合的规范性，必须遵循统一的规范和标准，才能形成大数据采集、整理、分析、应用的大数据生态圈。电力行业的信息模型为大数据平台的落地提供了有力的保证，主要的信息模型有 IEC 61970、IFC 61968、公共信息模型（CIM）等。

3.2.1　企业信息模型

企业信息模型是指从整个企业业务的视角，对企业业务活动相关数据采用数据建模方法构造的模型。企业信息模型是对企业业务的核心数据的抽象，它不是信息化系统实施所需的全部细节数据的数据模型。企业信息模型不随企业职能域的改变而变化，它独立于企业的应用，是企业信息化应用建设的基础。

3.2.1.1　概述

企业信息模型从企业全局的视角出发，构造全局业务数据的模型，这样能够实现企业业务全局数据的一致性描述。

从企业战略角度，企业信息模型有利于：

（1）应用与数据分离，实现数据从部门到企业的提升。

（2）建立数据转换为价值的体系，让数据发挥出企业核心资源的效用，实现数据的增值。

（3）为高层管理人员定义清晰的基本业务概念，是所有企业信息化应用项目建设的基础。

从企业应用角度，企业信息模型有助于：

（1）基于企业信息模型，能够快速的构建企业级数据仓库的数据模型和 ODS 的数据模型，建立企业级数据仓库和 ODS 以便更好地支持决策分析应用。

（2）基于企业信息模型建立的业务系统，能够避免业务系统之间的数据冗余和语义的不一致，找出多个系统相关和重合的信息，降低应用集成的难度。

（3）在未来的 IT 系统进行数据模型设计时，可以从企业信息模型进行映射并检查信息的完整性，规划和界定信息需求的范围。

（4）基于企业信息模型进行扩展，能够构造企业业务应用系统的数据模型，开发出高质量的系统，更好地满足企业信息处理的需要，为企业管理者、业务用户和开发人员提供一个一致的业务模型。

（5）改善业务部门和 IT 系统开发人员的沟通，提高 IT 系统开发的效率。

3.2.1.2　基本理论

信息模型是指采用"实体-关系"的方法描述数据的模型，包括概念模型、逻辑模型和物理模型。信息模型是指采用面向对象的方法对现实事物进行描述的模型，包括事物的属性和行为信息，用于软件系统的开发。信息模型类和类的属性可以转化为数据模型。数据模型最终转化为具体数据库的表和表的字段。

1. 类

信息模型中每一个类图展示了该主题域中所有的类及它们之间的关系。在与其包中的类存在关系时，那些类也可能展示出来。

类与对象所建模的是电力系统中需要以一种对各种电力系统应用通用的方法来描绘的东西。一个类是对现实世界中发现的一种对象的表示，例如在能量管理系统（Energy Management System，EMS）中需要表示为整个电力系统模型的一部分的变压器、发电机或负荷。其他类型的对象包括诸如 EMS 应用需要处理、分析与储存的计划与量测。这些对象需要一种通用的表示，以达到 EMS-API 标准的插入兼容和互操作的目的。在电力系统中具有唯一身份的一个具体对象则被建模成它所属类的一个实例。

信息模型中的类没有任何行为，对于一个特定的接口，定义一个由部分类、属性和关联的集合构成的子集（profile）。子集定义了一个接口的消息有效载荷。

类具有描述对象特性的属性。信息模型中的每一个类包含描述和识别该类的具体实例的属性。只有各个 EMS 应用共同感兴趣的那些属性才包括在类的描述中。

每一个属性都具有一个类型，它识别该属性是哪一种类型的属性。典型的属性类型有整型（CIM 类 Integer）、浮点型（CIM 类 Float）、布尔型（CIM 类 Boolean）、字符串型（CIM 类 String）、日期类型（CIM 类 Date）、十进制型（CIM 类 Decimal），它们被称为原始类型。然而，许多其他类型也被定义为 CIM 规范的一部分。例如，并联补偿器（Shunt Compensator）有一个类型为电压（CIM 类 Voltage）的 maxU 属性。Primitive（原始类型）、Enumeration（枚举）、CIMDatatype（CIM 数据类型）和 Compound（复合类）等被添加到作为类型的类中。CIMDatatype 类型结合特定的 CIM 语义提供三元属性 |值，单位，乘子|，这意味着可以自定义映射到序列化制品，如 RDFS、OWL 和 XSD。有这样类型的类不参与泛化也没有关联关系，只是作为属性的类型。Enumeration 类型用于描述有枚举选项列表的属性。Compound 类型用于描述通常会复用的相关属性的集合。复合类可能是由原始类型、枚举类型、CIM 数据类型或者其他不递归的复合类组成。

因为所有的属性都是可选的，所以在某种意义上使用信息模型的子集可以剔除任何属性。

类之间的关系揭示了它们相互之间是怎样构造的。如下文所述，类以各种方式相互关联。

2. 泛化

泛化是一个较一般的类与一个较具体的类之间的一种关系。较具体的类只能包含附加的信息。泛化使具体的类可以从它上层的所有更一般化的类继承属性和关系。图 3-2 是泛化的一个例子。此例取自电线包（Wires），断路器（Breaker）是保护开关（Protected Switch）的更为具体的类型，保护开关又是开关（Switch）的更为具体类型，而开关则是导电设备（Conducting

Equipment）的更具体类型等。电力变压器（Power Transformer）是导电设备（Conducting Equipment）的另一个更具体类型。注意，电力系统资源（Power System Resource）是从标识对象（Identified Object）类继承的，而Identified Object 类并不在图中，所以Identified Object 类在电力系统资源类的右上角用斜体表示。

3. 简单关联

关联是类之间的一种概念上的联系。每一种关联都有两个"关联端"。"关联端"在UML2.0 之前的规范中称为"作用"。每个关联端描述了目标类（即关联端指向的类）与源类（即关联端出发的类）关系中的作用。关联端常常给定为目标类的名字，可以带或者不带动词词组。每个关联端还有重数/基数（multiplicity/cardinality），用来表示有多少对象可以参加到给定的关系中。在 CIM 中，关联是没有命名的，只有关联端是命名的。例如，如图 3-3 所示，在 SG-CIM 中，BaseVoltage 类和 VoltageLevel 类有关联。

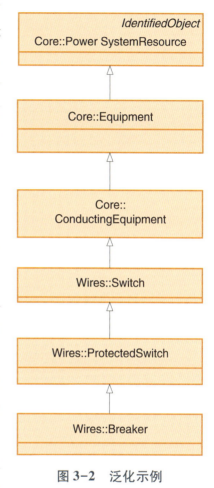

图 3-2　泛化示例

图 3-3　关联示例

重数在关联的两端都有显示。在这个例子中，一个 VoltageLevel 对象可以引用 1 个 BaseVoltage，而一个 BaseVoltage 可被 0 个或者多个 VoltageLevel 对象引用。

4. 聚合

聚合是关联的一种特殊情况。聚合表明类与类之间的关系是一种整体与部分的关系，这里，整体类由部分类"构成"或"包含"部分类，而部分类是整体类的"一部分"。部分类不像泛化那样从整体类继承。图 3-4 说明了 Equipment Container 类与 Equipment 类之间的聚合关系，它取自 Core 包。一个 Equipment 可以是 0 或 1 个 Equipment Container 对象的一个成员，但是一个 Equipment Container 对象却能包括任意一个 Equipment 对象。在使用 CIM 作为信息模型的环境中，聚合并没有一个确切或正式的超出简单关联的解释，其目的是为表达标准用法提供视觉辅助。

一个聚合关联的例子。Equipment对象根据需要聚合到一个EquipmentContainer对象中

ConnectivityVodeContainer	+EquipmentContainer	+Equipments	PowerSystemResource
Core::EquipmentContainer	0..1	0..*	Core::Equipments

图 3-4　聚合示例

3.2.1.3　设计方法

企业信息模型设计普遍的做法是"自上而下"业务驱动+"自下而上"数据驱动相结合。首先，"自上而下"理解企业业务目标，对业务域进行抽象，提炼业务对象与关系，设计形成概念模型、逻辑模型，进而指导物理模型的应用；其次，"自下而上"对企业已执行的各类业务流程或运行的信息系统进行梳理，确定数据统一标准、跨业务关联关系原则，从中识别、筛选、提炼数据实体类与关联关系，设计形成逻辑模型、概念模型。概念模型与逻辑模型使用面向对象的建模技术定义、统一建模语言（UML）进行表达；物理模型应用范式建模方法设计。如图 3-5 所示。

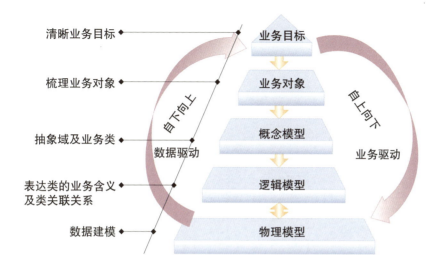

图 3-5　设计方法

3. 2. 2　IEC 61970 标准

IEC 61970 系列标准是由国际电工委员会（IEC）第 57 分会（电力系统控制与相关通信）第 13 工作组制定的《能量管理系统应用程序接口（EMS-API）》系列国际标准。国内对应的电力行业标准是 DL 890。

IEC 61970 系列标准定义了 EMS 的应用程序接口（API），目的在于便于集成电力系统各种应用以及不同调度中心的 EMS，使其能够不依赖信息的内部表示存取公共数据和交换信息。为 EMS 系统中不同厂商的应用功能之间，或不同的 EMS 系统之间，或 EMS 系统与电力行业其他应用系统之间的数据交换和应用集成提供便利，允许多个厂家的应用能够在一个 EMS 环境中运行，支持大范围的电力系统应用，允许长期的扩展和更新。

IEC 61970 主要由接口参考模型、公共信息模型（CIM）和组件接口规范（CIS）三部分组成。接口参考模型说明了系统集成的方式，公共信息模型定义了信息交换的语义，组件接口规范明确了信息交换的语法。

IEC 61970 定义了统一的电力一体化平台结构，如图 3-6 所示。它定义统一的数据模型，并以标准的数据接口规范进行数据访问。系统将各部件封装成对象，依次插在这个"接口体系"上，任何一个系统的变化，只要它遵循 CIM

接口体系，则另外的系统就不需要有任何变化。通过这样的接口体系，各个应用就可以相互读取到对方的数据模型。

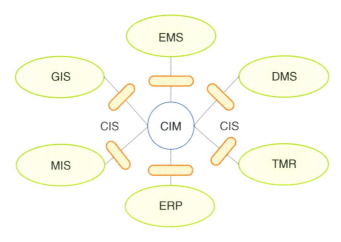

图 3-6 通用接口的集成方案

基于该方案可以集成不同厂家、运行于不同的计算机平台、采用不同语言实现的各种应用对象，并且这些应用对象可以很方便地拆卸和更换。集成系统是个松耦合的系统，它改变了以往系统以数据库为中心，所有数据由某一数据库管理系统管理的局面，数据可能分散在各个应用对象中，数据访问代理为客户提供数据访问的透明性，保证系统中各应用对象的"即插即用"。

虽然 IEC 61970 称为"能量管理系统应用程序接口"，但实际上，IEC 61970 的思路可适用电力自动化、信息化乃至其他行业的应用系统集成。

3.2.2.1　CIM（公共信息模型）

现代电力系统是一个涵盖发电、输电、变电、配电、售电各个环节，包括发电机、变压器、断路器、输电线路、用电设备等各类电气设备，涉及发电公司、电网公司、代理商、市场运营方、监管方、大用户、零售用户各方面，实行实时闭环控制的复杂系统。对这样一个系统进行建模、描述，首先要抽象出问题域中的实体的类型、类型的性质。这些抽象的描述就是所谓的"元数据"。元数据是指"关于数据的数据"或者"关于数据的结构化数据"，即关于数据的内容、质量、状况和其他特性的信息，也就是描述数据本身的性质的数据。例如，书的文本就是书的数据，而书名、作者、版权数据都是书的元数据。

对于电力系统而言，公共信息模型 CIM 就是电力系统元数据的模式，它包括公用类、属性、关系等，其类及对象是抽象的，可以用于许多应用，它是逻辑数据结构的灵魂，可定义信息交换模型，用来描绘具体的电力系统数据模型。

CIM 是电力企业应用集成的重要工具，模型中的对象本质上是抽象的，可以应用在各个系统中。CIM 作为一种面向对象的信息模型，为我们提供了一种描述管理数据的概念框架。同时，CIM 又是一种抽象的信息模型，它可以用来描述在网络中或企业环境中的所有的管理信息，但它与具体的实现技术无关。CIM 模型有助于不同供应商开发的 EMS 系统的集成，有助于 EMS 系统和其他涉及电力系统运行操作不同领域的应用系统的集成，例如发电管理和配电管理。

CIM 是用统一建模语言 UML（Unified Modeling Language）文档化了的一系列类图，包括了 EMS 中的传输网络分析、发电控制、SCADA 及操作员培训模拟等。UML 是一个通用的面向对象的可视化建模语言，用于对软件进行描述、可视化处理、构造和建立软件系统产品的文档。它可用于对系统的理解、设计、浏览、配置、维护和信息控制。我们可以通过定义类、类的属性和方法、以及它们之间的各种关系来建立电力信息模型。UML 通过建立各种类、类之间的关联、类和对象相互配合实现系统的动态行为等成分（这些都成为模型元素）来组建整个模型，刻画客观世界。

CIM 统一了电力模型。CIM 是 IEC 61970 系列规范的基础，通过扩展 CIM 中的核心模型，形成了一个通用的电力系统模型。它表示了在公共电力企业中的所有的主要对象，特别是那些与运行有关的对象。通过 CIM，以对象类和属性的方式来显示电力系统资源以及它们之间关系的标准方法，实现了由不同开发商独立开发 EMS 应用之间或在独立开发的整个 EMS 系统之间的集成，或 EMS 系统与其他电力系统运行中各个方面的其他系统（例如发电系统或配电管理系统）之间的集成。

由于考虑到整个 CIM 的大小，CIM 中的类被组织成一些逻辑包，每个包显示了这个电力系统模型的某一特定部分。它提供了能量管理系统（EMS）信息的一个物理逻辑视图，这些电力企业的信息是被所有的应用共享的。CIM 被划分为九个包，分别为：Core（核心包）、Topology（拓扑包）、Wires（电线包）、Outage（停运包）、Protection（保护包）、Meas（量测包）、LoadModel（负荷模型包）、Generation（发电包）、Domain（域包）。

图 3-7 展示了 IEC 61970-301 中定义的 CIM 各包以及它们之间的依赖关系。虚线表示依赖关系，箭头从依赖性包指向它所依赖的包。比如 SCADA 包依赖于量包（Meas）。其中核心包（Core）包含了电力系统中大多数应用都会使用到的核心对象，几乎其他的每个包都要间接或直接依赖于这个包。在这个包里，连接端类（Terminal）是一个非常重要的类。每个传导设备包括若干个连接端。这些连接端表示了这些传导设备空间上的连接信息。在拓扑包中需要通过 Terminal 把传导设备和其他对象联系在一起，形成拓扑关系。

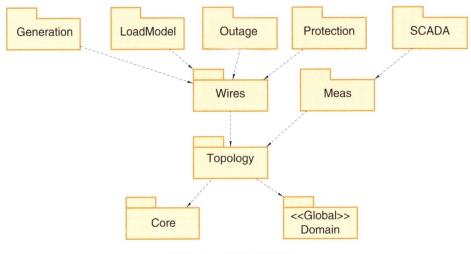

图 3-7   CIM 的顶层包

3. 2. 2. 2   CIS（组件接口规范）

IEC 61970 包括 CIM 和 CIS 两部分内容，CIM 部分定义了电网模型，CIS 部分规范了接口描述。CIM 描述了不同应用之间需要交换的信息的语义，解决了"数据是什么"的问题，而 CIS 定义了一系列接口机制的语法，使得不同应用可以互相连接、交换信息，解决了"数据如何获取"的问题。

CIS 分两个级别：

级别 1：仅对接口做一般性描述，不涉及具体的计算机技术；

级别 2：包括将 CIS 映射到 C++、C#、CORBA 和 XML 等具体的计算机技术。

应用程序可以通过符合 CIS 标准的数据访问接口访问数据。通过该接口允许外部用户访问本系统的公共数据；同时，来自其他系统的采用 XML 格式表达的模式或数据可通过一定的工具导入。采用符合标准的数据访问接口，应用程序不仅可以方便地访问来自外部数据源的数据，还可方便地包装成可即插即用的组件，在各应用框架之间"插拔"。

CIS 规定组件（或应用程序）为了能够以一种标准方式和其他的组件交换信息或访问公开数据而应该实现的各种接口。当前 CIS 标准规定了 DAF（数据访问设施）、GDA（通用数据访问接口）、HSDA（高速数据访问接口）、TSDA（时序数据访问接口）中的所有接口服务，包括近 100 个方法。其中，DAF 定义了数据读取访问的简单接口，GDA 扩展了写接口和条件查询，HSDA 支持从 EMS 到 EMS 或 EMS 之外的客户端实时、高效地传递大量数据，TSDA 支持对于时间序列数据的处理。这些 CIS 服务与 CIM 数据库结合，构成了不同组件间相互通信、协调与控制的信息交换机制。

CIS 的应用包括利用 CIM/XML 方式和 CIS/GDA 方式提供电力系统模型，利用 CIS/HSDA 和 CIS/TSDA 方式提供 SCADA 的实时数据。

3. 2. 3　IEC 61968 标准

由于缺乏统一的标准与规范，电力企业的许多系统形成了一个个信息孤岛。在一个个系统内部进行的通信称为系统内通信。在一个系统内的集成也称为"应用内集成"，通常使用嵌在底层运行环境的中间件互相通信。而在现代的电力企业应用中，需要进行大量的系统间通信。使用传统方式所进行的通信错综复杂，很难集成。IEC 61968 标准的提出正是为了支持一个电力企业内的应用间集成，也就是支持将不同运行环境支持的，已建或新建的应用连接起来。

许多电力系统应用使用不同的计算机语言、操作系统、协议和管理工具。IEC 61968 标准的目的是支持需要在事件驱动基础上交换数据的各种应用，通过应用间代理消息的中间件服务实施。它并不取代电力企业的数据仓库、数据库网关和运行存储，而是对它们进行了补充。

配电管理系统（DMS）由多种用于管理配电网的分布式应用组件构成。这些组件的功能包括供电设备监视和控制、系统可靠性管理、电压管理、需求侧管理、停电管理、工作管理、自动绘图和设备管理。IEC 61968 标准的接口参考模型（IRM）中为这些应用定义了标准接口。IEC 61968 系列标准推荐使用统一建模语言（UML）定义符合标准的企业应用间软件基础架构的系统接口；采用 XML 及 RDF 格式来管理配电管理的系统接口领域；IEC 61968 也鼓励采用面向服务架构（SOA）和企业服务总线（ESB）。

3.2.3.1　IEM（信息交换模型）

信息交换模型（IEM）本身主要来源于公共信息模型（CIM），CIM 在 IEC 61970 标准中定义，并在 IEC 61968-11 中进行扩展，IEM 还可充分利用其他组织定义的信息模型，如开放应用组（OAG）、开放地理信息联盟（OGC）、联合国贸易便利与电子业务中心（UN/CEFACT）核心组件和其他的相关标准。IEM 事实上是一组能用于消息的有效内容定义。

在 IEC 61968-1 开发的过程中，业界很快发现并接受了可扩展标记语言（XML）和一些相关的标准。XML 很容易满足 IEM 的关键需求，IEM 定义的有效内容的实现方式通常是采用下列两种 XML 格式之一：

（1）遵守源自 IEM 中 XML 模式定义（XSD）的 XML 文档。IEC 61968-3～IEC 61968-10 部分就是采用这种方法。实际的 XSD，可以通过在 IEC 61968-3～IEC 61968-10 部分提供的消息类型图上应用 IEC 61968-14 提供的 XML 命名和设计规则来得到。

（2）遵守 CIM 的 RDF 文档。IEC 61968-13 就是使用这种方法。

IEC 61968 推荐但不强制使用标准的消息信封。原因之一就是类似 JMS 和 SOAP 标准也定义了相应的消息头，这些消息头字段的一部分与 IEC 61968 消息信封中的消息头字段具有相同作用。

信息交换模型定义的消息由以下部分确定：

（1）一个动词，用来标识要采取的动作类型。

（2）一个名词，用来标识有效内容的类型。

（3）有效内容，表示包含于信息交换的相关数据。

3.2.3.2　IRM（接口参考模型）

IEC 61968-1 定义了配电管理系统（DMS）接口体系中的主要元素接口，它确立了基于接口参考模型（IRM）的标准接口的要求，该部分的其他内容都是建立在 IRM 确定的每个接口的基础上。配电管理域包括配电管理的各个方面，一个配电企业应具有部分或全部以下职责：供电设备监控、系统可靠性管理、电压管理、需求侧管理、停电管理、工作管理、自动绘图和设备管理等。配电管理域由彼此相关的供电和配电两类业务构成。供电业务涉及从众多的电力生产者中购买电能并卖给各个用户。配电业务则包括连接发电者和使用者的实体配电网的管理。

一个电力企业域包括一个电力企业组织（可能是一家公司或一个部门）的软件系统、设备、职员和消费者。每个域里的系统、设备、职员和消费者都应唯一地标识。在两个电力企业域之间交换信息时，要用电力企业在电力企业组织中的身份扩充这些标识，以保证这些标识的全球唯一性。

组件间的信息交换可以是一块数据或是一个功能的执行结果（指该功能可以远程调用），称为服务交换。组件可以是传统的过程性应用（也称为遗留应用）或用最新技术建立的完全面向对象的应用。可以符合接口协议；也可以是不符合接口协议（可进行相应的协议适配）。组件适配器是可以对不符合协议的软件进行适配，使它能够使用服务。只要组件适配器能使组件符合 IEC 61968-3 及后续标准中定义的一种或多种特定接口规范，即可满足要求。

IEC 61968 标准的接口规范的要求包括三部分：组件特定规范、有关配电管理域的特定服务的要求，以及有关基于组件的分布计算环境中的通用服务的要求。

3.2.4　国家电网公司公共信息模型

数据是信息化的核心，为了实现数据统一管理，构建企业级的统一的信息模型是首要任务之一。通过统一信息模型的设计，有效地解决了国家电网公司信息化建设和应用过程中所表现出的数据标准不一致、信息资源不能共享、业务集成难度大等问题，从而建立健全信息资源管理体系、共享机制的有效途径和方法，促进提高信息化建设和应用的水平。

通过统一信息模型的应用，对于进一步拓展数据资产的应用范围，提升数据管理和服务的能力，对于数据整合与共享资源以打破条块分割、部门分割的体制，都具有非常重要的理论意义和现实意义，是大势所趋。

3.2.4.1 SG-CIM

不同的开发商提供的各业务应用的数据模型、应用接口、开发平台存在较大的差异。为实现业务间的信息共享每个业务应用需要根据其他业务应用的数据接口进行程序开发。随着需求数量的增加，会带来数据传输共享方面的成本增加，管理维护困难，不能灵活实现各个应用间的互操作等问题。因此，"十一五"期间，为建立一个标准的、开放的共享交换模型，提供通用的数据接口，以满足发电、输电、变电、配电、用电和调度环节的数据共享需求，国家电网公司决定开展公共信息模型建设，并根据其建设应用经验制定本标准。

国家电网公司以公共信息模型（简称 SG-CIM）前期项目研究成果为基础，结合公司各省市单位的实际使用情况，同时参考相应的国际标准（IEC 61970/61968），制定出国家电网公司公共信息模型（SG-CIM）标准，并于 2012 年 5 月发布、实施。同时根据国家电网公司业务的不断发展，对 SG-CIM 进行迭代完善，到目前为止已形成 SG-CIM3.0 标准，共 10 个一级主题域、75 个二级主题域、1991 个实体、29 141 个属性。

国家电网公司通过研究 IEC 61968/IEC 61970 CIM 标准，SG-CIM1.0 按 12 主题域对 CIM 进行重新组织，形成 SG-CIM 研究的理论基础"元素周期表"。后续根据国家电网公司的业务发展，SG-CIM3.0 对于 12 主题域进行了修订，合并形成 10 个主题域。将 SG-CIM 在"元素周期表"的基础上对公司的数据共享需求进行梳理、分析，结合业务需求，对"元素周期表"所包含的基本类进行直接引用、继承及弱相关扩展，形成符合公司业务需求的数据模型，以及统一的数据集成 CIS 接口规范。

SG-CIM 使用面向对象的建模技术定义、统一建模语言（UML）进行表达。SG-CIM 不仅包含 IEC 61968/IEC 61970 CIM 标准，而且包含 CIM 未涵盖的，并依据电网企业业务需求个性化扩展的内容。模型标准划分为客户、资产、电网等 10 个主题域，主要设计的实体对象包括客户、电厂、设备台账等。

国家电网公司公共信息模型（SG-CIM），包括模型研究的理论基础"元素周期表"、SG-CIM 标准模型架构内容及数据接口服务规范等内容。SG-CIM 标准选择国际、国内的主流技术，与相关国家、行业技术标准协调一致，并进行了完善和细化，以满足 SG-CIM 在国家电网公司系统电网的建设、生产、经营等方面的应用需要。

国家电网公司公共信息模型（SG-CIM）的发布、实施，为实现资产全寿命、电力市场交易、电能质量在线监测等重要业务提供了数据共享基础，通过企业级的信息模型支持企业数据交互，为用户提供一致的数据集成视图，节省了数据集成开发、维护成本，达到更有效的利用信息化投资。同时通过为各业务提供高效的信息服务，可间接促进电力企业为全社会提供安全、稳定、优质的服务，通过统一的数据模型促进信息化建设，在提高企业自身管理水平的同时，用实际行动给企业带来了效益，从而间接地推动了全网电力信息化建设的步伐。

3.2.4.1.1　SG-CIM 与 IEC CIM 的关系

CIM 划分为一组包。包是一种将相关模型元件分组的通用方法。包的选择是为了使模型更易于设计、理解与查看。公共信息模型由完整的一组包组成。实体可以具有越过许多包边界的关联。每一个应用将使用多个包中所表示的信息。为了方便管理和维护，整个 CIM 划分为若干组包。包含在本部分中的包是包含在 IEC 61970 包中的。

IEC 61970 包不依赖于其他的任何包。IEC 61970 包及其子包作为核心或其他 CIM 包的基础模型。虚线表示依赖关系，箭头由依赖包指向其所依赖的包。IEC 61968 包描述了 CIM 的附加部分，这部分 CIM 处理电力企业运行的其他逻辑视图，包括资产、位置、活动、用户、文档、工作管理和计量。IEC 62325 包描述了电力市场。如图 3-8 所示。

注意，包的边界并不意味着应用的边界。一个应用可能使用来自几个包的 CIM 实体。这也期望，本标准之外的 CIM 包与本标准中所描述的某些包有依赖关系，特别是域（Domain）和核心（Core）包，不过也可以存在其他的依赖关系。

SG-CIM3.0 是在 IEC CIM 最新版本的基础上，基于 SG-CIM2.0 设计成果

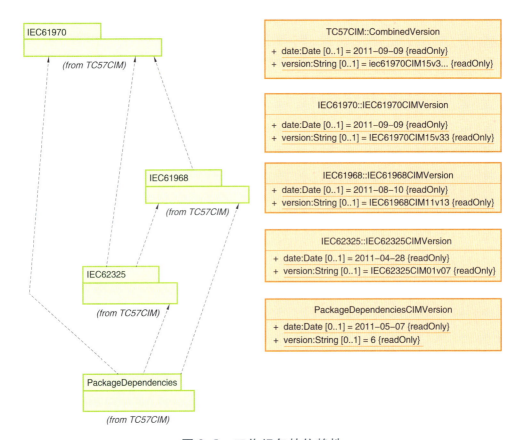

图3-8   工作组包的依赖性

基础上，扩展和重新组织而成的，包含两部分内容：① 直接引用 IEC 61968/ IEC 61970 CIM 的内容；② CIM 或者 SG-CIM2.0 未涵盖，依据国家电网公司需求个性化扩展的内容。SG-CIM3.0 中数据类型直接引用 IEC 61970 中的域包。

SG-CIM3.0 版与 CIM 的关系如图 3-9 所示。其中，人员域、财务域、物资域、项目域基于 IEC 61968 InfERPSupport 等形成；资产域基于 IEC 61970 Core、IEC 61968 Work、IEC 61968 Assets、IEC 61968 AssetModelsInfo 等形成；电网域基于 IEC 61970 形成；客户域基于 IEC 61968 Customers、IEC 61968 PaymentMetering、IEC 61968 Metering 等形成；市场域基于 IEC 62325 形成；安全域、综合域是根据国家电网公司需求个性化扩展的主题域。

SG-CIM3.0 版对 CIM 类的使用方式有如下几种。

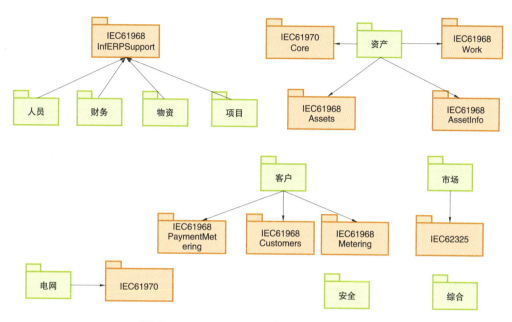

图 3-9　SG-CIM3.0 版与 CIM 的关系

（1）直接引用。

不对 CIM 模型中的命名和结构进行任何改变，直接引用 CIM 中的类、属性及关系。如："Line"（线路）类是 SG-CIM3.0 版直接引用 CIM 中的类。

（2）继承。

从 CIM 中的业务类派生，形成新的类，并在新的类中定义属性和关系。如："EuqTrsiLine"（输电线路）类为 SG-CIM3.0 版扩展的类，它继承于 SG-CIM2016 版自 CIM 中引用的 "Line"（线路）类。

（3）弱相关扩展。

由于 CIM 中无适用的类可以支撑，而从 CIM 的 IdentifiedObject 和 Document 等与技术机制相关的类进行继承。如："HrOrganisationInfo"（管控基础组织）类是继承于 SG-CIM 自 CIM 中引用的 "Document"（文档）类。

SG-CIM 是在国际标准 IEC 61970、IEC 61968 公共信息模型（CIM）的基础上，并结合国家电网公司实际业务对 CIM 的扩展和重新组织，而形成的信息模型。

3.2.4.1.2　实现设计

SG-CIM3.0 设计工作采用"总、分、总"的工作思路，总体筹划、分域设计和总体统筹三个阶段，如图 3-10 所示。

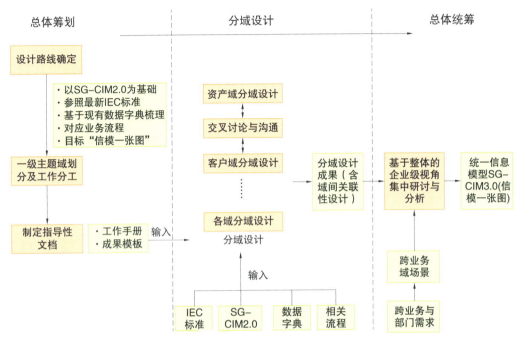

图 3-10 SG-CIM3.0 设计思路

（1）总体筹划。

基于制定企业级统一信息模型的理念，国家电网信息通信部成立总体设计组，进行总体筹划，确定了基于 SG-CIM2.0 成果、引入国际 IEC 最新标准、参照业务系统数据字典及关联流程的总体设计思路。同时，为统一思想，赋予统一信息模型"信模一张图"的别名，体现模型是一张静态类图（由类和项目之间关联所构成的图）的企业级本质，是一张各业务域相互融合的整体信息模型。

为了确保信息模型的可读性、易管理性，结合国家电网公司实际业务，划分一级主题域，明确各主题域建设工作的组织架构与工作职责，制定工作手册，组织集中培训，为进入分域设计阶段做好充分准备。

（2）分域设计。

按照职责分工，各相关业务部门牵头开展分域设计工作。基于 ERP、财务管控、电子商务平台等业务系统数据字典及关联流程，对以 SG-CIM2.0 进行扩展完善，同时引入国际 IEC 标准（IEC 61968/61970），对各分析域进行完善提升。

在分域设计过程中，国家电网信息通信部承担跨域沟通的工作，组织整理跨域需求，基于跨域需求的交叉讨论和域间关联性的设计实现，保证信息模型的完整性。

（3）总体统筹。

以分域设计成果作为输入之一，以基于跨业务部门需求整理出的跨业务场景为输入之二，进行总体统筹设计。

统筹设计以实现企业级信息模型为主要目标，对分域的设计成果进行融合，实现"信模一张图"理念，设计生成由核心跨业务关联类构成的"核心聚类图"，作为统一信息模型的核心子图，并围绕此图展开集中研讨，最终形成 SG-CIM3.0 设计成果。

3.2.4.1.3　模型实例

（1）CIM 子集。

通常一个项目内只会使用 SG-CIM 的一部分，因此引入 SG-CIM 子集的概念，SG-CIM 子集包含在 SG-CIM 内，它是 SG-CIM 的一部分。它们只包括特定场景或任务所需要的基本类和关系。以下案例均是建立在某个子集的基础上，描述对某一业务场景的支撑。

（2）营配一体化模型。

随着营销系统、配电 PMS 系统、GIS 平台应用的不断深化，各系统对数据的建档规范性、数据精确性和多专业联合分析的要求越来越高。按照国家电网公司智能电网精益化管理要求，通过建立动态准确的"站—线—变—户"拓扑关系和数据同源管理机制，持续提升营配数据质量。营配贯通后，将打通从配电网到用户的总体拓扑结构；同时配电 PMS 系统可及时获取业扩报装、用户变更、用电量和用电负荷信息，使得电网供电情况和客户用电情况能够同步得到分析。通过营配贯通，可以实现客户故障报修及时研判、计划停电范围定位到户、供电能力分析到配变、线损分析到每天等系统应用功能的后续开发，为客户服务、营销管理和配电网发展提供有力的技术和数据支撑，能有效提升公司经济效益和管理效率。

为了实现营配贯通的业务要求，参照 SG-CIM 标准，对营配贯通业务进行数据建模，图 3-11 展示了营配贯通数据模型的类图。主要是通过配网设计的

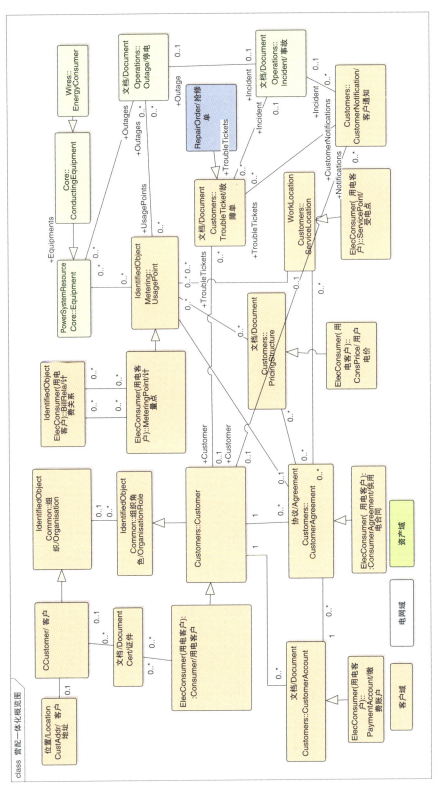

图 3-11 营配一体化模型

用户接入点（继承 IEC CIM 标准 Wires 包中的 EnergyConsumer）与营销的计量点（继承 IEC CIM 标准 Metering 包中的 UsagePoint）建立关系，实现用电客户和站、线、变建立关联，其中配网负责实现用户接入点与站、线、变的关联，营销负责实现计量点与用电客户的关联。为了实现故障报修的业务集成，参照 SG-CIM 标准，故障报修单与用电客户建立关联，将抢修工作单与故障报修单建立继承关系，实现数据信息集成共享。

CCustomer 是可能或已经与供电企业建立供用电关系的组织或个人，即客户。一个 CCustomer 可能对应多个 Consumer（用电客户），一个客户有一个或多个证件（Cert）。

Consumer 是客户签订用电合同后具备了接受电力公司用电服务的角色，即用电客户，Consumer 继承了 Customer 类。一个 Consumer 可能会与电力公司签订多个客户协议（CustomerAgreement），如用电合同、代扣、托收、调度协议等。

一个用电合同（ConsumerAgreement，继承 CustomerAgreement 类）规定了服务地址（ServiceLocation，即受电点），同时规定了每个受电点包含的多个计量点（MeteringPoint，继承 UsagePoint 类）的用户电价（ConsPrice，继承 PricingStructure 类）。用户电价根据用电客户的用电性质进行分类确定，通常分为低压居民、非居民、商业、工业等。

如图 3-12 所示，用电客户（Consumer）的主计量点（MeteringPoint，继承 UsagePoint 类）通过接入点（EnergyConsumer）连接到配网，接受电力系统资源（PowerSystemResource）的设备（Equipment）供给的电能。不同用电客户对应的接入点具体连接到变电站间隔或公用线路或公用变压器，由运检部负责，计量点（MeteringPoint）和用电客户（Consumer）的关联关系由营销部负责。

接入点（EnergyConsumer）是供给电能的电网设备到用户主计量点的交界点。无论是高压或低压用电客户，都可通过接入点将电网拓扑结构延伸至用电客户，实现配网和用户的贯通。

如图 3-13 所示，故障单（TroubleTicket）是用电客户通过 95598 或其他渠道上报故障信息，并将故障单发送到运检部门，运检部门根据故障单生成抢修

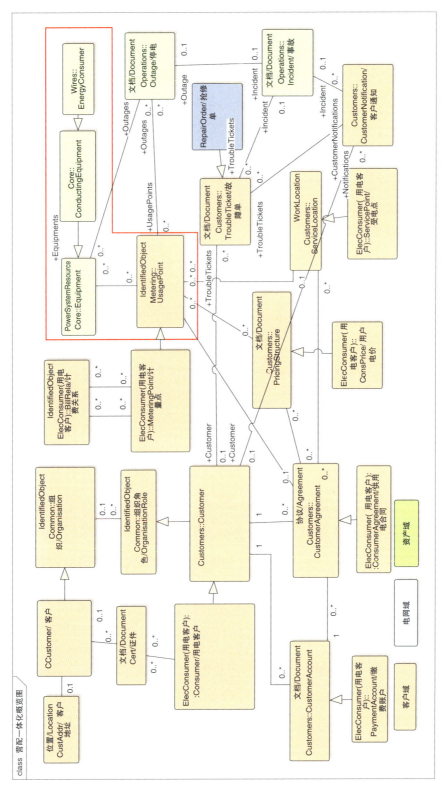

图 3-12 用户计量点与电网接入点之间关系

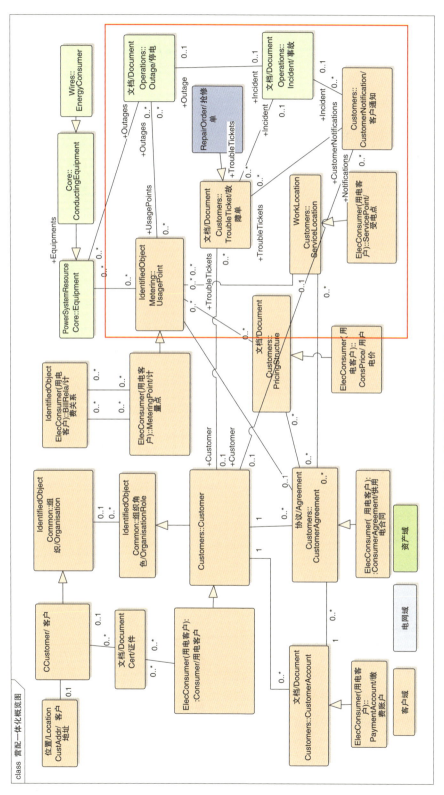

图 3-13　用户故障报修与电网抢修之间关系

单进行派工现场抢修，本次故障如果引起了大面积停电事故（Incident），需要下发客户通知单（CustomerNotification）通知其他用电客户，现场抢修需要进行停电时，将停电（Outage）信息与用户计量点（MeteringPoint，继承UsagePoint 类）进行关联，确定影响用电的范围。

3.2.4.2　数据仓库模型

企业数据仓库模型在遵循 SG-CIM 标准规范基础上，结合数据分析应用需求设计，用于支撑国家电网公司全业务统一数据中心分析域数据仓库的建设，规范国家电网全业务统一数据分析域数据的存储、管理与应用，有效支撑企业级数据多维分析和挖掘应用。模型分为明细层数据模型与轻度汇总层数据模型，均遵循 SG-CIM3.0 主题域划分原则。其中，明细层数据模型遵照 SG-CIM 标准，对源系统数据表进行同源整合，冗余度较小，符合范式规则；轻度汇总层数据模型，结合应用需求，基于明细层数据模型进一步提炼、聚合、合并，允许一定程度上的数据冗余，不符合范式规则，一般为"星形"多维模型。明细层数据模型用于存储经过整合处理后规范的、全局逻辑关联一致的业务数据。轻度汇总层数据模型，在某种业务条件下，按照数据颗粒度要求，对明细层数据进行一定的聚合、汇总，以满足各类口径各种层级的应用要求。如图 3-14 所示。

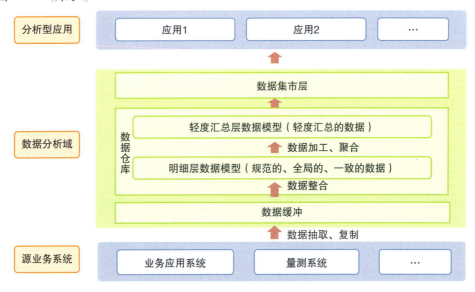

图 3-14　数据仓库模型及关系

3.2.4.2.1　实现设计

数据仓库逻辑模型分为两个层：明细数据层和轻度汇总数据层。明细数据层的模型与 SG-CIM3.0 的主题域、主题、核心实体、核心实体间的关系是相同的。明细数据层的数据模型设计依据 SG-CIM 进行设计，但是每个实体都要加上相应的时间戳，明细数据层的模型相对稳定。轻度汇总数据层的模型与数据分析需求相关，模型设计依赖于分析需求，相对易变。明细数据层的模型是符合 3NF 的带有时间戳的关系模型。轻度汇总数据层又分为中间数据聚集层和多维模型汇总层，其中多维模型汇总层是依赖于应用需求的多维分析事实表模型，包括多维度和多指标的汇总。具体设计方法如下：

总体采用"自上而下（Inmon 实体关系流派）"与"自下而上（Kimball 维度模型流派）"相结合的设计思路。其中，"自上而下"是直接遵照 SG-CIM 逻辑模型进行转换设计；"自下而上"是通过收集、梳理分析应用需求，提炼总结设计，同时需考虑与 SG-CIM 模型的映射关系。

明细数据层的模型主要采用"自上而下"的方式设计；轻度汇总数据层的模型则采用"自下而上"的方式设计。如图 3-15 所示。

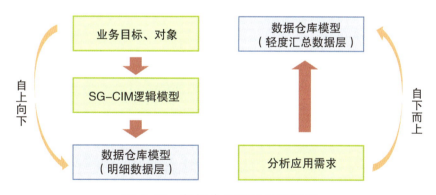

图 3-15　数据仓库模型设计思路

明细数据层的数据模型按照 SG-CIM 模型标准，全部转换为数据仓库模型，涉及人资、财务、物资、电网、资产、客户、项目等 10 个主题域的所有数据实体。根据所提取的核心数据实体，考虑数据冗余与性能的平衡，设计形成带时间戳的关系模型实体表。最后结合统一分析服务应用需求，从缓冲区获取数据，并进行整合存储，并与轻度汇总层或前端应用进行联调，验证模型的可用性。

　　轻度汇总数据层的数据模型基于主题域划分，结合统一分析服务应用需求，开展数据分析需求梳理、分析工作。分解数据分析应用需求，生成事实表、维度表，设计形成轻度汇总数据层模型设计。梳理并建立轻度汇总数据层模型事实表、维度表与明细数据层模型实体表、属性的映射关系。从数据仓库明细数据层获取数据，并前端应用进行联调，验证模型的可用性。过程如图 3-16 所示。

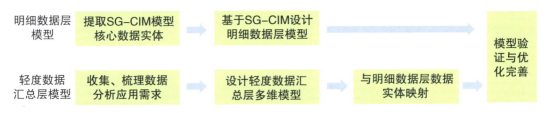

图 3-16　数据仓库模型设计过程

3.2.4.2.2　模型示例

（1）明细层数据模型。

　　明细层数据模型采用主体贴源方式构建，以源业务系统全量数据库表结构为基础，遵循同源数据规范、SG-CIM 标准、统一编码，将源业务系统中描述同类对象的数据表进行整合并加以区分，对编码关键字段进行统一设计，确保编码描述及规则的一致。同时，派生满足数据增量、历史变更记录等需求的相关技术属性，如时间戳、删除标识。

　　明细层模型在参考源业务系统数据库表结构的基础上，遵循 SG-CIM 标准，充分考虑了业务的发展，将数据模型进行原子化设计，以每张表代表一个业务对象，并充分继承了源业务定义的所有属性，可以基本满足当前、未来一段时期内的数据存储与应用要求。但是，当随着业务的发展，企业新增业务或变革业务，数据仓库模型将随之进行扩展、完善。如图 3-17 所示。

（2）轻度汇总层数据模型。

　　轻度汇总层模型，基于明细层数据模型进行设计，以业务需求为驱动，采用提炼、聚合、汇总等多种方式，按业务域划分成不同的主题域，从数据分析与辅助决策等面向表现层业务需求出发，结合实际应用需求抽象出维度，并设

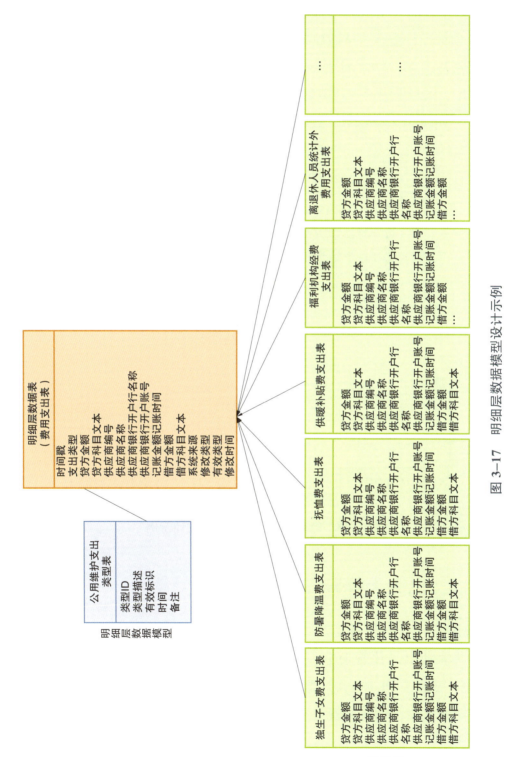

图 3-17 明细层数据模型设计示例

计度量值，分解提炼形成轻度汇总数据层多维数据模型，以事实表与维度表构成的多维模型进行描述。按照数据颗粒度，模型分为中间层与汇总层，其中中间层由汇总层分解而来，汇总层的数据则依靠中间层数据核算与汇总得到，"自下而上"从需求快速入手，急用先行，快速界定数据实体与关系范围。模型设计示例如图 3-18 所示。

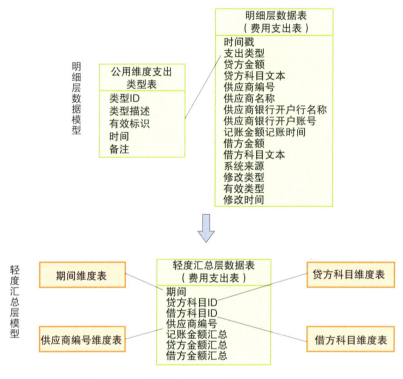

图 3-18   轻度汇总层数据模型设计示例

3.2.5   电力大数据信息模型

3.2.5.1   模型概述

在电力企业信息化管理中，数据按照特性划分为结构化、非结构化、海量/准实时、电网空间四类，分类基本覆盖了电力企业各类信息系统生产的数据，对四类数据资源的有效管理与应用，可促进企业经营管理水平的提升，提高生产效率。

电力大数据信息模型是基于大数据技术理念，用于规范结构化、非结构化、海量/准实时、电网空间四类数据管理与融合应用的标准信息模型，电力大数据信息模型遵循 SG-CIM 标准设计，实现关联四类数据资源，统一四类数据的存储，信息模型以结构化信息为核心，关联了相关非结构化、海量/准实时、电网空间信息。

设备信息是支撑电网正常运行的基础，并且设备台账信息形式多样，覆盖结构化、非结构化、海量/实时、电网空间数据，具备典型性，因此以下以设备为例，介绍电力大数据信息模型的设计与应用。

电力大数据信息模型基于 SG-CIM，以发电设备、输电设备、变电设备等各类信息为需求，建立结构化数据实体或属性与非结构化、海量/准实时、电网空间实体或属性间的关联关系。

（1）结构化数据实体以发电设备、输电设备、变电设备等各类信息为中心，继承于设备实体，包含了资源标识、设备名称、运行单位等各类结构化信息。

（2）非结构化数据是与设备相关的一些非结构化数据实体或属性，如设备的操作手册、采购合同附件以及发票等信息，非结构化数据实体继承于文档，且与设备相关联。

（3）电网空间数据是与设备相关的一些空间数据实体或属性，其主要描述了设备存在的地理位置、坐标等信息，如位置、地理位置、地理坐标等实体或属性，这些实体或属性与设备相关联，通过这些实体或属性，可以获取到设备所处的地理位置坐标，在发现设备缺陷的时候，能准确地定位到故障设备的位置。

（4）海量/准实时数据是与设备相关的一些测点信息，以及描述设备运行状态的一些曲线，如量测点、电量曲线、电网频率曲线，这些信息与位置等空间数据和设备相关联。如图 3-19 所示。

3.2.5.2 模型应用

在遵循电力大数据信息模型进行数据库设计时，按照结构化、非结构化、海量/准实时、电网空间四类数据的技术特性，数据实体的各类信息应存放在相应的数据存储组件中（如结构化数据存储与关系型数据库、非结构化数据存储与分布式文件系统、海量/准实时存储于分布式数据库、电网空间数据存储于关系型数据库与分布式文件系统），并通过信息模型中相应实体之间的编码

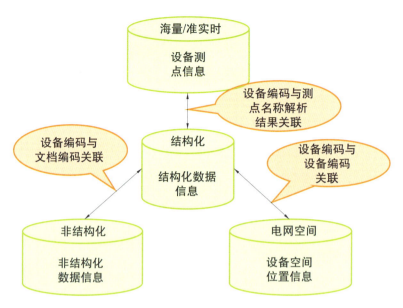

图 3-19　电力大数据信息模型设计

进行关联，实现非结构化、海量/准实时、电网空间数据与结构化数据信息之间的交互。如图 3-20 所示。

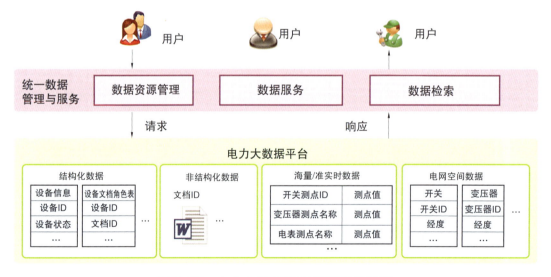

图 3-20　电力大数据信息模型应用示例

电力大数据信息模型可基于电力大数据平台进行实例化部署，实现对四类数据资源的统一存储与管理。具体实施方案如下：

（1）终端用户向数据管理与服务发送请求，查询设备台账、合同及地理位置等信息。

（2）数据管理与服务根据请求从电力大数据平台获取设备台账信息，并通过角色表关联至非结构化、海量/准实时、电网空间等相关实体对象，获取合同、地理位置等信息。

3.3　数据处理

数据处理标准主要针对电力大数据的数据处理相关技术进行规范，包括数据接入、数据存储计算、统一分析服务三类标准。其中数据接入标准包括结构化数据接入、采集量测数据接入、非结构化数据接入等标准。数据存储计算标准包括数据存储标准和数据计算标准。统一分析服务标准包括数据接口服务、数据挖掘服务、自助式分析服务、服务管理等标准。

3.3.1　数据接入

大数据平台应提供统一、规范的数据接入方法，支持从内外数据源向平台导入结构化数据（如关系库记录）、半结构化数据（如日志、邮件等）、非结构化数据（如文件、视频、音频、网络数据流等）等不同数据类型、不同时效的数据，并提供这些数据的整合方式。

1. 结构化数据接入

（1）数据定时抽取。

应支持关系型数据库与大数据平台之间的数据交换与整合。具体功能应包括：

1）支持各种主流关系型数据库。

2）接入大数据平台的业务数据源配置。

3）全量或定量的数据抽取规则配置，支持手动触发和定时抽取。

4）关系型数据库和大数据平台之间的数据类型匹配转换。

（2）数据库同步复制。

应支持复制关系型数据库的增量数据到平台。具体功能应包括：

1）在线日志或归档日志的数据复制，不应依赖源数据库的触发器和规则，减少对源数据库的影响。

2）高比率的数据压缩。

3）断点续传。

4）数据在传输过程中应加密。

2. 采集量测数据接入

应至少提供 API 接口和实时消息队列两种方式实现业务应用系统数据的实时接入。前者，业务系统通过 API 接口将业务数据推送至大数据平台；后者，大数据平台通过统一分布式实时消息队列实时接收业务系统发送的业务数据。

3. 非结构化数据接入

应支持对海量系统日志、数据交换文件、照片、视频等文件数据的接入。具体功能应包括：

（1）各类数据源的接入配置，至少应包括 console（控制台）、RPC（远程调用）、text（文本文件）、tail（Linux 文件结尾显示命令）、syslog（系统日志）和 exec（命令执行）等。

（2）支持文件导入功能，实现数据导入至大数据平台的相应存储。

（3）对数据存储目标的配置，至少应包括分布式文件系统、分布式列式存储等。

（4）对数据从采集、处理到存储的全过程监控。

3.3.2　数据存储计算

大数据平台应提供业务各类异构海量数据的存储功能，并应提供不同计算方案以满足业务的不同需求。

1. 数据存储

（1）采集量测数据存储。

应提供海量采集量测数据的高效存储。具体功能应包括：

1）列式存储，支持使用面向列的存储模型存放数据。

2）内存存储，支持将数据加载至内存中，可直接进行数据的读写操作，同时内存中存放的数据定期同步至磁盘进行数据的持久化。

3）线性扩展，支持分布式动态扩展，同时保持数据均衡分布。

4）在线快速读写，具备快速的数据读写操作能力。

5）监控管理，节点状态管理和监测。

（2）非结构化数据存储。

应提供基于分布式文件的非结构化数据高效存储。具体功能应包括：

1）文件存储，支持文件多副本、分块存储。

2）文件树管理，支持层次型文件组织结构管理。

3）线性扩展，支持分布式动态扩展，同时保持数据均衡分布。

4）批量加载，支持批量加载的数据准备方式。

5）监控管理，节点状态管理和监测。

（3）数据缓冲区。

应提供来自源端业务系统的结构化数据高效存储。具体功能应包括：

1）根据数据归仓、数据分析等业务需求，对进入缓冲区的数据进行整合和处理。

2）批量数据导入，支持通过 ETL 工具、格式化文件加载、自定义脚本等方式，将数据批量导入到数据缓冲区中。

3）连接池，应用程序可通过连接池获取与数据库的连接。

4）支持数据生命周期管理，逾期数据进行定期归仓并清除。

（4）数据仓库。

按层级可分为明细数据层和轻度汇总层，应提供面向企业级主题的各类结构化数据的高效存储，存储经过清洗转换后的结构化数据，为公司各类分析应用提供统一的结构化数据支撑。具体功能应包括：

1）数据存储，支持结构化数据分布式存储。

2）对象管理，提供数据库、表空间、表、索引、视图、存储过程、自定义函数等常用数据库对象的创建、修改和删除操作；支持数据库用户的创建、删除操作以及用户权限的分配与回收。

3）数据分析，支持 ROLAP 的星形模型、雪花模型等，内置常用的 OLAP 函数。

4）存储过程和自定义函数，支持基于存储过程和自定义函数的编程语言实现数据库内的各类分析统计功能。

5）数据加载，支持以规范格式方式将数据导入到数据库中，并可通过 HDFS 文件方式将 Hadoop 大数据平台的数据导入到数据仓库中。

6）数据导出，可以根据查询条件将符合条件的查询结果数据导出至指定文件中。

7）管理工具，支持通过命令行工具和图形化工具对集群进行有效管理和维护工作。

（5）数据集市。

数据集市的数据由数据仓库的数据经过处理转换后形成，直接支撑前端的应用需求。数据集市区存储的数据主要是主题分析数据。具体功能应包括：

1）数据定义，提供定义数据库的三级模式结构、两级映像以及完整性约束和保密限制等约束。

2）数据操作，实现用户对数据的增、删、改等操作。

3）数据存储管理，提供数据组织、存储、管理和保护功能。

4）数据库维护，提供数据库的数据载入、转换、转储以及性能监控等功能。

5）可视化管理，提供图形化管理工具（企业管理器、查询分析器、备份恢复工具、系统监控工具、Web 管理平台）；各类界面工具需提供人性化设计，方便用户管理。

2. 数据计算

（1）批量计算。

应支持分布式计算、批量数据处理等基础功能，适用于非实时、无交互的数据应用场景。具体功能应包括：

1）任务定义，支持多种数据来源及输出，包括关系数据库、分布式文件系统、分布式列式存储等，满足各业务系统根据业务需求进行各类型统计分析任务的定义。

2）任务提交，支持将已定义的任务提交至大数据存储计算组件计算集群中，实现任务在集群中的快速安装、部署。

3）任务调度，支持配置任务的执行时间、间隔、次数，并根据平台各计算资源的使用情况进行任务的合理调配。

4）任务监控，支持任务整个生命周期的监控，从任务的启动、执行以及任务的结束，及时了解任务的执行情况，同时，能够监控任务执行过程中的资源使用情况。

（2）流计算。

应支持流数据的内存实时计算，适用于对动态产生的数据进行实时计算并及时反馈结果，但对计算结果允许在一定偏离范围内的应用场景。具体功能应包括：

1）任务定义，支持多种数据来源及输出，包括关系数据库、分布式文件系统、分布式列式存储等，满足各业务系统根据业务需求进行各类型实时计算任务的定义。

2）任务提交，支持将已定义的任务提交至大数据存储计算组件计算集群中，实现任务在集群中的快速安装、部署。

3）任务监控，支持任务整个生命周期的监控，从任务的启动、执行以及任务的结束，及时了解任务的执行情况，同时，能够监控任务执行过程中的资源使用情况。

（3）内存计算。

应支持结构化数据的内存计算，适用于高响应计算场景。具体功能应包括：

1）任务定义，支持多种数据来源及输出，包括关系数据库、分布式文件系统、分布式列式存储等，满足各业务系统根据业务需求进行各类型统计分析任务的定义。

2）任务提交，支持将已定义的任务提交至大数据存储计算组件计算集群中，实现任务在集群中的快速安装、部署。

3）任务调度，支持配置任务的执行时间、间隔、次数，并根据平台各计算资源的使用情况进行任务的合理调配。

4）任务监控，支持任务整个生命周期的监控，从任务的启动、执行以及任务的结束，及时了解任务的执行情况，同时，能够监控任务执行过程中的资源使用情况。

3.3.3　统一分析服务

大数据平台应对外提供服务用于实现业务应用对平台中数据的接入和分析，主要包括数据接口服务、数据挖掘服务、自助分析服务。

（1）数据接口服务。

应提供上层业务对底层数据的访问能力，支持采集量测数据统一应用程序接口。具体功能应包括：

1）数据存取服务，支持大数据平台多种类型的数据存取操作，包括分布式文件、列式数据库、分布式缓存和关系型数据库等。

2）数据计算服务，提供大数据存储计算组件数据计算能力的统一接口服务，包括批量计算、内存计算和流计算。

3）数据分析服务，为业务应用提供数据挖掘、多维分析、模型运行等标准化的数据分析功能。

4）跨库查询服务，具备跨本地不同数据库联合查询功能，实现多个查询、多张表或视图联接或合并，为存储于不同组件中的数据提供关联查询服务。

（2）数据挖掘服务。

应提供各类专用分析算法以及自定义算法插件，支持面向历史数据的挖掘和趋势预测，支持面向实时的判别和实时分析，支持面向未来的预测和模拟等场景应用。具体功能应包括：

1）数据访问，支持常用关系数据库的 JDBC 访问，支持对文本文件访问。

2）数据预处理，提供数据清洗、数据转换、数据集成、数据计算、数据抽样、数据分隔等数据预处理手段。

3）数据挖掘算法，根据业务数据应用需求创建数据挖掘模型的一组试探法和计算逻辑。

4）模型评估，采用各种评估方法从数据挖掘模型中找出一个最好的模型。

5）模型部署应用，包括模型基本信息管理、模型发布等。

（3）自助式分析服务。

自助式分析服务提供对数据的自助式分析能力。具体功能应包括：

1）数据源管理，实现对各类数据源的维护。

2）数据建模，实现原始业务数据到自助式分析数据的转换。

3）可视化设计器，提供直观、易用的拖放式界面，能通过选择主题相关的表及相应的图表、文字等展现形式，设置布局、样式等信息，对数据信息进行集中、动态、实时、交互展现。

（4）服务管理。

应支持已发布的数据存取服务、计算服务、分析挖掘服务的统一管理。具体功能应包括：

1）服务状态、执行情况和服务质量等监控。

2）支持服务接口增加、删除、修改等维护操作。

3.4　数据管理

数据管理类标准主要针对电力大数据的数据管理相关技术进行规范。包括电力大数据的信息模型管理、主数据管理、元数据管理、指标体系管理、数据质量管理、数据安全管理等。

（1）信息模型管理。

信息模型管理标准主要规范业务系统数据交换及共享数据的存储，参照国际标准，结合电力行业实际业务设计形成电力大数据信息模型，并对这些模型进行统一规范和管理。

（2）主数据管理。

主数据管理标准主要是为了提高企业数据的准确性、一致性和完整性，制定电力行业主数据标准，统一各业务系统横向集成与纵向贯通的编码，实现企业级主数据的统一管理。

（3）元数据管理。

元数据管理标准主要制定统一数据资源台账管理、统一数据质量监测分析、统一数据资源传输调度、统一数据交换等标准规范，实现包含业务系统数据字典、数据资源手册、接口资源等元数据管理。

（4）指标体系管理。

指标体系管理主要梳理制定业务指标手册，从综合绩效、核心资源、运营状况三个部分制定指标体系管理标准。

（5）数据质量管理。

数据质量管理标准通过建立"业务部门负责数据质量、信息部门提供技术支撑"的数据质量管理机制，制定数据质量检查规则及数据标准，提高数据的可用性、一致性。

（6）数据安全管理。

数据安全管理标准主要制定对重要敏感数据及敏感文件在生成、存储、操作、传输、外发及销毁各环节的安全保护和全过程周期过程检测的标准，实现数据完全的主动发现、自主授权、全面防护、行为跟踪等安全管控，强化电力大数据的隐私保护。

3.5　应用服务

应用服务标准主要针对电力大数据平台确定应用和实施规范，包括数据平台、重点领域和典型场景三类标准。其中数据平台标准主要包括电力大数据平台标准和测试标准，电力大数据平台标准是针对大数据存储、处理、分析从技术架构、建设方案、平台接口等方便进行规范；测试规范针对电力大数据平台给出测试方法和要求。重点领域和典型场景标准指的是各重点领域和典型应用场景根据其领域/场景特性产生的专用标准，包括输变电智能化、智能配用电、源网荷协调优化、智能调度控制、信息通信安全五大重点领域和电力负荷预测、客户用电行为分析等典型应用场景。

第 4 章　电力大数据关键技术

随着公司信息化建设不断发展，信息系统已全面融入公司生产经营管理业务的各个方面，积累了大量的结构化数据、非结构化数据、海量历史准实时数据和地理信息数据。目前传统技术在大规模数据采集、存储、计算处理、安全管理等存在难点，为实现数据应用水平和商业价值，公司提出深入研究和应用大数据关键技术，提升公司海量结构化、非结构化数据采集和存储能力，提高海量数据的计算和分析速度，完善大数据的安全管理机制。

4.1　多源数据整合技术

多源数据整合技术包括消息队列、数据导入工具、数据抽取工具、数据复制工具等多种技术的研究，实现结构化、非结构化、海量历史/准实时、电网空间数据接入，将各类数据按照电力大数据信息模型进行标准化格式存储，依据应用需求存储在分布式数据存储中。

如图 4-1 所示，通过封装关系数据库数据抽取、实时数据采集、文件数据采集、数据库实时复制、分布式 ETL 等访问调用接口，构建分布式数据整合功能，具备定时/实时数据的采集处理能力，实现从数据源到平台存储的配置开发、过程监控。

1. 实时数据采集

分布式消息队列负责实时数据的采集，将消息生产的前端和后端服务架构解耦，由消息生产者、消费者组和存储节点组成。

消息生产者：如电网传感器数据等。

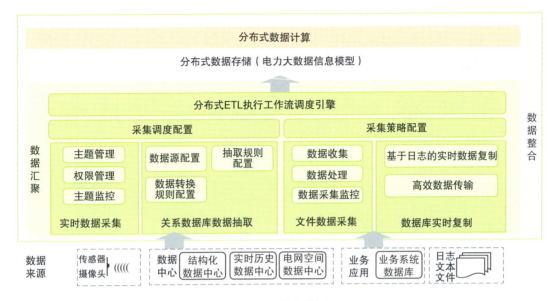

图 4-1　数据整合

消费者组：即消费者的并发单位，在数据量比较大的时候，需要分布式集群来处理消息，一组消费者各自消费某一主题来协作处理。

存储节点：支持将消息进行短暂的持久化，如存储最近一周的数据，以便下游集群故障时，重新订阅之前丢失的数据，通过副本来实现消息的可靠存储，避免单机故障造成服务中断，同时副本也可以增加扇出带宽，支持更多的下游消费者订阅。

具体实现过程如图 4-2 所示，状态监测消息生产者，在通过安全认证后，创建"状态监控数据"主题，之后通过主题发往存储节点，并作短暂的持久化。流处理引擎等作为消费者通过订阅主题为"状态监控数据"的消息来获取相应的数据，并进一步进行相应的处理。

2. 关系数据库数据抽取

关系型数据库数据采集采用批量数据导入工具+数据清洗转换工具，如图 4-3 所示。

（1）采用批量数据导入工具作为全量或定时增量抽取关系型数据库中数据工具。

（2）采用数据清洗转换提供图形化的界面定义数据抽取规则，并可与其

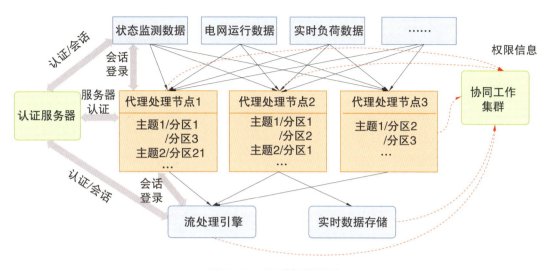

图 4-2　实时数据采集

图 4-3　数据导入工具架构

他工具相结合，完成数据抽取的工作流。

数据导入工具主要通过指定连接原始关系数据库的配置，及导入到大数据平台中的连接、表结构、数据定义等配置，即可自动调用任务处理逻辑进行数据抓取、切分、转换、写入等工作。

3. 文件数据采集

文件数据采集支持分布式方式从数百个产生文件的服务器采集文件到大数据分布式文件中，通常用于将多个应用服务中产生的网络日志采集到大数据平台中。文件数据采集架构如图 4-4 所示。

文件数据采集主要包含采集代理，文件收集器和文件存储三个组件。其中

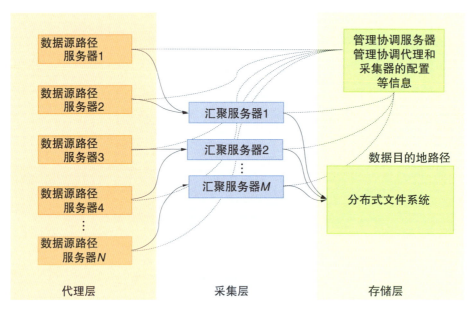

图4-4　文件数据采集架构

采集代理将数据源的数据发送给文件收集器；文件收集器将多个采集代理的数据汇总后，加载到平台的分布式文件存储中。

文件数据采集组件提供了从 console（控制台）、Thrift-RPC、文件、tail（UNIX tail）、syslog（syslog 日志系统，支持 TCP 和 UDP 等两种模式）、exec（命令执行）等数据源上收集数据的能力，常见的是使用 exec 方式进行日志采集。

数据接收方可以是 console（控制台）、text（文件）、dfs（HDFS 文件）、Thrift-RPC 和 syslogTCP（TCP syslog 日志系统）等，如直接写入到 HDFS 之上。

4. 数据库实时复制

关系型数据库实时同步采用数据库复制工具。

（1）增量数据捕获工具通过解析关系型数据库日志，将数据实时同步到大数据平台中。

（2）通过解析日志进行同步，将对源关系型数据库的负载影响降至最低。

（3）支持 Oracle、DB2、Sybase、Microsoft、MySQL。

如图 4-5 所示，数据库复制工具是通过解析关系型数据库的日志（如重做和归档），然后生成自己的队列文件，通过队列文件传输到目标端，目标端通过读取相应的队列文件在目标数据库中重演事务。

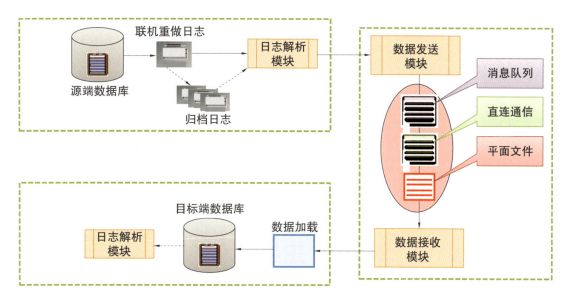

图 4-5　关系型数据库实时同步架构

5. 数据流向

提供面向流数据、实时数据和批数据的处理，流程如下：

（1）流数据通过分布式队列、文件数据采集等消息日志处理接入流计算处理平台，并针对计算结果集做进一步统计分析。

（2）实时数据通过直接接入实时数据在线处理平台中，通过在线数据处理平台响应高并发读写请求。

（3）批数据通过数据抽取、同步、上传等导入到核心平台进行数据存储分析。

4.2　异构数据统一存储技术

异构数据统一存储技术指通过构建分布式文件系统、分布式数据库、关系型数据库，实现各类数据的集中存储与统一管理，满足大量、多样化数据的低成本、高性能存储需求。

如图 4-6 所示，数据存储主要面向全类型数据（结构化、半结构化、实时、非结构化）的存储、查询，以海量规模存储、快速查询读取为特征。在低成本硬件（X86）、磁盘的基础上，采用包括分布式文件系统、分布式关系型数据库、NoSQL 数据库、实时数据库、内存数据库等业界典型功能系统，支撑数据处理高级应用。

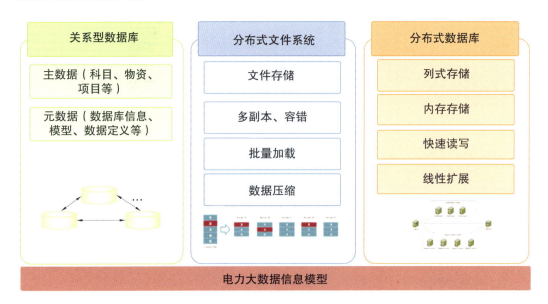

图 4-6   数据存储

（1）关系数据存储。

关系型数据库主要定位一方面是作为元数据、主数据的存储，另一方面作为部分管理、运维类应用的底层数据库，与原有业务系统数据进行交换和联合查询。关系型数据库作为分布式文件系统与分布式数据库的补充和强化，可以满足各类数据的存储需求。

（2）分布式文件系统。

作为一种可运行在×86 低成本硬件上的分布式文件系统，具有高吞吐量、支持大数据集、自动冗余、扩展性好等特征，适合作为大数据平台存储的基础。在分布式文件之上可构建分布式数据库或数据仓库产品。

分布式文件系统针对小文件存储提供了优化方案，具备作为非结构数据中心分布式存储的条件。在应用分布式文件系统改造非结构化数据中心时，需针对不同大小的文件采取不同的优化策略。

在大数据平台中采用统一的底层分布式文件系统,所有数据汇聚存储在该文件系统之上,同时支持纠删码功能以及文件加密存储。并能够通过参数调整分布式文件系统的副本数量以及文件块大小等存储设置。分布式文件系统数据读取操作流程如图4-7所示。

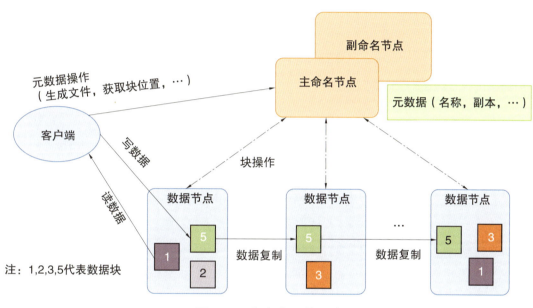

图4-7 分布式文件系统

命名节点:管理元数据,包括文件目录树,文件->块映射,块->数据服务器映射表等,为保证分布式文件存储服务的高可靠,防止命名节点单点故障,采用命名节点高可用(HA)方案,始终有一个热备的命名节点存在。

数据节点:负责存储数据及响应数据读写请求。

客户端:与命名节点交互进行文件创建/删除/寻址等操作,之后直接与数据节点交互进行文件I/O。

分布式文件系统的高可用性和高存储能力特点使其非常适合于海量数据的存储和备份。

1)高可用性。分布式文件系统通过高可靠的命名高可用方案,保证分布式文件系统的高可靠性,始终有一个命名节点做热备,防止单点故障问题,如图4-8所示。

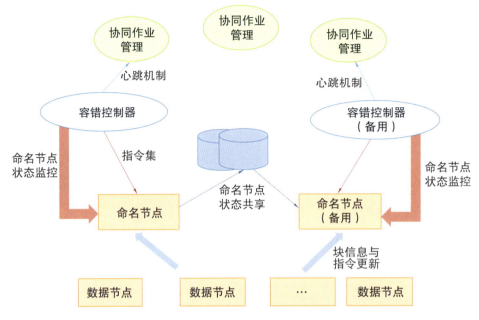

图 4-8　命名节点高可用方案

　　通过命名节点高可用性解决了命名节点的单点故障问题，但是不能解决命名节点的单点性能处理瓶颈问题。通过分布式文件系统中多个命名空间的管理不同的命名空间来解决分布式文件系统中单点性能瓶颈问题，每个命名空间中有两个命名节点作高可用，命名空间相当于挂载在分布式文件系统的根分区下的一个个目录。

　　2）高存储能力。冷数据可以使用分布式文件系统中纠删码（Erasure Code）功能进行降低副本，自动降低存储开销，以提高集群存储容量。如图 4-9 所示，可对分布式文件系统目录、数据生命周期时间进行策略配置，通过设置数据的冷却时间，当这些数据到达冷却时间后，会自动触发降副本的过程。

　　（3）分布式数据库。

　　分布式数据库存储解决关系型数据库在处理海量数据时的理论和实现上的局限性，实现海量数据的 OLTP 类秒级检索查询和 OLAP 类高速数据分析应用需求。通常实时分布式数据库由管理服务器与多个数据服务器组成，部署结构如图 4-10 所示，其中：

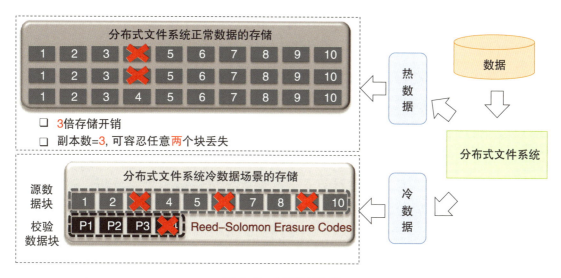

图 4-9　纠删码技术

- 管理服务器：负责表的创建、删除和维护以及数据分区的分配和负载平衡；
- 数据服务器：负责管理维护数据分区以及响应读写请求；
- 客户端：与管理服务器进行有关表元数据的操作，之后直接读/写数据服务器。

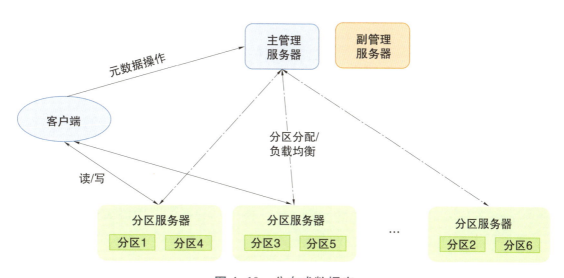

图 4-10　分布式数据库

4.3   混合计算技术

混合计算技术指通过流计算、内存计算、批量计算等多种分布式计算技术满足不同时效性的计算需求。流计算面向实时处理需求，用于在线统计分析、过滤、预警等应用，如电表采集数据实时处理、网络状态实时分析与预警等。内存计算面向交互性分析需求，用于在线数据查询和分析，便于人机交互，如某省用电数据在线统计。批量计算主要面向大批量数据的离线分析，用于时效性要求较低的数据处理业务，如历史数据报表分析。数据计算层设计如图 4-11 所示。

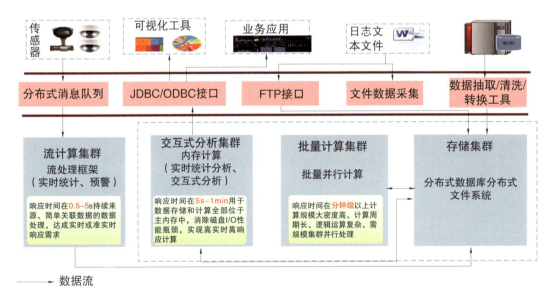

图 4-11   数据计算

（1）统一资源与权限管控。

对于各个部门以及下级单位的不同应用需求，通过统一的集群管理，结合资源调度框架，进行计算资源隔离与共享，实现业务以及应用的多租户。

动态部署。可以动态创建和销毁集群，灵活部署业务，适合对非 7×24h 不间断业务动态部署。

资源隔离。通过资源调度器的资源隔离和配额管理，支持对内存计算以及离线计算进行计算资源和内存资源的管理能力，避免使用多个集群时出现的计算资源争抢现象，保证每项业务都能顺利完成。

资源共享。在申请资源配额后，如当前用户的资源受限，可动态调配其他用户闲置资源，当其他用户使用时归还。如图 4-12 所示。

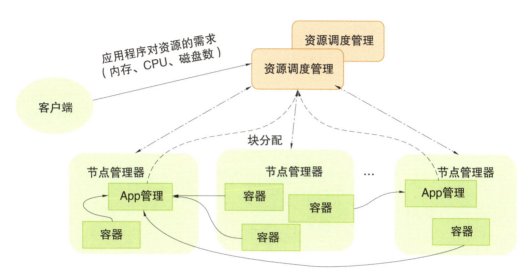

图 4-12　资源调度管理

（2）批处理计算。

MapReduce 作为批处理的一种计算框架，用于大规模数据集的并行运算。当海量数据存储在分布式文件系统上后，利用分布式文件系统分块存储的特性，默认将每个块的数据作为一个计算任务并行执行，将 Map 的数据根据 Key 重新洗牌（Shuffle）后，进行 Reduce 计算，最终得到计算结果。MapReduce 框架的优势在于框架的稳定性，但是在处理性能上由于大量的磁盘 I/O 操作，导致性能比 Spark 慢一个数量级到两个数量级。如图 4-13 所示。

（3）流计算引擎。

采用流计算引擎与分布式消息队列结合，能够适用几乎所有的流式准实时计算场景。它的计算模式是将流式计算分解成一系列短小的批处理作业，最小的 BatchSize 为 0.5～1s。通过测试，流计算集群的吞吐量每个节点达到 20MB/s，具备批处理系统优点的同时，基本克服了 Hadoop 这类面向离线处理系统的低延迟和无法高效处理小作业的缺点。如图 4-14 所示。

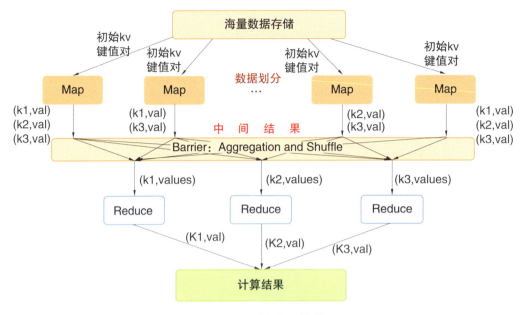

图 4-13   批处理计算

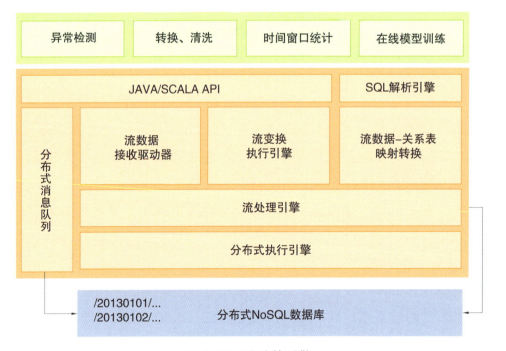

图 4-14   流计算引擎

基本特性如下：

1）毫秒级延迟。

2）窗口统计。

3）100% 消息可靠传输。

4）数据 Exactly-Once 保证。

5）在线 SQL-like 查询。

6）数据同时输出到实时、离线集群。

7）在线预警与离线精准挖掘结合。

（4）内存计算框架。

内存计算引擎采用了轻量级的调度框架和多线程计算模型，相比 Map/Reduce 中的进程模型具有极低的调度和启动开销，消除了频繁的 I/O 磁盘访问，支持将数据缓存在内存中，为迭代式查询优化。

分布式内存缓存。跨内存/闪存（SSD）介质的分布式混合列式存储，内建内存索引，可提供更高的交互式统计性能与计算能力。

SQL 引擎。高速 SQL 引擎，兼容 SQL'99、HiveQL 和 PL/SQL 语法，方便应用迁移。

统计算法库与机器学习算法库。并行化的高性能统计算法库，是机器学习或数据挖掘的基础工具包；并行化的高性能机器学习算法库，包含分类、聚类、预测、推荐等机器学习算法。可用于构建高精度的推荐引擎或者预测引擎。如图 4-15 所示。

（5）查询计算。

SQL'99 与 PL/SQL 支持在数据仓库业务领域非常重要。如果没有 SQL'99 以及 PL/SQL 的支持，很难将真实的业务数据分析场景迁移到电力大数据平台中。

传统应用积累了大量 SQL 代码，并且基于 SQL'99 规范以及 PL/SQL 的代码改写成本非常高，还有很多场景的 SQL 根本无法改写。

基于分布式数据库的 OLTP & OLAP 能力，提供对索引及 SQL 的支持，使计算更高效。见表 4-1 和表 4-2。

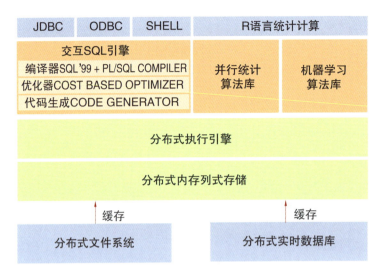

图 4-15   内存计算框架

表 4-1   **ANSI SQL 1999 支持**

序号	ANSI SQL 1999 支持
1	Basic and Complex Data Types
2	WITH-AS SUB-TABLES
3	Nested Sub-query
4	Correlated Sub-query
5	Window Aggregation
6	CUBE/ROLLUP
7	SEMI-OUTER JOIN、IMPLICIT JOIN、NATURE JOIN、CROSS JOIN、SELF JOIN
8	OPEREATORS including UNION，IN，EXISTS，NOT EXISTS
9	DML for single row INSERT INTO TABLE VALUES …… UPDATE TABLE SET　VADELETE FROM TABLE WHERE　……

表 4-2   **PL/SQL 支 持**

序号	PL/SQL 支持
1	Conditional Control Flow IF ditional Control
2	LOOPS： FOR，WHILE，BREAK/CONTINUE

序号	PL/SQL 支持
3	Variables DECLARE VAR_ XXX
4	Functions definition & calls CREATE FUNCTION
5	Stored Procedures Create PROCEDURE
6	Static Cursor

4.4　大数据安全技术

针对大数据存在的隐私保护、存储安全、权限控制、防泄露等安全风险以及电力行业对数据安全的高要求，需要在研发、集成隐私保护机制，增强分布式存储安全等功能之外，制定大数据安全相关的标准规范，从技术和规范两个层面确保业务系统数据在平台和应用中的安全性。如图 4-16 所示。

大数据平台中的安全问题主要包含 Linux 终端的随意连接、非法应用的连接、用户身份冒充以及数据隐私泄露等问题。大数据平台提供接入安全、存储安全、隐私保护、身份验证等数据安全控制手段，增强业务系统数据在平台和应用中的安全性。如图 4-17 所示。

（1）接入安全。数据采集终端、数据源系统、业务应用系统接入时需保证接入方合法访问，接入端身份可认证。

1）终端安全。依据操作系统厂商或专业安全组织提供的加固列表对操作系统进行安全加固，实现系统层面安全；制定安全策略实现账号及权限申请、审批、变更、撤销流程，定义用户口令管理策略以限定用户口令的长度、复杂度、生存周期等规则，实现用户接入终端安全；对系统资源启用访问控制功能，依据安全策略严格限定用户对敏感资源的访问。

2）接入控制。对服务器、桌面终端等进行接入控制，采用 802.1X 等网络准入控制手段实现网络接入安全认证控制；采用 IP 与 MAC 地址绑定等手段

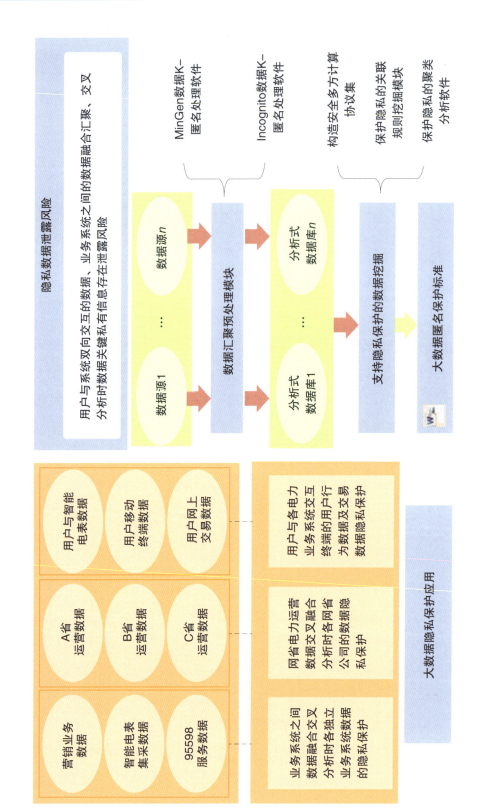

图4-16 安全控制

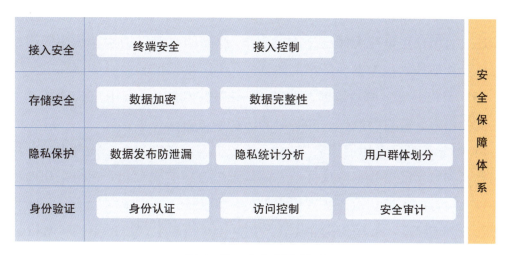

图 4-17　安全保障体系

以防止网络地址欺骗；本地或远程进行设备配置管理以用户名/口令等方式进行身份认证，制定登录错误锁定、会话超时退出等安全策略，实现接入安全控制。

（2）存储安全。多个业务领域的数据接入后，需在存储层面确保数据不可非法复制、读取、修改，控制数据、文件的访问权限。

1）数据加密。采用对称加密及非对称加密算法，利用完全同态加密原理，实现密文环境下数据计算功能。

2）数据完整性。采用 PDP 协议或 POR 协议验证数据的完整性，并且实现在部分数据出现损坏的情况下恢复数据。

（3）隐私保护。参与分析数据中可能包含了用户的隐私数据，框架层面需提供手段确保这些用户隐私数据不被泄露和非法利用。

1）数据发布防泄漏。使用 k-anonymity 规则来处理数据发布中的隐私泄露问题，通常采用泛化和压缩技术对原始数据进行匿名处理以得到满足 k-anonymity 规则的匿名数据，从而使得攻击者不能根据发布的匿名数据准确识别目标个体的对应记录。

2）隐私统计分析。在分析用户行为数据时，采用保护隐私的统计分析技术，有效避免用户数据泄露。

3）用户群体划分。构建相似度量模型，对用户群体实施聚类操作，实现群体划分功能。也可以在用户群体划分时，采用推荐算法中的物品相似度算法，通过对用户用电行为建模，构建用户–产品的二部图结构，按照用户的度信息计算相似度函数来实现用户群体划分。

（4）身份验证。原始数据及分析结果在使用时必须有用户权限控制，用户只能使用得到授权的数据，同时对非法访问进行安全审计。

1）身份认证。采用用户名/口令、挑战应答、动态口令、物理设备、生物识别技术和数字证书等身份认证技术的任意组合，实现对同一用户采用两种或两种以上组合的认证技术，实现用户身份认证功能。

2）访问控制。对于权限的赋予、变更、撤销制定严格的审核、批准、操作流程，权限变动经相关人员审核批准后方可执行或生效。依据权限最小化原则对用户赋予适当的权限，执行角色分离，禁止多人共用账号，并定期进行权限复核，实现访问控制功能。

3）安全审计。每个用户及应用系统相关的安全事件进行日志记录，并提供对日志进程及日志记录的保护，避免进程被意外停止、日志记录被意外删除、修改或覆盖等，此外，安全运维人员及时对日志记录进行审计分析，并将应用日志定期归档保存，实现安全审计的功能。审计记录的内容应至少包括事件的时间、日期、发起者相关信息、访问类型、访问描述和访问结果。

（5）多租户技术。采用多租户架构，不同租户之间的数据和作业完全隔离；能够有效防止恶意程序对系统和其他租户的影响，保障公司内部重点部门的数据安全，使得对敏感数据的操作能够在一个安全可控的环境内完成。如图4-18所示。

（6）数据脱敏技术。包括敏感数据挖掘与发现、敏感数据处理与脱敏、数据用户身份管理、数据授权访问控制和数据访问审计等模块。敏感数据发现与挖掘模块是整个脱敏技术的基础，需要根据业务数据的自身特点，人工调研与机器自动主动探测相结合，对数据进行详细的敏感度分类与梳理，以确定不同数据的敏感程度，其中人工调研是敏感数据分级分类重要组成部分，同时利用固定规则、正则表达式、数据标识符特征和机器学习等自动化发现发掘技术，可显著提升敏感数据发现与发掘的效率。敏感数据处理与脱敏引擎是本技术的核心，需根据不同的数据敏感程度、不同的应用场景、不同的使用者等具

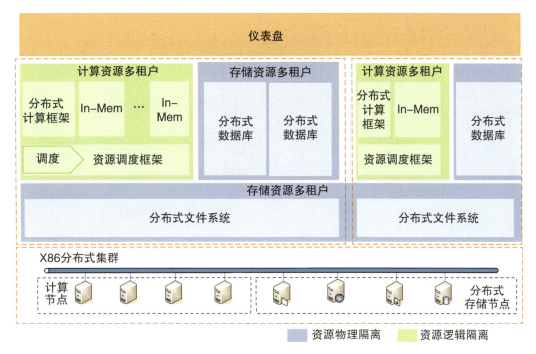

图4-18 多租户技术

体情况，制定细粒度的数据脱敏处理算法、策略和方案，使得脱敏系统可在不影响数据使用的前提下，最大限度地保护敏感数据。数据脱敏系统本身作为一套较为复杂的信息系统，其本身的安全性要求较高，需要具备数据用户身份管理、数据授权访问控制和数据访问审计等安全机制，其中对数据访问进行身份认证，可在事前拒绝认证失败请求；对数据使用进行访问控制，可在事中及时阻断越权或非法访问；对大数据平台事件进行细粒度审计记录，可在事后进行追溯追责。

4.5 分析挖掘技术

数据分析的关键在于支持分布式挖掘算法，提供易于使用的分析建模工具，以方便用户快速构建针对不同业务的分析应用。大数据平台在支持分布式计算的基础之上，通过提供分析建模、模型运行、模型发布等功能，来满足实时、离线应用的分析挖掘需求，为电力企业分析决策应用构建提供基础平台支撑。数据分析功能架构如图 4-19 所示。

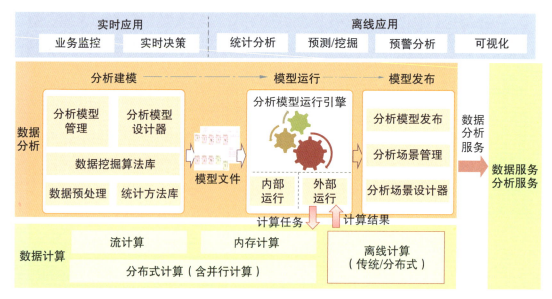

图 4-19　数据分析挖掘

数据分析挖掘提供统计分析、多维分析、挖掘算法库、数据挖掘工具等功能，构建面向业务人员使用的数据分析功能组件，同时，增加对大数据分布式计算的支持，满足实时、离线应用的分析挖掘需求。

（1）全面的分析模型及算法库。

1）统计分析。基于内存计算架构，提供多种基本的统计分析算法支持。包括描述性统计和推断性统计。见表 4-3。

表 4-3　　　　　　　　　　　　基 本 统 计 分 析 算 法

算法	描　　述
Max/Min/Average/STD	对数据进行预处理时最基本的统计方法，分别用来计算数据的最大值、最小值、平均值以及方差
Normallization	归一化方法是一种简化计算的方式，通过将原始数据转换到某个范围内如（0，1），可以避免不同指标因取值范围的不同，对结果造成的偏差
Screening	可以将缺损值或者异常值选出并剔除，能够保证数据的有效性
RangeSize	统计等于任意值或属于某个区间内的数据总量

续表

算法	描　述
Boxplot	箱线图是一种描述数据分布的统计图，利用它可以从视觉的角度来观察变量值的分布情况。箱线图主要表示变量值的中位数、四分之一位数、四分之三位数等统计量
Percentile	计算处于某个分位数上的值，如给定参数 0.5，则返回中位数
Histogram	直方图（Histogram）又称质量分布图，是一种统计报告图，由一系列高度不等的纵向条纹或线段表示数据分布的情况
Binning	通过指定区间数，返回对数据进行均匀分布后的每个区间的取值

描述性统计。针对各业务系统中的结构化数据，提供总数、平均数、中位数、百分位数、方差、标准差、极差、偏度、峰度等基础统计方法。

推断性统计。推断统计是在描述性统计的基础上，进一步对其所反映的问题进行分析、解释和做出推断性结论的方法。包括方差分析、相关分析、判别分析、因素分析法、贝叶斯定理、趋势分析法、参数估计、平衡分析法、主成分分析法等。

2）多维分析：包括多维分析模型和多维分析引擎。

多维分析模型。针对分布式文件系统、分布式列数据库中存储的结构化数据，结合多维分析的需求，提供多维分析模型定义功能，包括维度定义、层次定义、度量定义等。

多维分析引擎。针对大数据平台分布式计算模式，提供多维分析引擎，满足钻取（Drill-up 和 Drill-down）、切片（Slice）和切块（Dice）、以及旋转（Pivot）等多维操作需求。

3）机器学习算法库：基于内存计算架构，提供多种基本的机器学习算法支持。见表 4-4。

表 4-4　　　　　　　　机 器 学 习 算 法

算法	描　述
逻辑回归	当前业界比较常用的机器学习方法，用于估计某种事物的可能性。比如某用户购买某商品的可能性，某病人患有某种疾病的可能性，以及某广告被用户单击的可能性等，常用于做分类

续表

算法	描述
朴素贝叶斯	分类算法，常用于做文本分类。该分类器基于一个简单的假定：给定目标值时属性之间相互条件独立。该模型所需估计的参数很少，对缺失数据不太敏感，算法也比较简单实用
支持向量机	支持向量机（Support Vector Machine）是一种监督式学习的方法，可广泛地应用于统计分类及回归分析，具有较高的鲁棒性
聚类算法	K-means 算法是最为经典的基于划分的聚类方法，是十大经典数据挖掘算法之一。K-means 算法的基本思想是：以空间中 k 个点为中心进行聚类，对最靠近它们的对象归类。通过迭代的方法，逐次更新各聚类中心的值，直至得到最好的聚类结果
线性回归	线性回归是利用数理统计中的回归分析，来确定两种或两种以上变量间相互依赖的定量关系的一种统计分析方法，应用十分广泛。在线性回归中，数据使用线性预测函数来建模，并且未知的模型参数也是通过数据来估计
推荐算法	基于内容的推荐方法，根据用户过去的浏览记录来向用户推荐用户没有接触过的推荐项
频繁项集	频繁项集挖掘是关联规则挖掘中的首要的子任务。它主要用于挖掘集合中经常一起共现的元素，如经常被一起购买的商品等
关联分析	关联规则分析，根据挖掘出的频繁项集，进一步挖掘如商品间或消费间的关联规则

4）挖掘算法库：提供通用数据挖掘算法库和专用分析算法库。

通用数据挖掘算法库。针对各业务系统中的结构化数据，提供通用的数据分析挖掘算法，包括描述性挖掘算法，如聚类分析、关联分析等；预测性挖掘算法，如分类分析、演化分析、异类分析等。见表 4-5。

表 4-5　　　　　　　　　　数 据 挖 掘 算 法

算法类	算 法 名	中 文 名
分类算法	Logistic Regression	逻辑回归
	Bayesian	贝叶斯
	SVM	支持向量机
	Perceptron	感知器算法

续表

算 法 类	算 法 名	中 文 名
分类算法	Neural Network	神经网络
	Random Forests	随机森林
聚类算法	Canopy Clustering	Canopy 聚类
	K-means Clustering	K 均值算法
	Fuzzy K-means	模糊 K 均值
	Expectation Maximization	EM 聚类（期望最大化聚类）
	Mean Shift Clustering	均值漂移聚类
	Hierarchical Clustering	层次聚类
关联规则挖掘	Parallel FP Growth Algorithm	并行 FP Growth 算法
回归	Locally Weighted Linear Regression	局部加权线性回归
推荐/协同过滤	Non-distributed recommenders	Taste（UserCF，ItemCF，SlopeOne）
	Distributed Recommenders	ItemCF

专用分析算法库。针对各业务系统中存在的大量文本、图片、视频等非结构化数据，提供专用数据分析挖掘算法，如文本分析、语音分析、图像分析、视频分析等算法，见表 4-6。

表 4-6　　　　　　　　　　　专 用 分 析 算 法 库

算 法 类	算 法 名	中 文 名
文本分析	Bayesian	贝叶斯
	SVM	支持向量机
	Term Frequency-inverse Document Frequency	TF-IDF
	KNN	K 临近算法
图像分析	Fourier Transform	傅里叶变换
	Discrete Cosine Transform	离散余弦变换
	Discrete Fourier Transform	离散傅里叶变换
	Walsh transform	沃尔什变换
语音分析	ANN	人工神经网络
视频分析	—	背景减除法
	—	时间差分法

（2）自定义算法插件。

结合特定业务分析需求，提供自定义算法开发规范及接口，包括自定义算法的输入数据格式、算法处理形式（单机或者分布式）、算法结果表示等，如基于 Map/Reduce 框架，研发算法的 Java 实现。

（3）挖掘算法工具。

提供分析建模、模型运行、模型发布等功能，为分析建模过程各个环节提供支撑。

1）分析建模。提供数据预处理、统计方法库、数据挖掘算法库，支持分布式挖掘算法，支持分析模型的管理，并使用模型设计器建立数据分析模型。

2）模型运行。提供大数据分布式计算能力，进行数据的分析、挖掘。

3）模型发布。提供分析模型发布、分析场景管理、分析场景设计器等功能，进行分析模型的发布，对外提供数据分析服务。

4.6　大数据可视化技术

数据可视化是一种通过将数据编码为可视对象如点、线、颜色、位置关系、动态效果等，并将对象组成图形来传递数据信息的技术。其目的是以清晰且高效的方式将信息传递给用户，是利用人眼的感知能力对数据进行交互的可视化表达以增强数据认知的技术。

数据可视化技术根据不同的可视化原理可以划分为基于几何的技术、面向像素的技术、基于图标的技术、基于层次的技术和基于图像的技术。

（1）基于几何的技术是以几何画法或者几何投影的方式来表示数据，一般将数据以二维平面的方式进行呈现。

（2）面向像素的技术基本思想是将每一个数据项的数据值对应于一个带颜色的屏幕像素，对于不同的数据属性以不同的窗口分别表示，面向像素技术的特点在于能在屏幕中尽可能多地显示出相关的数据项。

（3）基于图标技术的基本思想是用一个简单图标的各个部分来表示 n 维数据属性，适用某些维值在二维平面上具有良好展开属性的数据集。

（4）基于层次的技术主要针对具有层次结构的数据信息，例如人事组织、文件目录、人口调查数据等，它的基本思想是将 n 维数据审问划分为若干子空间。对这些子空间仍以层次结构的方式组织并以图形表示。

（5）基于图像的技术利用虚拟现实技术展示数据空间和空间上的点（数据）。

电力大数据可视化技术根据展示载体的不同可分为桌面可视化、大屏可视化和移动终端可视化三种，根据不同的业务应用需求，通过大数据平台可视化组件库接口及可视化设计器接口，将数据以交互式图形或图表的形式显示在 PC 端的可视化技术为桌面可视化技术，显示在大屏上的可视化技术为大屏可视化技术，显示在手机、平板电脑等移动终端的可视化技术为移动终端可视化技术。

目前，常用的大数据可视化组件如图 4-20 所示。

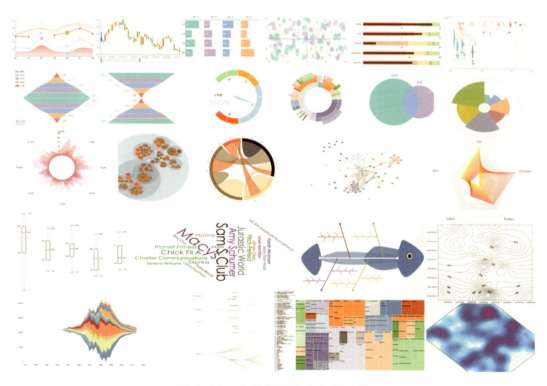

图 4-20　大数据可视化组件总览

（1）漏斗图（Funnel）。用于展现数据经过筛选、过滤等流程处理后发生的数据变化，常见于 BI 类系统。如图 4-21 所示。

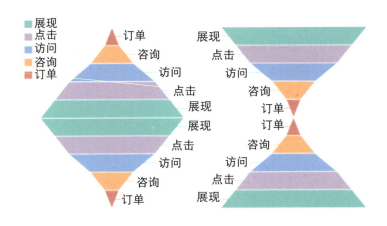

图 4-21　漏斗图

（2）仪表盘（Gauge）。用于展现关键指标数据，常见于 BI 类系统。如图 4-22 所示。

（3）雷达图（Radar）。高维度数据展现的常用图表。如图 4-23 所示。

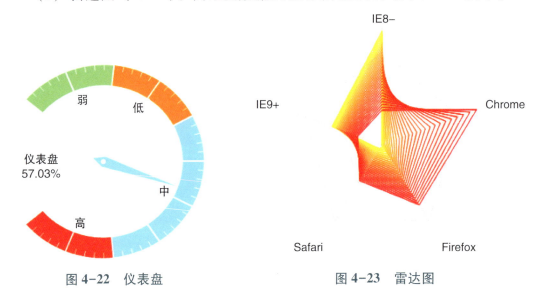

图 4-22　仪表盘　　　　　　　　图 4-23　雷达图

（4）饼图（Pie）。饼图支持两种（半径、面积）南丁格尔玫瑰图模式。如图 4-24 所示。

（5）K 线图（K）。常用于展现股票交易数据。如图 4-25 所示。

（6）散点图（Scatter）。散点图至少需要横纵两个数据，更高维度数据加入时可以映射为颜色或大小，当映射到大小时则为气泡图。如图 4-26 所示。

图 4-24　饼图

图 4-25　K 线图

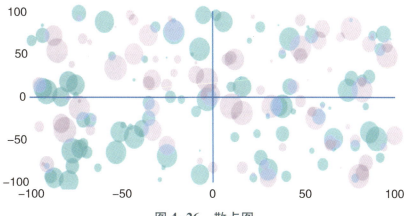

图 4-26　散点图

（7）柱状图（Bar）。指柱形图（纵向），堆积柱形图，条形图（横向），堆积条形图。如图4-27所示。

图4-27 柱状图

（8）折线图（Line）。指折线图、堆积折线图、区域图、堆积区域图。如图4-28所示。

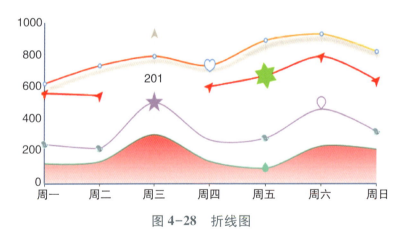

图4-28 折线图

（9）箱线图（Box Plots）。用于数据特征统计分析，使用简单的符号，轻松识别差异分布。如图4-29所示。

（10）等值线图（Choropleth）。用于地图显示等数值区域。如图4-30所示。

（11）圆填充图（Circle Packing）。表示数据层次结构。虽然圆填充图不是树形结构，它更好地揭示了层次结构。如图4-31所示。

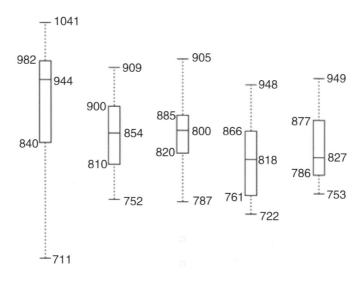

图 4-29　箱线图

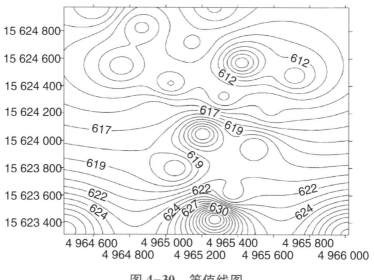

图 4-30　等值线图

（12）矩阵树（Treemap）。使用递归的方法细分区域矩形，表示数据层次关系，树中的任何节点的区域对应于其数值。如图 4-32 所示。

（13）光谱图（Sunburst Partition）。类似 treemap 图。树的根节点是中心，用树叶围。区域（或角度，根据实现）的每个弧对应于它的数值。如图 4-33 所示。

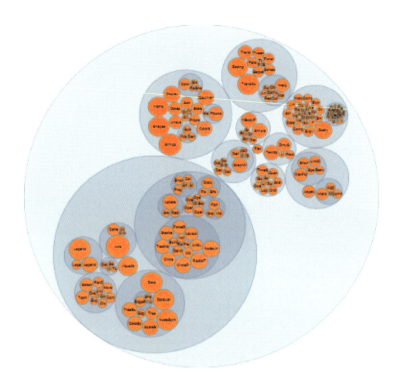

图 4-31　圆填充图

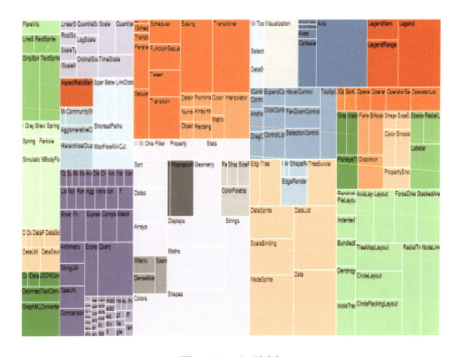

图 4-32　矩阵树

（14）力向导图（Force-Directed Graph）。使用带电粒子的物理模型模拟相关特征距离远近关系。如图 4-34 所示。

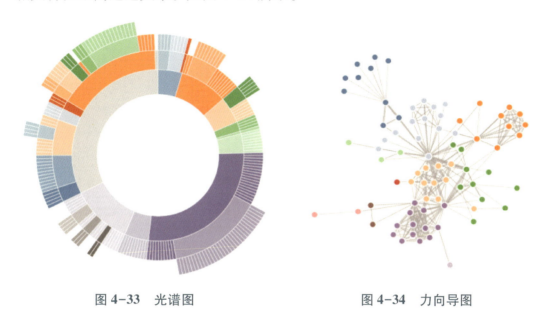

图 4-33　光谱图　　　　　　　　　图 4-34　力向导图

（15）和弦图（Chord Diagram）。表示指示一群实体之间的关系。如图 4-35 所示。

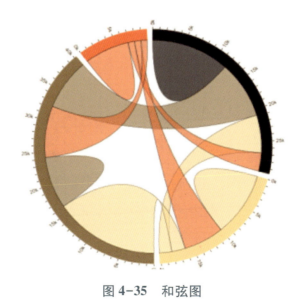

图 4-35　和弦图

（16）聚类系统树图（Cluster Dendrogram）。描述继承关系的节点链路图，树的叶节点在同一深度。如图 4-36 所示。

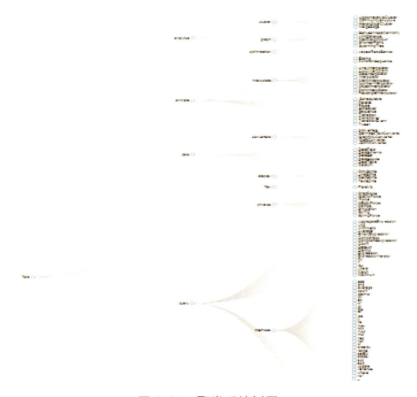

图 4-36　聚类系统树图

（17）鱼骨图（Fishbone）。描述发现问题"根本原因"的分析。如图 4-37 所示。

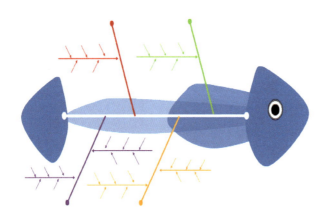

图 4-37　鱼骨图

（18）维恩图（Venn diagram）。用于直观展现事件的交集。如图 4-38 所示。

（19）词云图（Wordle Diagram）。词云是关键词的视觉化描述，用于汇总用户生成的标签或一个网站的文字内容。如图 4-39 所示。

图 4-38　维恩图　　　　　　　　　　图 4-39　词云图

（20）叠加区域图（Stream Graph）。用于连续时间序列的可视化。如图 4-40 所示。

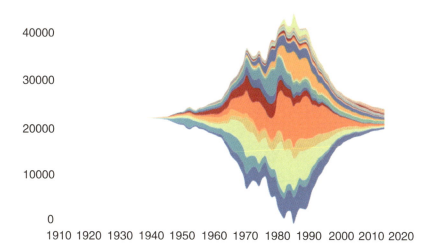

图 4-40　叠加区域图

（21）子弹图（Bullet Graph）。通过线性表达方式展示单一数据源各阶段精确的数据信息、某项数据与不同目标的校对结果等。如图 4-41 所示。

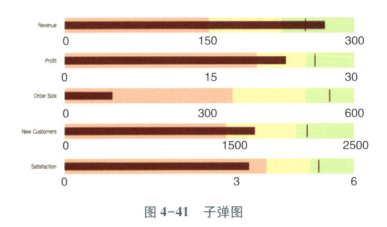

图 4-41　子弹图

（22）日冕图（Solar Corona Graph）。用于时变数据的可视化。如图 4-42 所示。

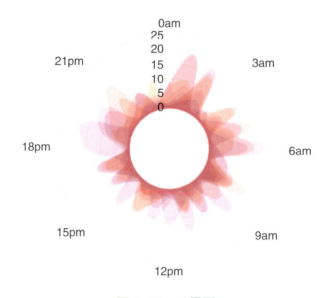

图 4-42　日冕图

（23）事件河流图（Evnet River）。常用于展示具有时间属性的多个事件，以及事件随时间的演化。如图 4-43 所示。

（24）热力图（Heatmap）。用于展现密度分布信息，支持与地图、地图插件联合使用。如图 4-44 所示。

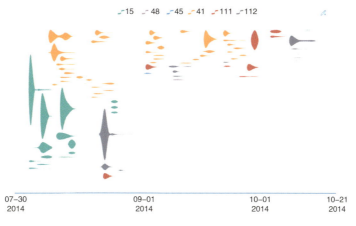

图 4-43　事件河流图

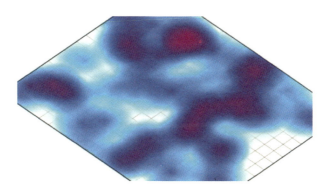

图 4-44　热力图

　　伴随着大数据时代的到来，数据可视化日益受到关注，可视化技术也日益成熟。数据可视化可以帮助人们洞察出数据背后隐藏的潜在信息，提高数据挖掘的效率，可以实现用户与数据的交互，方便用户控制数据，可以将大规模、高纬度、非结构化等数据以可视化形式完美的展示出来。大数据可视化将给我们带来不一样的全新体验。

第 5 章　电力大数据平台设计与实现

随着坚强智能电网及"三集五大"体系建设的不断推进，对信息系统的建设模式、数据质量、存储效率、检索方式、数据计算能力等提出了更高的要求。目前国家电网公司海量、多样的数据资源为数据深层次分析提供了良好条件，利用大数据技术开展电力大数据平台建设工作，对电力数据的价值提升具有重要意义。

5.1　电力大数据平台架构设计

运用分布式计算和存储技术，构建分布式与并行处理混合架构的电力大数据平台建设的研究，探索数据仓库体系建设，通过整合各专业分散的业务数据，搭建统一的数据存储计算、分析服务及管理平台，支撑上层应用。

电力企业级大数据平台总体架构主要由数据整合层、数据混合存储层、高性能分析计算层、公共服务层和数据管理、安全服务组成。如图 5-1 所示。

数据整合层，提供数据定时抽取、实时数据接入、文件数据采集等服务，支持定时/实时分布式数据的采集处理能力。

数据混合存储层，提供关系数据库、分布式文件系统、列式数据库等，支撑企业各类型数据的统一集中存储、计算处理。其中，关系型数据库提供结构化轻度汇总数据的存储和压缩，支持自适应高效压缩；分布式文件系统、列式数据库支撑非结构化数据、半结构化数据等的存储。数据存储模型遵照电力大数据信息模型标准进行制定。

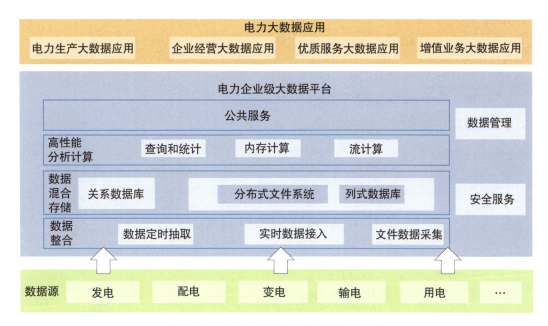

图 5-1　电力企业级大数据平台架构

高性能分析计算层，提供查询和统计计算、内存计算、流计算、查询计算等，支撑实时、离线、交互式等数据处理能力。

公共服务层，基于底层组件提供的能力提供统一数据存取、统一计算数据挖掘等服务。其中，统一数据存取服务是以标准化的服务接口封装底层存储组件的操作接口对外服务；统一计算服务是以规范化的计算流程定义业务计算逻辑、调用底层不同的计算引擎；数据挖掘提供常用的数据挖掘算法库、挖掘建模工具及业务模型管理能力，支撑数据挖掘分析。

数据管理，提供基础数据管理、数据质量管理、数据流转监测和数据运维辅助功能，形成数据资产统一视图，实现数据应用全过程监测，为平台提供数据管理和运维支撑能力。

安全管理，通过数据销毁、透明加解密、分布式访问控制、数据审计等技术，实现大数据采集到应用的身份识别、操作鉴权和全过程监控。

5.2　电力大数据平台特性

电力信息系统涉及的数据源多、数据量大、数据结构差异大。同时业务分析需求变化比较快且需求响应时间要求较高。这就要求电力大数据平台具备以下特性：

（1）超量多样化数据存储与计算。

（2）多种数据接入方式。

（3）统一数据标准化服务。

（4）跨域计算服务。

（5）自助式分析服务。

（6）全方位数据安全控制与管理。

5.2.1 超量多样化数据存储与计算

超量多样化数据存储与计算包括数据存储、数据计算两方面。

5.2.1.1 超量多样化数据存储

电力大数据平台提供关系型数据存储、非关系型数据存储、分布式文件存储等数据存储能力，同时统一存储访问接口、提高数据存储低成本的横向扩展能力、提高在高并发条件下的快速数据访问响应能力、满足海量数据实时与准实时存储需求。

电力大数据平台通过构建分布式文件系统、分布式数据仓库、非关系型数据库、关系型数据库，实现各类数据的集中存储与统一管理；完成 GIS 平台、非结构化平台的融合与改造，规划形成 ODS、数据仓库、数据集市等存储区，满足大量、多样化数据的低成本存储需求。如图 5-2 所示。

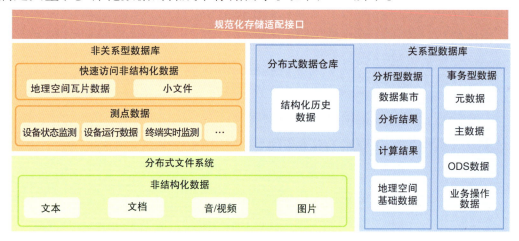

图 5-2　多样化数据存储

动态可扩展性：基于分布式架构，支持存储节点在线添加，实现存储容量动态线性扩展。

可视化管理功能：提供简单易用的可视化操作界面，简化数据的管理与维护。

高效存储：提供不同数据类型的高效存储与快速访问能力。

5.2.1.2　超量多样化数据计算

电力大数据平台通过流计算、查询计算、批量计算、内存计算等计算引擎提供多样化的计算模式，满足不同时效性的计算需求。批量计算支持大批量数据的离线分析，如历史数据报表分析。流计算支持实时处理，如电表数据实时处理、预警。内存计算支持交互性分析，如某省用电数据在线统计。查询计算基于分布式文件存储，提供类似 SQL 的查询分析技术，将查询语句转译为并行的分布式计算任务。如图 5-3 和图 5-4 所示。

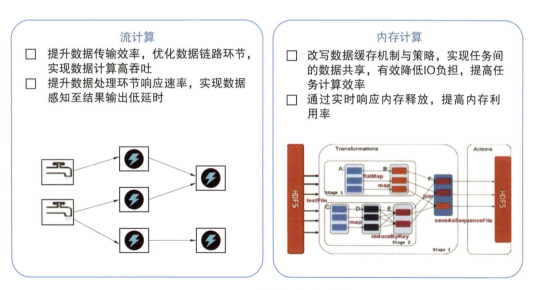

图 5-3　流计算与内存计算

5.2.2　多种数据接入方式

电力大数据平台通过封装关系数据库数据抽取、实时数据采集、文件数据采集、数据库实时复制、分布式 ETL 等访问调用接口，提供多种类型的数据接入方式，构建分布式数据整合功能，实现离线数据抽取、实时消息队列、文

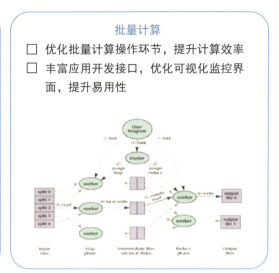

图 5-4　查询计算与批量计算

件数据采集、增量数据捕获等数据接入方式，构建外部数据源和平台间的数据桥梁，为平台存储和计算提供数据支持。利用分布式存储技术，提供统一存储适配接口、海量文件存储等功能，提供分布式文件、分布式数据仓库、非关系型数据库等存储能力；提供支持事务型和分析型的关系型数据库，最终形成集中式与分布式混合架构的大数据存储服务平台，作为企业级数据归集中心，支撑企业各类型数据的统一集中存储。如图 5-5 所示。

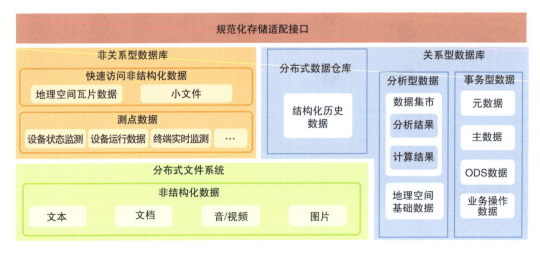

图 5-5　规范化存储适配接口

5.2.3　统一数据标准化服务

电力大数据平台通过构建统一数据访问服务，提供结构化、非结构化、GIS 数据服务，为各类应用提供数据服务。基于数据融合访问模型，提供数据路由、数据网关等功能，形成数据服务组件，支持分布式文件系统、分布式数据仓库、非关系型数据库、关系型数据库的标准 SQL 数据操作、安全权限控制和数据缓存，支撑业务应用统一访问各类数据资源。如图 5-6 所示。

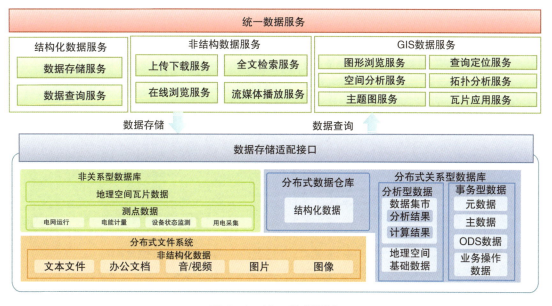

图 5-6　统一数据服务

电力大数据平台提供了基础数据管理、数据质量管理、数据流转监测、数据权限管理、数据运维辅助等功能，形成数据统一视图，支持数据应用全过程监测，为平台统一数据标准化服务提供支撑能力。

基础数据管理：提供对大数据元数据资源的统一管理，保证数据资源的标准化应用，为质量监测、流转监测提供基础数据。

数据质量管理：提供业务明细数据、指标数据等多数据模型的数据质量分析和校核规则，为业务应用接入大数据平台的数据进行常态化质量稽核，持续提升数据质量。

数据流转监测：实现从数据接入环节、抽取环节、业务处理环节对过程处理进行逐级监测、层层控制。

数据权限管理：提供访问大数据平台的授权功能，保证数据的安全及可靠性。

数据运维辅助：为大数据平台运维人员提供运维支撑手段，辅助数据运营人员日常管理和监控。

5.2.4 跨域计算服务

电力大数据平台提供分布式跨域协同计算模块，可以在不同地域的大数据平台集群间建立计算任务协作、数据交互机制，形成统一的大数据集群。在数据存储上，跨域大数据平台总部及各分中心独立存储自己命名域下的数据，总部与各分中心平等对待，独立自治。在跨域的数据计算及分析，通过扩展资源管理器，实现策略化资源管理，实现远程任务分发及管理。如图 5-7 所示。

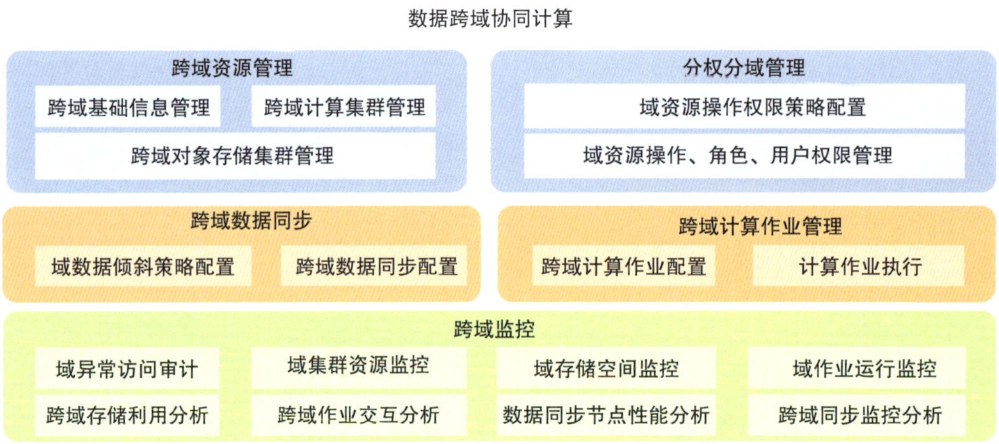

数据跨域协同计算

跨域资源管理	分权分域管理
跨域基础信息管理　跨域计算集群管理	域资源操作权限策略配置
跨域对象存储集群管理	域资源操作、角色、用户权限管理

跨域数据同步	跨域计算作业管理
域数据倾斜策略配置　跨域数据同步配置	跨域计算作业配置　计算作业执行

跨域监控
域异常访问审计　域集群资源监控　域存储空间监控　域作业运行监控
跨域存储利用分析　跨域作业交互分析　数据同步节点性能分析　跨域同步监控分析

图 5-7 跨域协同计算

电力大数据平台跨域计算服务包括跨域资源管理、分权分域管理、跨域数据同步管理、跨域计算作业管理、跨域监控。

跨域资源管理，实现域集群、域服务、域状态等基础信息的维护，并通过数据同步服务，实现域基础信息的同步与共享，为域作业提供可靠的基础的环境信息。

分权分域管理，提供用户域管理功能。

跨域数据同步管理，提供域之间的数据同步接口。

跨域计算作业管理，为各域间作业的发布、接收、执行、反馈等的全生命周期的作业管理功能。

跨域监控，提供各个域的监控，包括资源、作业等。

5.2.5　自助式分析服务

自助分析中心通过完善业务语义设计器、数据挖掘及可视化相关模块功能，实现用户可定制报表、查看数据挖掘结果的需求，并支撑各类业务场景的应用构建。如图 5-8 所示。

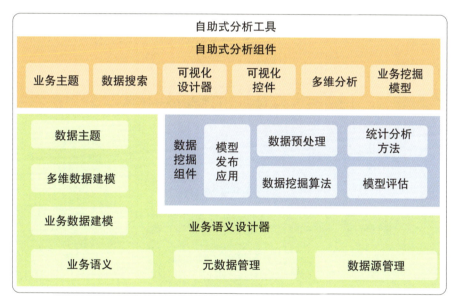

图 5-8　自主化分析服务

业务语义设计器。面向数据管理人员提供原始业务数据语言到业务数据语言的转换能力，通过构建业务语义设计器，将物理模型转换为业务描述语言，支撑业务人员自助构建分析主题。

数据挖掘模块。面向专业数据分析人员提供数据挖掘模型构建能力，扩充数据挖掘算法库，完善相应的数据预处理、模型评估方法并结合需求预置相关业务挖掘模型，为数据挖掘过程提供技术支持。

可视化模块。面向最终门户提供直观、易用的自助界面，完善可视化组件库和设计器，实现可视化配置业务分析场景，为业务人员提供"DIY"的可视化数据展现。

5.2.6　全方位数据安全控制与管理

在安全设计上，将大数据平台作为一个独立的安全区域与其他应用相对隔离，由安全代理网关统一对外提供服务，内部安全由集中接口代理、接口认证、接口授权、数据访问控制、集中审计、通信与存储加密模块进行保障，实现外部访问安全和内部操作安全控制，保证数据在传输、存储、访问等方面的安全。如图5-9所示。

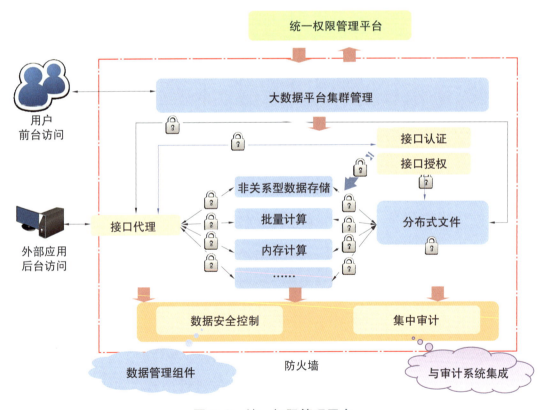

图5-9　统一权限管理平台

接口代理模块：对外提供各个组件的代理服务。

接口认证模块：提供接口认证功能，为大数据组件提供统一安全认证的功能。

接口授权模块：支持对各个组件、各个用户进行表级、文件级的统一权限控制。

集中审计模块：对各个组件的访问和操作日志、数据访问与操作日志进行集中审计和分析。

数据访问控制：提供数据列级的细颗粒度的数据访问权限控制。

加密模块：各个组件之间通信采用加密通道，数据存储采用加密格式，防止信息泄露。

5.3　电力大数据平台应用模式

电力大数据平台可按照大数据平台运用方式、支撑业务应用维度、处理的时效性三种方式进行划分。

5.3.1　按大数据平台应用方式划分

根据各业务运用大数据平台的方式不同，业务的数据应用模式可分为生产型、消费型和混合型。

生产型：业务运行过程产生大量数据；生成的数据可通过大数据平台为其他业务提供数据支撑；主要运用大数据平台的数据整合、存储等功能。主要应用场景有电力负荷中长期、短期预测，配电变压器状态实时监测、配变重过载预警分析等。如图 5-10 所示。

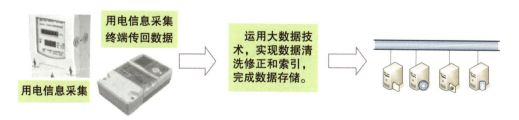

图 5-10　生产型应用

消费型：业务运行过程不产生大量数据；业务运行基于对平台上数据进行查询和分析挖掘；主要运用大数据平台的数据计算、分析、展现等功能。主要应用场景有配网故障量预测分析、配网抢修效率分析等。如图 5-11 所示。

图 5-11   消费型应用

混合型：业务运行过程依赖于大数据平台上的数据资源，但同时也生成大量数据提供给大数据平台；是生产型和消费型应用模式的混合。主要应用场景有用户用电行为分析、防窃电预警分析等。如图 5-12 所示。

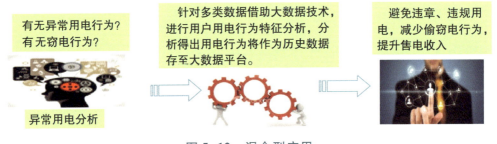

图 5-12   混合型应用

5.3.2   按支撑业务应用维度划分

根据大数据技术支撑业务应用的维度不同，数据应用模式可分为提升优化类、预测预警类和企业决策类。

提升优化类：分布式并行数据处理、实时数据流处理、复杂事件流处理；数据的高性能存储和高可扩展性。可分为管理优化类和效率提升类。

管理优化类主要针对企业经营管理方面的优化，主要应用场景有客服中心话务质量提升等。

效率优化类主要是针对作业层的效率提升，主要应用场景有配网故障分布情况实时分析、客服话务工单信息实时统计等。如图 5-13 所示。

预测预警类：实样而非抽样；根据建立的模型预测未来某一事件的发生；

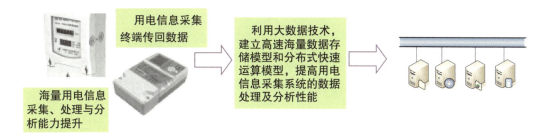

图 5-13　提升优化类应用

进行人为干预，使其向着理想的方向发展；主要应用场景有物资库存物料动态特征分析、配变重过载预警分析、电力负荷预测等。如图 5-14 所示。

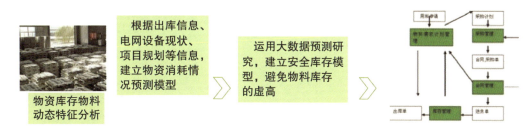

图 5-14　预测预警类应用

企业决策类：基于数据驱动，不依靠经验和直觉；建立学习型企业文化，提高大数据下全员参与决策的能力和水平。主要应用场景有配网停电优化分析、防窃电预警分析等。如图 5-15 所示。

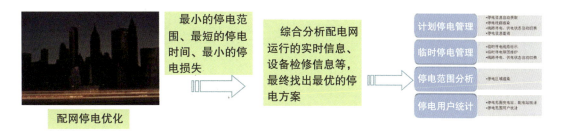

图 5-15　企业决策类应用

5.3.3　按处理的时效性划分

按照数据处理的时效性划分，数据的应用模式可分为流处理应用、实时在线分析应用、离线分析应用和数据挖掘应用。

（1）流处理应用。

流处理应用是针对环境数据、运行数据等实时数据应用进行处理，数据可靠性达到99.9%，实现准实时的存储、检索和流计算。用到的技术有分布式存储、海量数据检索技术、流计算技术等。流处理应用框架如图5-16所示。主要应用场景有输电监测与状态评估、电能质量在线监测、低压线路监测等应用。

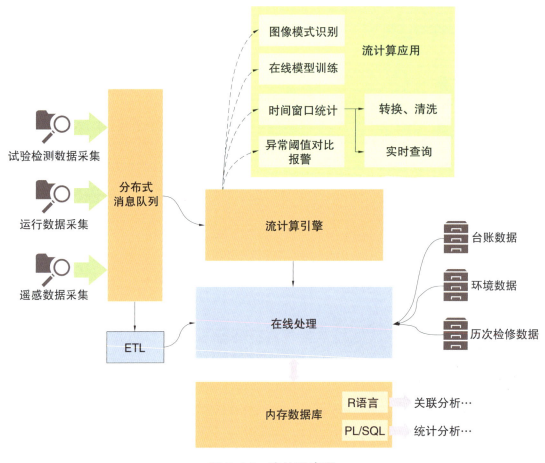

图5-16　流处理应用

（2）实时在线分析应用。

实时分析应用是指需要对事务处理应用最新的状态和数据进行即时计算分析的一类应用。常用的分析技术有数据挖掘算法、预测分析、数据质量与数据管理、实时数据库技术以及分布式计算技术等。实时分析应用处理架构如图 5-17 所示。主要应用场景有配网故障分布情况实时分析、客服话务工单信息实时统计等。

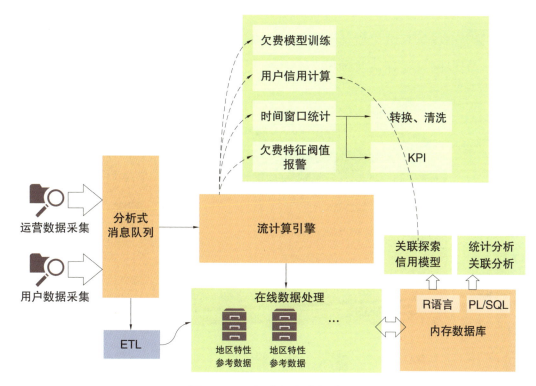

图 5-17　实时在线分析应用

（3）离线分析应用。

离线分析应用主要实现针对历史业务数据的计算统计、报表分析和数据挖掘。离线分析应用架构如图 5-18 所示，为了数据存储与计算能力，离线分析应用采用分布式存储与并行计算架构，解决由于数据量快速增长所带来的数据存储与计算分析性能的瓶颈，提高大规模数据分析的精度与质量。大数据平台需要提供数据存储接口和数据分析接口。

1）数据存储接口。由于配电网规划数据种类和格式的多样性，大数据平台需要建立统一的模型和规范，并能够有效实现数据的自动采集和处理问题。通过数据存储接口，大数据平台提供一体化数据存储服务以及融合检索功能，适应配电网规划应用中数据密集型任务的特性。

2）数据分析接口。大数据平台需要提供配电网规划应用的数据分析接口，在集成数据挖掘算法库（如 Mahout）的基础上，向上提供开发调用接口，支持配电网规划计算任务的实现，同时提供基本的数据可视化组件，支撑数据处理结果的展现。

主要应用场景有电力负荷预测、设备家族性缺陷分析应用、配电网规划计算分析、配电网风险评估及预警等高级应用等。如图 5-18 所示。

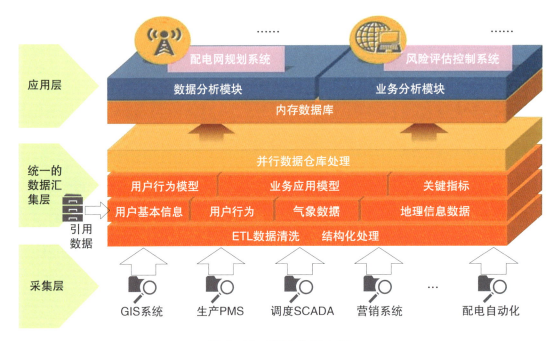

图 5-18　离线分析应用

（4）数据挖掘应用。

数据挖掘应用主要针对历史业务数据的分析挖掘与预测预警。常用的分析挖掘算法有关联分析、分类、聚类、时间序列等。数据挖掘分析应用架构如图 5-19 所示，为了数据存储与计算能力，数据挖掘应用采用分布式存储与并行计算架构，解决由于数据量快速增长所带来的数据存储与计算分析性能的瓶颈，提高大规模数据分析的精度与质量。主要应用场景有电力负荷预测、设备重过载预警分析、配网故障抢修分析等。

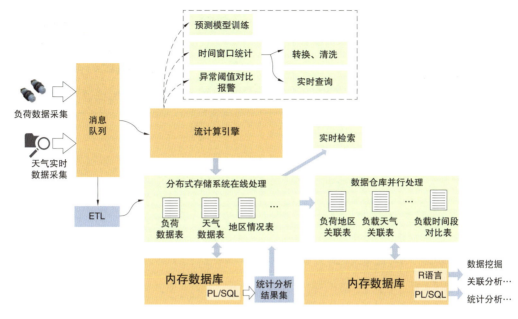

图 5-19　数据挖掘应用

5.4　国家电网大数据平台建设实例

国家电网公司大数据应用的主要技术应落地为大数据平台，定位为面向国家电网公司大数据应用的配置开发、运行和维护的统一支撑平台。综合考虑公司信息化基础设施及业务应用现状，大数据平台应以分布式存储为核心，提供面向实时流动数据处理的流数据处理，并基于此提供业务数据融会贯通、深加工及数据服务功能。

5.4.1　总体定位

电力大数据平台是国家电网公司 SG-ERP 一体化平台的重要组成部分，承担数据存储中心、计算中心、分析中心、服务中心四大职能，为业务系统大数据应用开发、运行提供统一的平台支撑。如图 5-20 所示。

存储中心：企业数据归集中心，实现企业各类型数据的统一存储。

计算中心：提供各类数据计算加工处理的基础组件与运行环境。

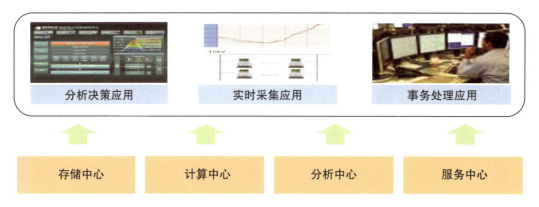

图 5-20 功能定位

分析中心：提供各类数据分析挖掘的基础组件与运行环境。

服务中心：提供多类型的数据对外服务手段，包括自助式分析、计算服务、数据服务。

5.4.2 建设目标

国家电网公司大数据平台的建设目标是坚持自主创新，研发拥有自主知识产权的企业级大数据平台，实现对国家电网公司海量、多样的数据资源进行深层次分析，提高电力数据的应用价值，促进公司业务的创新，提高公司服务社会、服务政府的能力，大力推进企业管理的信息化和现代化，提高对公司两个转变的支撑能力。具体目标如下：

（1）研制形成具有自主知识产权的企业级大数据平台，延续和提升一体化平台的数据服务能力，为分析决策类和实时采集类应用提供统一数据接入、存储、计算和分析服务，解决海量业务数据存储与分析瓶颈，提升公司数据资源整合处理和价值挖掘水平。实现公司分布式云平台的全面构建，并结合业务和数据特性，达到事务处理类应用全面支撑的目标。

（2）基于大数据平台提供的统一数据存储、统一数据计算、自助式分析和数据挖掘服务，在电网的运行生产、经营管理、优质服务三大领域开展大数据示范应用，探索构建新的业务模式、营销模式和服务模式，促进业务需求创新，实现公司管理水平和服务水平全面提升。

5.4.3　实现设计

针对不同类型数据处理需求，结合业界主流做法，国家电网公司大数据平台采用混搭架构，以集成并优化成熟开源产品为主，引入 MPP 数据仓库，同时自主研发分析服务、数据管理、安全管理、平台管理组件。如图 5-21 所示。

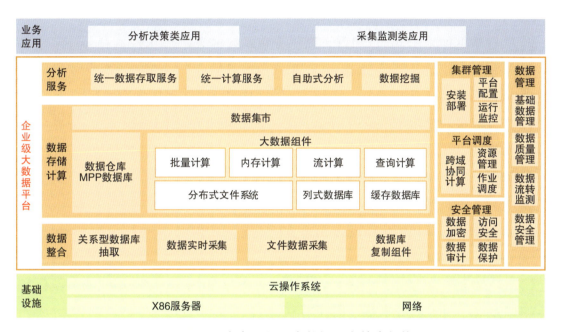

图 5-21　国家电网公司大数据平台技术架构

（1）数据整合层。

关系型数据库抽取模块是以数据抽取组件为执行引擎，提供在线 Web 操作界面进行数据库抽取任务的管理、运行及监控。

数据实时采集模块是以分布式消息队列为消息缓存，设计简单易用的 API 操作接口对外进行服务。

文件数据采集模块是采用文件数据采集组件进行日志文件信息的采集。

数据库复制组件是国家电网公司自主研发的实时访问、基于日志变化捕捉数据，并且可在异构平台之间进行数据传输的工具。

（2）数据存储、计算层。

MPP 数据库是一种大规模并行处理数据库，由许多松耦合的数据处理单元组成的，各数据处理单元具有独立的计算存储资源，是一个多个数据处理单元并行完成任务并最终提交的大规模并行处理系统。

分布式文件系统是国家电网公司自主研发分布式文件系统，提供分布式文件存储能力。

列式数据库采用是国家电网公司自主研发列式数据库组件，提供海量数据键值存储能力。

缓存数据库采用 Redis 组件，提供分布式数据缓存能力。

批量计算模块是基于 Hadoop M/R 构建，提供分布式批量计算能力。

内存计算模块是基于 Spark 构建，提供分布式内存计算能力。

流计算模块是基于国家电网公司自主研发流计算引擎构建，提供分布式实时计算能力。

查询计算模块是基于是国家电网公司自主研发查询计算引擎构建，提供分布式交互式查询计算能力。

数据集市是采用国家电网公司自主研发的 SG-RDB 构建。

（3）分析服务层。

统一数据存取服务，为业务应用提供各类数据统一存储和访问服务，包括结构化数据、非结构化数据、时序数据。

统一计算服务，提供流计算、批量计算、查询计算任务的上传、发布、运行功能，支持用户自定义计算任务（定制化代码开发，主要面向项目组二次开发）和通用计算任务的运行。

自助式分析是一套自助式的数据可视化探索分析工具，通过"所见即所得"的方式实现数据交互式分析，挖掘深层次的数据价值。

数据挖掘，融合、优化传统数据挖掘算法与分布式挖掘算法，形成数据挖掘算法库，并完成分析建模客户端、模型运行服务端研发，支撑业务分析模型按需配置。

（4）集群管理。

安装部署模块，提供的向导式安装配置功能进行集群的安装部署，可视化的简易集群安装部署方式。

平台配置模块，通过所见即所得的方式动态配置调整组件参数，可根据节点的定位、性能配置等定制各个节点所需的服务。

运行监控模块，查看各个组件服务的运行状态，以及执行各个组件服务的启停操作。

（5）平台调度。

跨域协同计算模块，在总部与省市大数据平台集群间建立计算任务协作、数据交互机制，形成全公司统一的大数据集群。

资源管理模块实现对 CPU、I/O、内存等资源统一监控与管理，规避大数据平台不同组件、不同作业之间资源竞争导致效率下降风险，提高平台数据处理效率和资源利用率，降低运维成本。

作业调度模块，提供各类作业任务的基础信息、作业流程、调度策略的统一管理，实现平台作业（例如：数据传输任务、批量计算任务等）的可视化流程配置。

（6）安全管理。

数据加密模块，提供国密 SM4 加密算法，对存入的平台数据进行加解密。

访问安全模块，提供数据列级的细颗粒度的数据访问权限控制。

数据审计模块，提供对各个组件的访问和操作日志、数据访问与操作日志进行集中审计和分析。

数据保护模块，提供数据完整性校验、备份机制。

（7）数据管理。

基础数据管理，提供对大数据元数据资源的统一管理，保证数据资源的标准化应用，为质量监测、流转监测提供基础数据。

数据质量管理，提供业务明细数据、指标数据等多数据模型的数据质量分析和校核规则，为各单位业务应用接入大数据平台的数据进行常态化质量稽核，持续提升数据质量。

数据流转监测，实现从数据接入环节、抽取环节、业务处理环节对过程处理进行逐级监测、层层控制。

数据安全管理，提供访问大数据平台的授权功能，保证数据的安全及可靠性。

5.4.4　部署方式

如图 5-22 所示，以省（市）为单位，大数据平台分别部署在总部和各省（市）公司，并通过跨域协作计算模块进行各个平台中数据与服务的互通、互联，形成一个大规模服务集群。

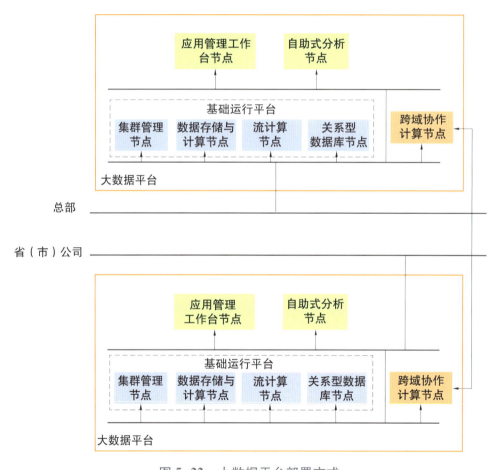

图 5-22　大数据平台部署方式

第三部分 应 用 篇

随着大数据相关技术的蓬勃发展，电力大数据信息模型和平台的日趋完善，电力数据的获取和处理性能都得到了明显提升。但是，电力大数据不仅仅是技术性能的更新，发掘海量的电力数据所蕴藏的价值更为关键。相比于庞大的数据规模，电力数据的价值密度又是十分稀疏的，可谓"浪里淘沙，弥足珍贵"。如何结合电力企业需求用好电力大数据，真正挖掘电力数据潜在的价值，更好地应用于电力生产、企业经营、优质服务和增值业务是电力大数据的核心问题，也是电力大数据根本的出发点和落脚点。

在应用篇中，分章节详细介绍了电力大数据在电力生产、企业经营管理、优质客户服务、电力增值业务四个方面的应用实践，具体如图Ⅲ所示。每个章节中具体介绍了该主题下的相关应用场景，并对各场景的背景、设计思路、分析方法以及最终取得的成效进行了阐述。

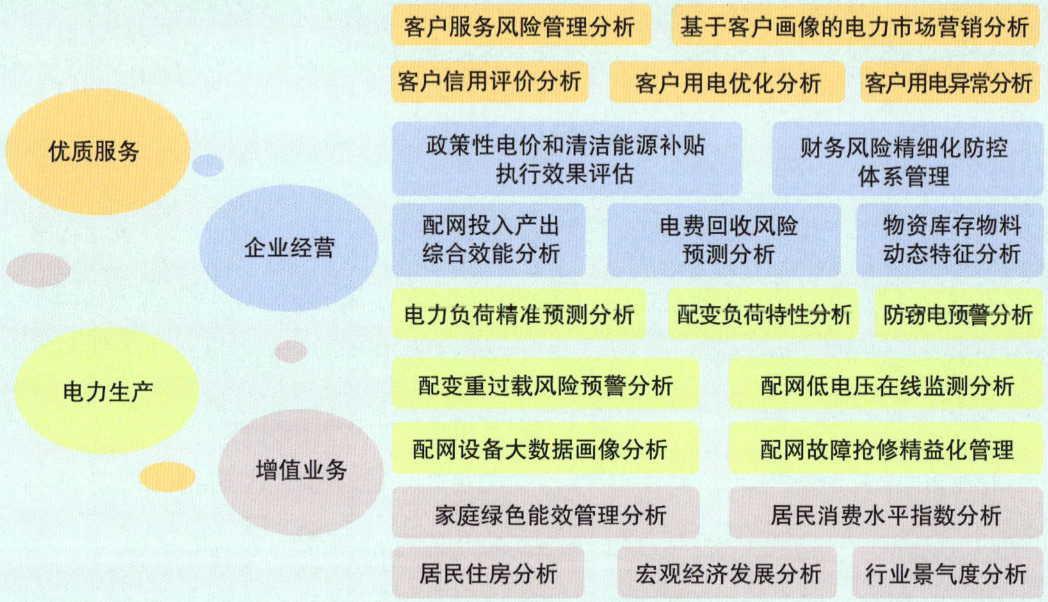

图Ⅲ 电力大数据应用蓝图

第 **6** 章　电力生产大数据应用实践

随着电力企业信息化建设与应用不断深入，多套业务系统建成并成功应用，以调度、营销、配网相关业务为例（包括 OMS、营销管理系统、生产管理系统、配电自动化系统、95598、用电信息采集系统、电网 GIS 系统等），产生了海量的电网设备台账、电网运行、网架结构图形等数据，为进行电网大数据分析提供了丰富的数据宝藏。通过对采集的电力大数据进行系统的处理和分析，从而实现对电网的实时监控；进一步结合大数据分析与电力系统模型对电网运行进行诊断、优化和预测，为电网实现安全、可靠、经济、高效地运行提供保障。

6.1　电力负荷精准预测分析

国内外对负荷预测技术已经有较为全面的研究，传统方法主要包括基于统计的预测技术和基于智能算法的预测技术。第一类方法主要包含多元回归分析法、回归树法、随机森林、Bagging 及其各类方法的改进算法，这类方法往往仅从负荷数据的历史值出发，但是随着电网规模的增大，负荷的组成成分也变得日益复杂，使用基于统计的预测技术已经不能很好地刻画系统负荷的非线性复杂关系，且不能描述负荷与其影响因素的关系，这种情况限制了这类方法在实际的推广和应用。第二类方法主要包含支持向量机、人工神经网络及其改进算法，针对该类方法，主要有如下两个研究方向：一个方向是针对智能算法本身对其进行改进，另一方向是使用一种策略或者算法对原有的方法进行优化。

6.1.1 基于用电大数据的短期负荷预测

长期以来，电力负荷的预测是电力系统十分关注的问题。随着电力市场的发展，负荷预测的重要性日益显现，并且对负荷预测精度的要求越来越高，对负荷预测的准确性、实时性、可靠性及智能性都提出了更高的要求；加之电力能源的特殊性，使得电力负荷预测的难度增大，成为传统技术手段下的负荷管理难以企及的目标，迫切需要新方法的出现来解决现有问题。

6.1.1.1 应用背景

对电能计量数据的采集，以智能电表为核心的智能用采系统已经在各大电网公司正常运营，而基于大数据的负荷分析与预测，几乎一片空白。同时，电力负荷预测的重要性主要表现在：电能需求的规律直接关系到发电计划的安排，发电计划的优化是整个电力系统经济运行的最基本的手段。小样本数据中难以发现负荷变化的准确规律。当然，在大数据下如何进行电力负荷预测，能有什么新的发现，还有待我们去挖掘和研究。

基于某电力公司用户历史负荷数据，采用大数据、云计算、数据挖掘等技术构建相应的负荷预测模型，然后在模型的基础上，根据历史负荷与气象预报实现单个用户的负荷预测。由于用户是最小用电单元，因此，可预测任意区域、自定义行业或指定条件的用户组合的负荷值，可预测小区域供电能力不足，并且基于用户数据的负荷预测更容易追溯预测偏差的原因并加以修正，最终使负荷预测的结果更加精确。

6.1.1.2 实现设计

传统的网供负荷预测是基于历史网供负荷数据开展的，而基于大数据的网供负荷预测则从最基本的用户数据开始，逐一分析用户的用电特性并开展用户负荷预测，最终将全省用户的负荷预测数据累加，得到网供负荷预测结果。基于大数据的网供负荷预测方法较之传统方法，考虑了不同用户的用电特性，将网供负荷预测推向了宽广度、多维度、细粒度、高精度的应用高度。如图6-1所示。

（1）数据导入及预处理。从用采系统导入用户和网供负荷的历史数据、节假日数据，从天气数据接口导入历史天气数据和预测日的天气预报数据。对

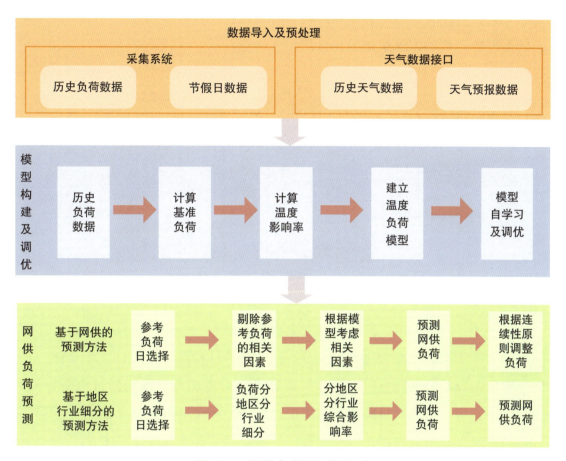

图 6-1　网供负荷预测的思路

数据进行归一化和异常数据处理，建立气象数据和用电数据的对应关系。

（2）模型构建及调优。基于气象和负荷大数据，计算温度对负荷的影响率，建立温度负荷模型，并根据每日产生的气象和负荷实时数据，完成模型的自学习和调优。

（3）网供负荷预测。分为基于网供的负荷预测和基于用户的负荷预测两种方法。基于网供的负荷预测方法直接根据网供负荷和气象数据的影响因素，进行负荷预测；而基于用户的预测方法需要建立用户负荷和当地气象数据的影响关系，进行用户负荷预测，再将用户预测数据累加成网供负荷的预测数据。

6.1.1.3　分析方法

基于网供的负荷预测算法根据网供负荷自身的特性进行负荷预测，并不能充分考虑行业发展、地区温度等因素。基于行业的负荷预测算法是专门针对此问题提出的，其总体思路如图 6-2 所示。

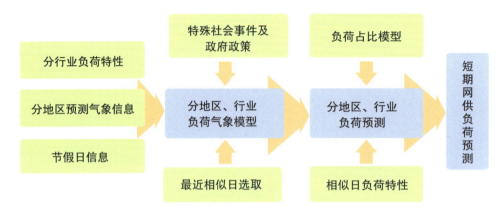

图 6-2 基于大数据的短期负荷预测总体思路

基于建立的分地区、行业负荷气象模型，以分行业负荷特性、分地区预测气象信息、节假日信息为输入，以及特殊社会事件和最近相似日实际负荷，开展分地区、行业的短期负荷预测，然后通过负荷占比模型和相似日负荷特性，将分地区、行业的短期负荷预测结果汇总成为全省短期网供负荷预测。

与传统方法不同的是，基于大数据的短期负荷预测方法综合考虑了行业负荷特性、地区温度差异、特殊社会事件及政府政策的影响，考虑的因素更加细致。由于大数据方法是由分地区、行业负荷预测汇总而成，因此在误差分析方面可以追溯到具体的地区、行业，更利于提高负荷预测的精确度。基于大数据的短期负荷预测方法具体实现思路如下：

（1）为考虑地市温度差异，建立地市历史负荷数据和地市气象数据的映射关系；在地市划分的基础上，为考虑行业负荷特性，将地市负荷划分为分地区行业负荷。

（2）根据地市历史气象数据、行业负荷特性、行业经济状况、节假日信息等，建立所有地市的 99 行业负荷气象模型。

（3）根据负荷气象模型计算全省所有地市 99 行业的负荷影响率，结合分地区行业负荷占比模型和预测日气象预报信息，计算网供负荷的综合影响率。

（4）根据相似日网供负荷数据和网供负荷综合影响率得到预测日网供负

荷预测结果。

6.1.1.4　应用成效

2016 年 6 月 5 日至 6 月 6 日某地区的短期负荷预测结果如图 6-3 所示，其中蓝色曲线为实际网供负荷，橙色曲线为大数据预测结果，绿色曲线为调度预测结果。

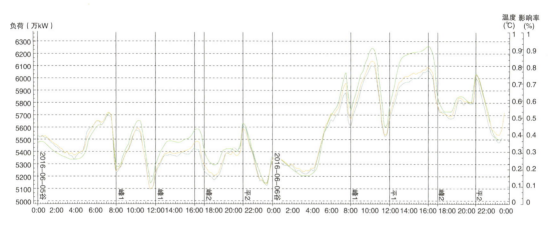

图 6-3　短期负荷预测结果比较

6 月 3 日至 10 日的短期网供负荷预测准确度曲线如图 6-4 所示，其中橙色曲线为调度预测准确度曲线，红色曲线为大数据预测准确度曲线。大数据预测平均准确度：98.35%，调度预测平均准确度：97.68%。

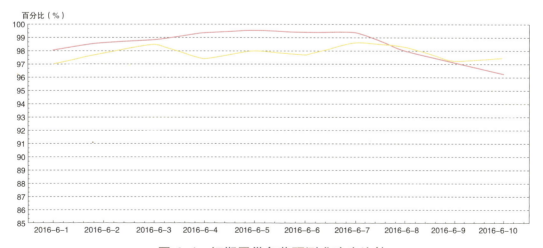

图 6-4　短期网供负荷预测准确度比较

6.1.2 基于用电大数据的母线短期负荷预测

由于母线负荷与系统负荷既有联系也有区别，理清两者关系有助于更好地开展母线负荷预测工作，同时对母线负荷预测的一些相关领域的内容进行整理，能够方便我们对母线负荷预测展开深入的研究。

6.1.2.1 应用背景

母线负荷主要是指一个小范围内区域内的供电负荷，这些负荷由该区域的主变压器提供。通常一个地区的母线负荷类型比较单一。系统负荷由母线负荷构成，它们之间存在一定的关联性，但是系统负荷和母线负荷又有区别，主要表现在它们的构成、特性等。

1. 母线负荷的构成

母线负荷曲线与该母线供电区域内的用户类型有关。母线的供电范围小，与系统负荷相比，其负荷类型较为单一。在母线负荷中，负荷类型可被分为城市民用负荷、工业负荷、商业负荷、办公负荷、农村负荷等，见表 6-1。

表 6-1   母线负荷的构成

负荷类型	主要用户	特 点
城市民用负荷	照明、家用电器等居民生活用电	随着经济容量的增长而增长，与气象变化和居民的生活工作规律密切相关
工业负荷	工业企业	重工业由于生产的连续性，负荷曲线比较固定，同时受气象影响较小；轻工业负荷表现出一定的时间变化
商业负荷	商铺照明、空调等用电	与节假日、经济发展相关
办公负荷	医院、学校和政府办公等	与办公作息相关
农村负荷	农村民用电、生产与排灌用电以及农村商业用电等	负荷受季节、气温等自然条件的影响很大，有时候变化比较剧烈；地理位置也会对这类负荷产生较大的影响

这些负荷类型不同，反映出的负荷曲线也不同。对于工业负荷，特别是冶金等重工业，其特点是用电量大、不受大部分天气状况影响，并且由于其生产

工艺和生产班次的特点，负荷曲线较为稳定；而对于城市居民负荷，其负荷曲线与系统负荷相似，同时受天气影响较大，这反映了居民生活的作息规律。其他类型的负荷也有各自特点。

2. 母线负荷的特性

某些类型的母线负荷曲线与系统负荷曲线形状相似，如居民用电负荷，但是这些负荷曲线在数值上仍然与母线负荷有一些差异。首先从负荷基数上看，系统负荷基数较大，而母线负荷基数较小；其次，母线负荷的变化大于系统负荷，这主要从负荷的变化率可以看出。

3. 母线负荷预测在能量管理系统中的作用

母线负荷预测与系统负荷预测在能量管理系统中差别见表 6-2。

表 6-2　　　　　　　　　　母线负荷预测与系统负荷预测的异同

比较项	母线负荷预测	系统负荷预测
预测对象	母线的下网负荷	地区的用电负荷
负荷属性	各变电站的具体负荷	抽象的负荷总和
预测负荷	有功、无功	有功
预测目的	动态状态估计、安全稳定分析、无功优化、厂站局部控制等	发电计划、电网规划等
预测时间	短期	长期、中长期、短期、超短期
决定因素	用户用电负荷、电网运行方式、损耗、供电区域内小电源出力	用户用电负荷、损耗
在能量管理系统中的地位	网络分析	能量管理

在能量管理系统中，潮流计算、动态状态估计等需要用到母线负荷预测系统得出的结果，而系统负荷预测系统可用于电厂制定发电计划，两套系统在电网的日常管理中相互配合，不可缺少。二者之间以及二者与 EMS 其他软件之间的关系如图 6-5 所示。

母线和系统负荷预测系统共同组成了能量管理系统中的预测部分，它们的

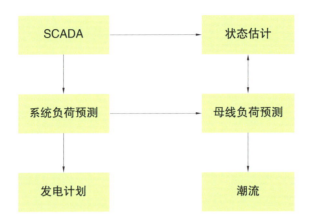

图 6-5   系统负荷预测系统与母线负荷预测系统联系

预测对象相同，都是电力负荷，尽管其预测的具体负荷类型不同，即分别为用电负荷和下网负荷，但是这两种系统有许多共性，同时保持着职能上的密切联系。

由于关注的较早，系统负荷预测系统开发的较早，发展得也较为成熟，而对于母线负荷预测系统，虽然已经有一些商业化应用的模块，但是其效果仍然有待检验，而同时母线负荷预测系统的开发正在为人们慢慢所重视。

6.1.2.2   实现设计

由于母线负荷相比系统负荷的区别和特点，因此不能简单套用系统负荷预测的模型，需要在考虑其特点的基础上建立符合母线规律的综合模型。综合母线负荷预测的研究文献，将母线负荷预测的综合模型分为三个部分，如图 6-6 所示。

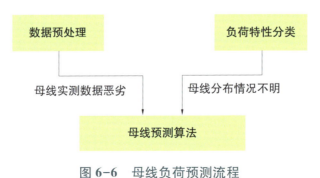

图 6-6   母线负荷预测流程

（1）数据的预处理。

（2）母线特性的分类。

（3）预测算法的实现。

其中预测算法是主要部分，而数据预处理和特性分类主要是作为辅助作用，可在母线实测数据恶劣，且未知该地区母线分布情况的条件下使用，以增强预测效果。

6.1.2.3　分析方法

1. 母线负荷预测的传统方法

母线负荷预测主要有两类：

（1）基于系统负荷分配的预测方法。

（2）基于节点负荷自身变化规律的预测方法。

第一种方法的基本思路是首先对系统负荷进行预测，再将预测结果分配到每一条母线上，其难点是分配系数难以确定。第二种方法的分析方式与系统负荷预测相似，采集单条母线数据进行建模预测，在一定程度上可以借鉴系统负荷预测的方法。

对于第二类方法，可以将负荷进行如下描述：

$$L(t) = f(t) + p(t) + x(t)$$

式中：$L(t)$ 为 t 时刻的负荷；$f(t)$ 为趋势项，反映 $L(t)$ 的变化趋势；$p(t)$ 为周期项，反映 $L(t)$ 周期性变化；$x(t)$ 为随机项，反映随机因素对 $L(t)$。借鉴系统负荷预测方法的思路，并加以改进，可以形成新的有效母线负荷预测方法。

在系统负荷中，已经存在不少行之有效的方法，其中主要包括：

（1）时间序列方法。

（2）神经网络算法，如 BP 神经网络，改进的 BP 神经网络等，RBF 神经网络。

（3）机器学习算法，如支持向量机，相关向量机以及它们的改进算法。

（4）优化算法，优化算法不能直接用于预测，但是可以改进以上三类型方法的预测精度，同时可能起到加速建模的作用，采用的方法如遗传算法、粒子群算法等。

2. 基于大数据的母线负荷预测方法

传统的母线负荷预测思路如图 6-7 所示。

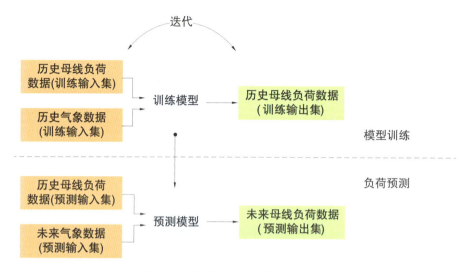

图 6-7　传统母线负荷预测思路

传统的母线负荷预测算法沿用系统负荷预测的思路，区别仅仅在于历史数据采用的是母线负荷数据。其思路如下：

（1）筛选历史母线负荷数据和历史气象数据作为训练输入集，筛选与预测日气象条件、运行环境类似的历史母线负荷数据作为训练输出集，利用训练集的预测值和实际值校验模型的参数，直到训练集的预测值和实际值的差别达到算法的预设条件，即得到了最优的预测算法模型。

（2）筛选和预测日气象条件、社会环境类似的历史母线负荷数据，以及预测日的气象条件预报值，利用训练好的预测算法模型进行预测日的母线负荷预测。

传统的母线负荷预测虽然较之系统负荷预测，考虑了更多的母线负荷特征，但母线的负荷特征常常不够明显、规律性也不强。若能考虑到母线的出线、甚至是下辖用户的负荷特性，则将大大提高母线负荷预测的精度。其思路如图 6-8 所示：

（1）自顶向下，将母线负荷按其出线划分，分析各出线的历史负荷数据，若出线负荷数据规律性较差，则出线再将出线按下辖用户划分。

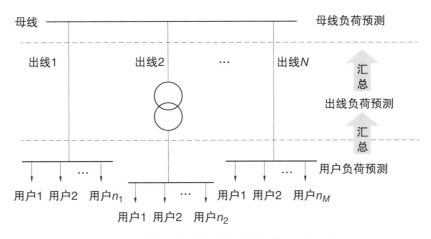

图 6-8 基于大数据的母线负荷预测思路

（2）自底向上，利用用户的历史负荷大数据，研究出线下各用户的用电特性，对用户负荷进行预测。

（3）将出线下的用户负荷预测结果汇总，得到各出线的负荷预测结果。

（4）结合出线的历史负荷数据，研究出线的负荷特性，进行出线的负荷预测。

（5）综合分析自用户负荷汇总而来的出线预测结果和利用出线负荷特性得到的出线预测结果，修正出线的负荷预测结果，得到最终的出线负荷预测值。

（6）将各出线的负荷预测结果汇总，得到母线负荷预测结果。

这种预测方法考虑了用户和出线的负荷特性，充分利用了用户和出线的历史负荷数据，预计该方法将具有更高的预测精度和实用价值。

6.1.2.4 应用成效

某省级电力公司提出了"基于行业群体用电特性及电力客户个体用电习惯的全样本大数据用电预测方法"。综合考虑了行业负荷特性、地区温度差异、开复工率、业扩报装、宏观经济、大宗商品期货及政府政策的影响，因素更加细致，更利于提高预测精确度。

如图 6-9 所示，6～8 月份大数据母线短期负荷预测平均准确率：99.35%，传统方法预测平均准确度：98.88%。

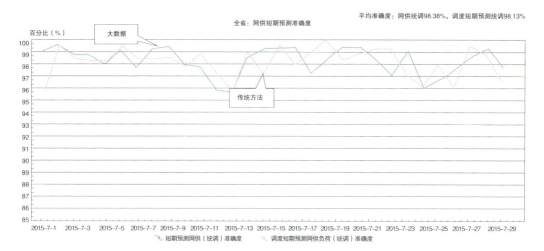

图 6-9 母线短期负荷曲线图

6.1.3 基于用电大数据的中长期电量预测

中长期电量预测是电网调峰、电源和电网建设规划以及电力需求侧管理等工作的基础。长期以来，广大电力技术研究人员对中长期电量预测方法进行了大量研究，本节主要分析业扩与电量的影响关系，从而预测业扩导致的电量增长。

6.1.3.1 应用背景

受国内外经济形势影响，业扩报装容量增长率波动较为明显，对用电量增长间接造成一定影响。为准确把握下一阶段用电情况走势，对历史业扩报装数据进行大数据分析，通过挖掘业扩报装情况、运行容量、用电负荷利用率、用电量之间的关联关系，量化具体的业扩与电量的影响关系，并用于预测业扩导致的电量增长。

6.1.3.2 实现设计

业扩报装包含新装、增容、减容和减容恢复等业务。针对增容、减容类业务，客户在完成报装后并不能完成容量的变更，需要经历一个接电周期，而且客户的用电量也不会在接电以后就达到稳定用电状态，这段时期的电量波动，会影响电量预测的准确度。

通过分析业扩报装与电量增长之间的关系，得出在不同的时间点负荷利用率的变化趋势，验证其对负荷预测的影响，从而提高对电网电量预测的精确度。基于业扩趋势大数据的中长期电量预测方法总体思路如图 6-10 所示。

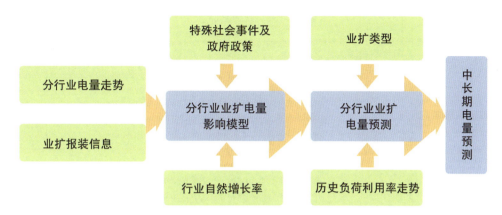

图 6-10　基于业扩趋势大数据的中长期电量预测方法总体思路

6.1.3.3　分析方法

业扩影响电量的预测方法主要分为两个步骤：

（1）模型建立：根据历史用户的业扩情况及发生后电量变化规律，通过大数据思维分析，建立全行业，新装、增容、减容、销户四类业扩类型的电量影响模型，模型反映了不同地区、行业、不同类型业扩情况发生后一段时间内业扩造成的容量变化导致的负荷利用率变化情况。

（2）电量预测：把需要分析的历史业扩数据、预测时间等条件代入已经定义好的业扩影响电量预测数学公式，推算出业扩影响预测电量。

由于不同用户的业扩申请时间并不一致，所以需要对数据进行时间归一化处理，才可以把不同时间点的业扩数据放在一起处理。同时，在模型的构建过程中需要考虑不同地区、业扩类型、行业、容量下的业扩报装从申请到送电阶段具有不同的特性，所以需要把数据分类处理，还需要考虑气象、节假日、经济因素对电量的影响，把这些因素都进行拆解分析，才可以构建较为准确的业扩报装与负荷利用率变化值的模型。业扩-电量影响模型的建立流程如图 6-11所示。

（1）数据清洗。

对海量的业扩报装数据进行清洗，分析的历史业扩报装必须是为了真正生

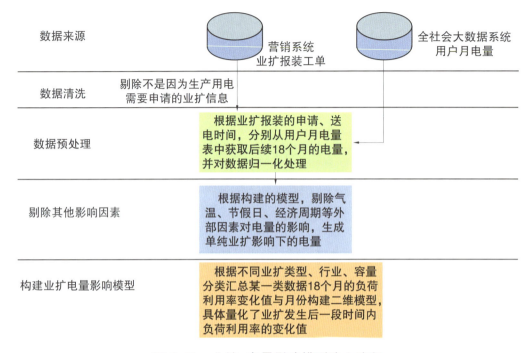

图 6-11 业扩-电量影响模型建立流程

产用电服务,业扩报装完成后用户的电量需要有相应表现,确保采用的业扩数据在用户后续的电费发票中有体现,剔除因为双路电源、供电线路变更等原因申请的业扩报装数据。

例如:对增容传票,判断原有合同容量与合计合同容量是否相等,若原有合同容量与合计合同容量相等,则表明此增容传票实际未增加容量,只是修改线路或增加备用电源,若合计合同容量大于原有合同容量,则表明此增容传票为真实增容,增容的容量为合计合同容量减去原有合同容量。

(2)数据预处理。

由于用户业扩报装的申请时间不相同,分析时需要对数据进行时间归一化处理。把业扩申请时间置为起始时间,业扩报装发生的当月设为第 0 月,之后每个月电量时间设置为 1~18 个月,同时对部分在很短时间内发生多次业扩报装的用户,由于不能区分电量的变化是由哪次业扩导致的所以此类用户也需要剔除。表 6-3 和表 6-4 是数据时间归一化的例子。

表 6-3　　　　　　　　　　　业 扩 报 装 原 始 数 据

业扩用户户号	业扩类型	申请时间
6622791956	新装	2013-01-21
6622824520	新装	2013-02-14

表 6-4　　　　　　　　　　　业扩数据计算跨度处理

业扩用户户号	申请时间（第 0 月）	申请时间（第 1 月）	…	申请时间（第 18 月）
6622791956	2013-01-01	2013-02-01	…	2014-08-01
6622824520	2013-02-01	2013-03-01	…	2014-09-01

（3）剔除外部因素对电量的影响。

业扩发生后的电量变化可能会受到气象、节假日等外部因素的影响，例如一般工商业客户平均负荷利用率在冬、夏两季受空调负荷增长影响会有明显波动，大工业客户在节假日电量波动比较大，所以分析业扩对电量的影响时，需要利用气象电量影响模型、节假日电量影响模型来剔除其他因素对负荷利用率的影响。

（4）模型计算。

利用已经时间归一化处理后的用户业扩报装数据以及剔除气象、节假日等外因素后 18 个月的电量变化值构建业扩负荷利用率变化值模型。负荷利用率变化值=当月电量变化量/业扩容量×24×月实际天数，对于新装、增容类型的业扩，电量是逐渐增长的，所以当月电量变化量为正数，负荷利用率变化值也为正数，并随着时间的增长而变大，并最终趋于稳定。相反，减容、销户类型的业扩，由于电量是逐渐减少，当月电量变化量为负数，所以负荷利用率变化值也是一个负数，随着时间的增长而变大，并最终趋于稳定。

业扩负荷利用率变化值计算的数据公式如下：

$$F(T_{\text{ind}}, M_{\text{period}}, K_{\text{Type}}) = \frac{\sum\limits_{i \in S} A_i}{\sum\limits_{i \in S} P_{\text{add}i} \times 24 \times 30}$$

式中：F 表示业扩的月负荷率；T_{ind} 表示行业类型；M_{period} 表示业扩申请月份与影

响统计月份之间的间隔，以月份为单位；K_{Type} 表示业扩的申请类型，$K_{Type} = 1$ 时为新装、增容，$K_{Type} = 2$ 时为减容或销户；S 表示该行业下业扩申请的所有用户；A_i 为该行业下第 i 个业扩申请用户的月增加/减少的用电量；P_{addi} 表示该行业下第 i 个业扩申请用户增加/减少的容量（注：$K_{Type} = 1$ 时为正数，$K_{Type} = 2$ 为负值）。

具体计算过程如下：

1）根据数据归一化规则，将业扩报装数据进行归一化处理。

2）计算用户自业扩报装发生月起，后推 18 个月剔除影响因素后的电量变化值。

3）根据归一化处理后的时间为计算主线，寻找对应的用户负荷利用率变化值，计算该变化值与业扩容量的比值。

4）把需要分析时间段、预测时间段、地区、行业、业扩类型作为参数传入计算公式，利用公式以及业扩报装数据、业扩电量影响模型计算出业扩影响电量。

预测流程如图 6-12 所示。

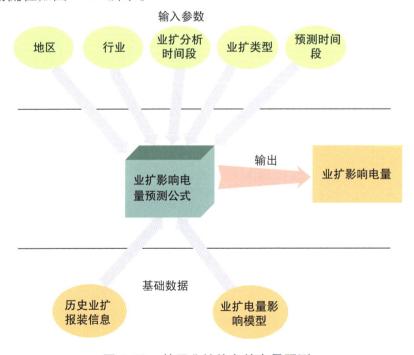

图 6-12　基于业扩信息的电量预测

（5）模型应用。

选取某省 2014 年二季度业扩情况分析对四季度的电量影响为例说明，其主要步骤如下：

1）分地区、业扩类型、行业，统计 4、5、6 三个月的业扩数据。

2）循环 4、5、6 三个月数据：以 4 月为例，相对 10 月份间隔 6 个月，相对 11 月份间隔 7 个月，相对 12 月份间隔 7 个月，通过分地区下的行业类型、业扩类型、间隔月份从负荷利用率变化模型中获取对应的负荷率变化值。

3）根据获取的负荷率变化值和业扩统计容量计算电量增长值。

4）累加所有地区、月份下业扩对四季度的电量增长值。

计算 $M_{\text{start}} \sim M_{\text{end}}$ 月份业扩对未来 M_{effect} 月份的用电量影响的数据公式如下：

$$P_{\text{expan}} = \sum_{i=1}^{M_{\text{end}}-M_{\text{start}}+1} F(T_{\text{ind}}, M_{\text{effect}} - M_{\text{start}} - i + 1, K_{\text{Type}}) \sum_{j \in S} P_j$$

式中：P_{expan} 为 $M_{\text{start}} \sim M_{\text{end}}$ 月份业扩对未来 M_{effect} 月份的容量影响量；M_{start} 和 M_{end} 表示业扩的统计起始月份和结束月份；M_{effect} 表示业扩容量影响的对应月份；$j \in S$ 表示 S 集合下的第 j 个用户；P_j 表示该行业下第 j 个业扩申请用户增加/减少的容量；$F(\cdot)$ 为业扩对应的负荷率计算函数。

6.1.3.4　应用成效

选取几个较为典型的行业为例，对上述业扩-电量影响模型及该模型下的电量预测方法进行测试。表 6-5 给出了几个典型行业业扩报装（新装）后用电量稳定时间。

表 6-5　　　　　　典型行业 2013 年业扩报装（新装）后负荷率

行业	所有电压等级		10kV 以下		10kV 至 35kV		35kV 及以上	
	稳定期	负荷率	稳定期	负荷率	稳定期	负荷率	稳定期	负荷率
造纸及纸制品业	第 17 月	17.66	第 7 月	13.41	第 14 月	22.45	第 8 月	11.19
医药制造业	第 17 月	10.43	—	—	第 17 月	10.33	—	—
交通运输业	第 12 月	5.7	第 7 月	7.68	第 15 月	4.17	第 11 月	5.94
批发和零售业	第 15 月	4.69	第 7 月	0.86	第 15 月	5.58	第 18 月	9.36

表 6-6 给出了上述行业 2013 年的电量预测结果。

表 6-6　　典型行业 2013 年基于业扩（新装）模型的电量预测结果

行业	业扩容量 （万 kVA）	预测电量 （万 kWh）	实际电量 （万 kWh）	误差百分比（%）
造纸及纸制品业	12.61	12 094.51	11 816.43	2.34
医药制造业	11.78	6516.02	6832.74	4.62
交通运输业	95.48	35 591.66	34 849.05	2.13
批发和零售业	105.6	29 833.08	31 582.6	5.54

可见基于业扩报装大数据的电量预测方法效果理想，可以作为电力系统电量预测的辅助和修正方法。

6.2　配网设备大数据分析

配电变压器是配电网极为重要的组成部分，同时也是最易发生故障的部分，电能的最终利用绝大部分都是通过配电变压器的中间作用来实现电压转换的。作为配电网运行的关键环节，其分布面积、数量及总容量都相当大。同时，配电变压器承担着向客户提供优质、稳定、可靠的电能服务作用。

6.2.1　应用背景

电力变压器是电网中能量传输和转换最为核心，应用最广泛的枢纽设备之一，其性能密切关系着电力系统的安全可靠。因此，如何高效利用运检手段准确掌握电力变压器的运行状态、及时有效发现变压器潜在性故障，能有效降低电力事故和变压器故障发生概率。传统的变压器状态评价以人工经验分析为主，故障线索来源存在信息孤岛等缺点，尚无法构建立体化、多层次、多视角的设备全景画像和各种数据相结合的综合状态评价分析。

为解决上述问题，项目充分利用大数据技术，开展了一系列研究，实现了变压器全面状态分析、精准故障研判等功能，在变压器在管理方式上实现了信息孤岛向多源信息平台融合的转变。

6.2.2　实现设计

配网设备大数据画像分析应用营销系统、用电信息采集系统、PMS、调度的档案信息和数据，利用大数据技术建立配电变压器状态分析评价模型，进行配电变压器画像分析、设备评价分析和设备预警等。配电变压器状态分析和评价模型从配电变压器运行环境、负载异常、投运时长、巡视和检修记录、故障次数与原因、生产厂商及是否存在家族缺陷等维度进行综合分析，具体设计思路如图 6-13 所示。

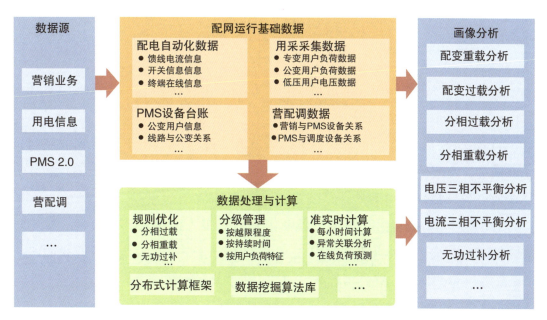

图 6-13　配电变压器状态监测设计思路

6.2.3　分析方法

配电变压器状态分析和评价模型由负载异常分析模型、健康度分析模型、健康度劣化趋势预测模型等组成，模型功能如下：

（1）负载异常分析模型主要是针对配电变压器的负载异常进行综合分析，变压器负载异常主要包括重过载、电压三相不平衡、电流三相不平衡、单相重过载等，根据负载异常发生天数、时长、超限范围等因素进行建模分析，统计配电变压器异常权值。计算公式如下：

$$A(t) = \sum_{t=1}^{n} a_i \times k_n$$

式中：a_i代表不同用电异常事件对应的权值；k_n代表不同事件等级对应的权值。

（2）健康度分析模型用于对设备状态进行分析评价，为准确评价配电变压器的状态，需要整合历史数据、设备现状、异常事件、故障停电等，形成质量类、运行类、状态类等不同维度的指标大类，具体如下：

1）质量类指标包括变压器故障跳闸、非正常检修、提前大修等故障信息，其模型的核心是以配电变压器故障概率浴盆曲线为基础，计算和分析在不同运行阶段可能发生故障的概率，并依此确定配电变压器的技术状态。计算公式如下：

$$P(t) = Ke^{-C \times S}$$

式中：P 表示为在评价周期的故障概率；K 表示为比例系数；C 表示为曲线系数；S 表示为状态评价分值。

2）运行类指标包括重过载、单相重过载、过压、三相不平衡等电网运行环境信息，主要分析负载环境对配电变压器运行可靠性和寿命的影响，其计算公式为负载异常分析模型的计算公式。

3）状态类指标包括配电变压器非正常的退役、技改和大修次数、运行年限等维度，在统计时排除非正常情况下退役的配电变压器。其计算公式如下：

$$F(t) = k_1 \times C_1 + k_2 \times C_2 + k_3 \times C_3$$

式中：C_1代表非正常退役的分值；k_1为比例系数；C_2代表技改变和大修次数的分值；k_2为比例系数；C_3代表运行年限的分值；k_3为比例系数。

基于上述分析模型，配电变压器健康度分析模型计算公式如下：

$$R(t) = A(t)P(t)F(t)$$

通过上述公式，计算各统计周期内，配电变压器健康值，为后续分析健康度劣化趋势提供数据源。

（3）健康度劣化趋势预测模型是在电能表健康度分析的基础上，对健康度劣化的趋势进行预测，预测的方法有很多种，主要采用多元线性回归模型进行配电变压器健康度劣化趋势预测，具体如下：

$$y = b_0 + b_1 x_1 + b_2 x_2 + \cdots + b_k x_k + e_y$$

式中：x_1，x_2，$\cdots$，x_k，x 为自变量；e_y是随机误差；b_1，b_2，$\cdots$，b_k为回归系数。

多元性回归模型的参数估计，同一元线性回归方程一样，也是在要求误差平方和（$\sum e^2$）为最小的前提下，用最小二乘法求解参数。以二线性回归模型为例，求解回归参数的标准方程组为

$$
\begin{cases}
\sum y = nb_0 + b_1 \sum x_1 + b_2 \sum x_2 \\
\sum x_1 y = b_0 \sum x_1 + b_1 \sum x_1^2 + b_2 \sum x_1 x_2 \\
\sum x_2 y = b_0 \sum x_2 + b_1 \sum x_1 x_2 + b_2 \sum x_2^2
\end{cases}
$$

多元性回归模型与一元线性回归模型一样，在得到参数的最小二乘法的估计值之后，也需要进行必要的检验与评价，以决定模型是否可以应用。

6.2.4　应用成效

（1）设备画像通过云平台全面整合变压器各类状态参数，实现设备5大部件从招标、制造、安装调试到运维阶段超300项关键参数的标签化展示，完成变压器状态评价、过载、抗短路、缺陷等性能的画像分析。

图6-14为某省级电力公司40多万配电变压器按厂商+型号的分析结果，纵坐标代表非健康度，横坐标代表投运时长，结果通过散点图进行展现。

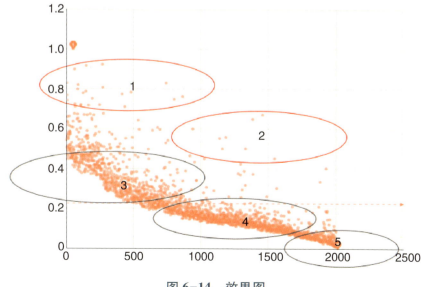

图6-14　效果图

1）该对象群体的变压器非健康度值很高，属于应该优先大修和技改变的配电变压器。

2）该对象群体的变压器运行时间不长，存在质量不稳定的问题，需要进行重点关注。

3）该对象群体是属于运行时间较长，非健康值较高，需要纳入检修计划的变压器。

4）该对象群体的变压器采购时间比较晚，但运行相对稳定，目前处于"健康区"和"亚健康区"的范围，是纳入巡视计划的变压器。

5）该对象群体是属于运行时间较短，且非健康值偏低，正常的变压器运行。

（2）探索开展变压器多源数据评价，提出了包括带电检测、在线监测、环境信息、不良工况等数据的设备多源评价模型。跟传统评价相比，评价涉及状态量多，引入 14 种电网波动和气象环境不良工况对设备状态的影响，建立了同一状态量不同获取方式的加权量化模型。另外在设备量化打分的基础上开展了绝缘性能、导电性能等性能打分。

（3）其他应用成效：

1）实时监测配电变压器的运行状态，掌握配电网关键节点的运行状态，确保设备运行可靠。

2）识别诊断配电网的供电瓶颈，为配电网规划、优化提供决策依据。

6.3 配网故障抢修精益化管理

配电网故障抢修管理是智能电网建设的一个重要组成部分，电力公司对故障抢修管理体系也完成了规范和统一规划。通过精益管理，完善配网抢修机制，缩短故障复电时间，提高可靠性水平，提升客户满意度，解决目前抢修资源不足、综合成本普遍偏高的问题。

6.3.1 应用背景

由于智能电网、电力光纤到户工作在配电网中的不断推进，且配电网的管理涉及公司规划、设计、建设、改造、运行等相关专业、条线，既要满足供电服务能力，又要确保配电网运营高效、经济，因此各专业都将面临新的压力和挑战。

（1）优化抢修决策水平：为各业务条线部门的指挥决策人员提供配网抢修的综合态势及现场监管信息，全面掌握故障状态、抢修生产动态、资源动态等集约化的抢修管理动态，提升抢修指挥决策水平。

（2）提高故障抢修效率：对用户而言，可有效地缩短其停电时间，减少用户的停电损失；对电网企业而言，可显著提高客户供电可靠性，提高企业抢修资源的利用率，降低抢修业务综合成本，提升精益管理水平，实现经济效益。

（3）提升客户满意度：通过全过程大数据研究，寻找问题、消除瓶颈，提高故障抢修信息的对外透明度，逐步向用户提供故障抢修背景、时间预测，实现自动答复功能实现，提高客户满意度。

（4）满足供电服务能力：通过对配网故障抢修业务的数据分析，为运维检修、可靠性管理等业务提供数据支撑；对配电网管理环节提出问题和建议，提出配电网规划、大修改和技改选择改进建议；提升配电网各类资产健康水平，提升供电服务水平。

6.3.2　实现设计

利用大数据平台技术实现配网故障实时监控和抢修分析。结合流计算进行故障工单数据及过程数据实时接入，并进行实时计算处理，展示当前配网故障发生的实时情况；对故障抢修进行分类，将故障抢修影响因素相似的抢修工单进行聚类，计算得出不同抢修环节的标准用时，通过抢修过程中实际用时与标准用时进行比对，得出抢修效率的分析结论，具体功能如图 6-15 所示。

分析模型构建的过程如图 6-16 所示，主要包括：确定特征值、数据预处理、模型训练、模型评估。

6.3.3　分析方法

采用 K-Means 聚类算法观察探索不同抢修环节标准用时与故障、气象的

配网抢修精益化管理系统

抢修实时分析		抢修效率分析	
配网故障抢修实时分析	配网故障量日趋势监测	全市故障抢修分析	各供电公司抢修效率分析
当前故障处理情况分析	供电公司工作强度分析	各供电公司抢修达标排名	抢修时长标准分析
故障抢修过程跟踪分析		驻点抢修效率分析	抢修明细工单分析

图 6-15　配网抢修精益化管理功能图

特征预测　　　　　　　　　模型实施

图 6-16　分析处理流程

内在发展规律，构建抢修效率分析模型，寻找多维度下不同抢修环节的标准用时，区域、驻点的月度故障统计信息。作为一种经典的聚类算法，K-Means 依赖于不断寻找簇中心直至其达至稳定实现对象的划分。K-Means 算法一开始先（随机或依据某种策略）选择 K 个簇中心，然后在每次迭代时将对象划分至最相似的簇中心，形成新的簇划分后再计算同簇对象的均值作为新的簇中心。这个过程反复进行，直至簇中心不再变动或达到最大迭代次数为止。

采用随机森林分类预测算法观察探索历史故障发生情况与负荷、气象的内在发展规律，构建故障量预测模型，预测设备故障量可能发生的量级区间范围。随机森林，指的是利用多棵树对样本进行训练并预测的一种分类器。简单来说，随机森林就是由多棵 CART（Classification and Regression Tree）决策树构成的。对于每棵树，它们使用的训练集是从总的训练集中有放回采样出来的，这意味着，总的训练集中的有些样本可能多次出现在一棵树的训练集中，也可能从未出现在一棵树的训练集中。在训练每棵树的节点时，使用的特征是从所有特征中按照一定比例随机地无放回的抽取的，假设总的特征数量为 M，这个比例可以是 $\sqrt{M}$，$\frac{1}{2}\sqrt{M}$，$2\sqrt{M}$。

6.3.4　应用成效

如图 6-17 所示，故障实时监测场景展示当前某市的配网故障发生的实时情况，从故障数量实时分析、故障量日趋势监测、故障处理情况三个维度进行详细的剖析和监测，实时分析各区域驻点和班组的工作强度。

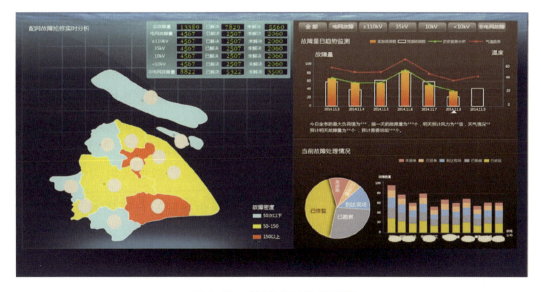

图 6-17　故障实时监测场景

如图 6-18 所示，抢修效率分析场景展示抢修效率分析结果，并进行抢修资源配置分析。通过某段时间内各驻点的抢修工作量，分析驻点位置合理性，对工作量较少的驻点给出如拆除合并的建议；统计某个驻点某段时间内的抢修成本情况，给出抢修备品、配件配置，驻点人员配置的优化建议。

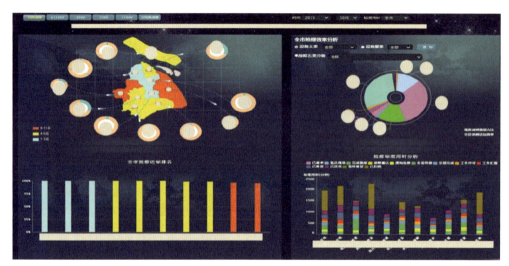

图 6-18　抢修效率分析场景

配网故障抢修精益化管理是电力公司为了完善配网抢修机制，缩短故障复电时间，提高可靠性水平，基于大数据平台开展平台应用试点场景。场景通过故障数量实时分析、故障量日趋势监测、故障处理情况等功能实时分析各区域驻点和班组的工作强度，对配网抢修实时调度，监控提供依据；通过对抢修效率分析结果进行抢修资源配置分析，通过某段时间内各驻点的抢修工作量，分析驻点位置合理性，对工作量较少的驻点给出如拆除合并的建议；统计某个驻点某段时间内的抢修成本情况，给出抢修备品、抢修车辆使用、配件配置，驻点人员配置的优化建议。

6.4　配变负荷特性分析

电力负荷的预测是电力系统十分关注的问题。随着电力市场的发展，负荷预测的重要性日益显现，并且对负荷预测精度的要求越来越高，对负荷预测的准确性、实时性、可靠性及智能性都提出了更高的要求。加之电力能源的特殊性，使得电力负荷预测的难度增大，成为传统技术手段下的负荷管理难以企及的目标，迫切需要新方法的出现来解决现有问题。

6.4.1　应用背景

电力负荷预测对电力系统规划和运行都极其重要，但目前电力负荷预测主要存在以下提升点：预测算法较多基于经验法；预测的准确率有待提升；业扩、天气、气温变化等因素考虑较少；预测模型未实现系统化支撑，费时费力；省、市预测算法模型未形成分享，预测工作门槛高等。为了更加准确的计算预测用电负荷，需要利用多个业务系统的海量数据进行联合分析和数据挖掘。采用传统技术在处理时存在计算速度慢、计算周期长、扩展性差等缺点，且对数据的利用仍然停留在以统计报表为主的浅层应用层面，难以挖掘出新的业务模型和数据蕴含的深层次业务价值，迫切需要采用大数据技术进行处理。基于大数据技术研究配电变压器负荷特性，掌握配电变压器负荷的变化趋势，针对不同的区域、不同的用户需求对象采取相应的负荷调整措施，对于提高用户用电满意度具有重大意义。

6.4.2　实现设计

电力系统负荷特性，主要有以下两个方面：一方面，负荷变化具有相似性，如一天内负荷在早高峰、晚高峰负荷消耗相对较大，其余时间段相对平稳，具体来说，上午 8 点后到下午 6 点负荷消耗较大，夜间睡眠时间负荷消耗较小，这样每一天的负荷波动具有较为平稳的规律。对每一周来说，工作日要比休息日负荷水平要高。另一方面，负荷又随天气变化、社会环境条件、重大节假日、拉闸限电等不确定性因素的变化而受到较大干扰，这些随机、不确定性数据信息对负荷分析具有较大影响。

因此，依托配电变压器历史负荷数据、环境信息、节假日信息等，采用当下流行的大数据技术实现配电变压器负荷特征分析，分析负荷变化趋势，能够较好地指导电力人员及早开展区域性负荷转移，降低因区域负荷过高引起停电事故的可能性，降低因持续高负荷引起的设备故障，优化电源布局，调整配网架构，提高电网供电可靠性。

6.4.3 分析方法

负荷特征分析分两步，具体如下：

（1）负荷数据修复：电力负荷数据大多都是按照时间序列排列，负荷的变化往往呈现出一定的规律性。基于这一思路，我们对一定历史时间段的数据进行观察与分析发现，负荷数据的变化呈现出明显的日与周的相依性，某个时点电力负荷的无偏估计值与其相邻日或相邻周的对应时点负荷数值往往相近。当数据中包含可用历史数据时，我们便可以利用线性插值的方法对缺失值进行估计，完成缺失值修复工作。

若某一时点的负荷缺失，且是非连续的单个缺失，则可以直接利用缺失前后时点的负荷数据来修复。但是实际中，由于采集系统故障等原因，数据质量不佳的状况时有发生。这会造成连续的数据缺失或异常。面对这种情形，一个基本的原则就是要充分利用已有数据信息，不能随意舍弃数据，并在这一前提下尽量提高精度。因此当存在连续数据缺失导致无法计算部分或全部窗内误差时，我们选择利用传统均值算法进行修复。

（2）负荷特性曲线拟合：电力负荷数据作为时间序列呈现出明显的周期性，采用机器学习算法，如线性回归算法等，结合配运行负荷历史数据，分析配变历史负荷特性变化，同时能够基于线性回归模型能够较好的拟合负荷变化趋势。此外，考虑到配电变压器历史负荷数据规模较大，按20万台配电变压器规模计算，每天以80万条数据量递增，年累积量达到2.9亿条，故该模型的运行效率无法达到令人满意的程度，故结合大数据技术，提高模型分析效率。

基于大数据的负荷特性分析，从日、周、月负荷历史曲线可以看出，负荷特性主要取决于以下因素：

（1）时间：负荷本身具有的内在规律就是通过时间具体表现出来的，对每一天或每一个星期再或者每个月甚至对每一年的负荷变化来说都具有线性且相似的曲线规律，将这种内在的时间性规律称为负荷变化的周期性与时间连续性。

（2）天气：天气干扰因素一般包括气温、降雨量、日照、湿度、风力强度、气候变化等等。这些天气因素往往具有随机发生性，突然的降温降雨，甚至台风席卷都将会影响人们的日常生活与工作，从而影响了负荷消耗水平。加之气候、季节、天气的变化又是截然不同的，目前使用的电器设备如空调、地暖、暖气等产生了大量的负荷消耗，改变了人们的生活习惯的程度越大，也就是改变典型负荷平稳变化规律的程度越大。所以，天气因素对短期负荷波动是巨大的干扰。

（3）特殊活动：一些特殊的节假日、重大体育赛事等一系列特殊活动的发生会严重地改变负荷的周期性规律，对于这样的特殊情况，必须进行特殊处理。例如 2008 年北京奥运会期间，北京市以及周边地区的负荷水平远比往年要高得多，负荷曲线偏离较大。

（4）其他干扰因素：电力是所有人群共同需要的现代化资源，对于用电的不同类型比如工业用电、农业用电、生活用电等各有各的内在规律，也有其相应特别的影响因素。

6.4.4　应用成效

以某供电公司为例，现场部署 31 台大数据服务器，系统存储空间达到 760TB，计算节点 25 个，按照 40 万台配电变压器规模，5.8 亿条历史负荷数据分析该公司日负荷特性曲线、周负荷特性曲线、月负荷特性曲线，进而分析影响负荷特性变化主要因素，指导电力生产业务。如图 6-19～图 6-21 所示。

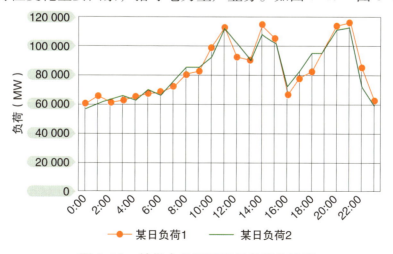

图 6-19　某供电公司配变日负荷曲线图

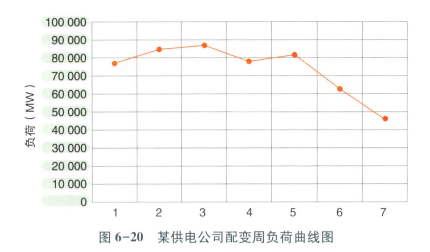

图 6-20 某供电公司配变周负荷曲线图

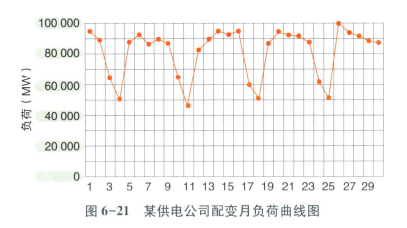

图 6-21 某供电公司配变月负荷曲线图

6.5 配变重、过载风险预警分析

配网作为用电供电的关键组成部分，其中配电变压器重、过载情况对保障电网安全运行，提升用户供电能力有着至关重要的影响。配电变压器重载，指负载率≥80%且<100%，且持续 2h 及以上；配电变压器过载，指负载率≥100%，且持续 2h 及以上。配电变压器重、过载率是电力系统重点关注的指标之一。

6.5.1　应用背景

配电变压器运行稳定性对整个配网系统的安全运行、经济运行具有直接影响，长期重过载运行会造成变压器绝缘层加速老化、使用寿命下降、设备故障发生率增加，严重者会发生电网停电、人身安全等事故，造成企业用户满意度下降。随着全社会用电需求不断增加，尤其在迎峰度夏、冬季取暖期间，配电变压器重过载现象时有发生。因此，及时有效预警配电变压器重过载运行问题，对提升供电质量，避免设备损坏，显得尤为重要。

6.5.2　实现设计

从业务上看，配变重、过载预警按预警的周期及预警的时效，分中期预警和短期预警。本设计方案主要基于历史配网变压器每天 96 点的用电采集数据，分析配变的重、过载概率。同时进一步关联分析及评价工作，关注配变重过载对客户服务的影响，并从资产、能量的视角出发，从而对配变技改计划、客户服务提供针对性的改善建议。如图 6-22 所示。

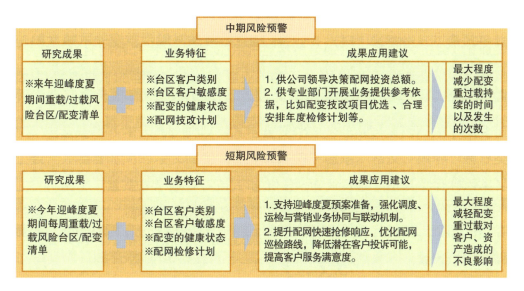

图 6-22　中期、短期预警应用思路

6.5.3 分析方法

（1）短期预警模型。如图 6-23 所示。

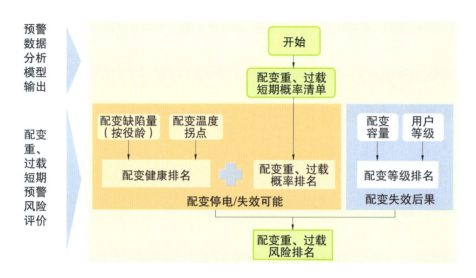

图 6-23 短期预警管理模型思路

首先基于配变重、过载短期预警清单分析概率风险，即通过短期预警数据分析模型输出配变短期预警重、过载概率清单。通过结合配变上周在迎峰度夏期间的重过载持续时间，识别是持续性重、过载配变还是瞬时性重、过载配变；通过结合配变本周的检修及巡检计划，为优化配网应急响应提供参考视角。

然后结合配变健康度分析失效/停电风险，即通过配变役龄与配变故障/缺陷发生情况，以及配变的高温缺陷故障拐点综合反映设备的健康程度，同时结合配变短期预警重过载概率清单，分析配变未来失效/停电风险。

最后结合配变所属台区设备及用户重要度分析综合风险，即通过配变资产原值/容量反映配变的重要度，通过识别重要客户、重点保障客户以及敏感客户反映客户重要度，同时结合配变未来失效/停电风险分析配变重、过载的综合风险。如图 6-24 所示。

设备的风险评价可利用定性评价或定量评价两种方法进行。本方案以量化

XXXX年XX区域迎峰度夏期间第X周配变重、过载概率清单（示例）

概率排名	配变编号	配变名称	第1天		第N天		汇总		上周发生重过载天数或小时数	本周检修/巡检安排
			重载概率(x1)	过载概率(x2)	重载概率(x1)	过载概率(x2)	重载概率(x1)	过载概率(x2)		
#1			xx%	xx%	xx%	xx%	60%	45%	5天/40小时	
#2			xx%	xx%	xx%	xx%	55%	40%	5天/40小时	
#3			xx%	xx%	xx%	xx%	50%	40%	5天/40小时	
#4			xx%	xx%	xx%	xx%	50%	35%	1天/3小时	
#5			xx%	xx%	xx%	xx%	45%	30%	1天/3小时	
#6			xx%	xx%	xx%	xx%	40%	25%	1天/3小时	

持续重、过载

瞬时重、过载

高　重过载概率　低

图 6-24　短期预警概率清单（示例）

的方法基于配网变压器重、过载短期概率对其进行短期综合风险评价。配变的重、过载故障可能引发多种损失，资产的损失程度考虑设备损坏、人身安全、供电可靠性和社会影响等要素。风险评价以风险值作为指标，综合考虑资产等级、设备健康程度、设备重、过载发生概率以及配变缺陷的高温拐点四者的作用。其风险模型如下式所示：

$$R(t) = A(t) \times H(t) \times L(t) \times T(t)$$

式中：t 表示某个时刻（Time）；A 表示资产等级（Asset），包括配变的容量、配变原值，配变所带用户级别、用户数量等，反映资产的重要程度；H 表示设备健康等级（Health），包括设备的役龄、设备当年缺陷率、故障率等，反映设备的健康程度；L 表示设备预计的重、过载等级（Load），通过概率值反映设备未来的重、过载程度；T 表示设备缺陷的高温拐点（Temperature），通过高温持续时间或峰值反映设备未来收高温影响的负面程度；R 表示设备综合风险值（Risk）。

（2）中期预警模型。如图 6-25 所示。

首先基于配变重、过载中期预警清单分析概率风险，即通过中期预警数据分析模型输出配变中期预警重过载概率清单。通过结合配变去年在迎峰度夏期间的重、过载天数，识别是存量重、过载配变还是增量重、过载配变；通过结合配变去年的技改增容量，为配网投资有效性提供参考视角。

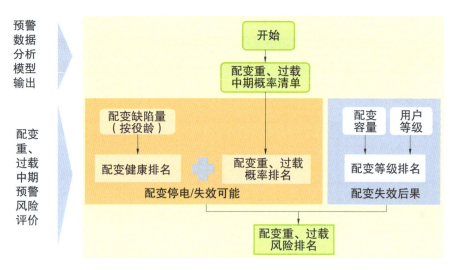

图 6-25　中期预警管理模型思路

　　然后结合配变健康度分析失效/停电风险，即通过配变役龄与配变故障/缺陷发生情况综合反映设备的健康程度，同时结合配变中期预警重过载概率清单，分析配变未来失效/停电风险。

　　最后结合配变所属台区设备及用户重要度分析综合风险，即通过配变资产原值/容量反映配变的重要度，通过识别重要客户、重点保障客户以及敏感客户反映客户重要度，同时结合配变未来失效/停电风险分析配变重、过载的综合风险。模型计算原则同短期预警模型。如图 6-26 所示。

XXXX年XX区域迎峰度夏期间第X周配变重、过载概率清单（示例）

概率排名	配变编号	配变名称	第1天		第N天		汇总		上周发生重过载天数或小时数	上两周发生重过载天数或小时数
			重载概率(x1)	过载概率(x2)	重载概率(x1)	过载概率(x2)	重载概率(x1)	过载概率(x2)		
#1			xx%	xx%	xx%	xx%	60%	45%	5天/40小时	9天/80小时
#2			xx%	xx%	xx%	xx%	55%	40%	5天/40小时	7天/80小时
#3			xx%	xx%	xx%	xx%	50%	40%	5天/40小时	7天/80小时
#4			xx%	xx%	xx%	xx%	50%	35%	1天/3小时	2天/5小时
#5			xx%	xx%	xx%	xx%	45%	30%	1天/3小时	2天/5小时
#6			xx%	xx%	xx%	xx%	40%	25%	1天/3小时	2天/5小时

持续重、过载

瞬时重、过载

高

低

重过载概率

图 6-26　中期预警综合风险排名清单（示例）

6.5.4 应用成效

以某地市公司为该模型的研究应用试点，从预警重载配变风险情况和配变过载风险预警情况两方面概述 2016 年迎峰度夏城区配变重过载风险预警情况：

（1）预警重载配变风险情况。

纳入 2016 年城区迎峰度夏预警的配变中，预警重载配变较去年实际下降 0.5%，占总预警配变数的 13.28%。其中 2016 年预警重复重载配变占 2016 年总预警重载数的 83.15%。2016 年预警减少重载配变 2 台，占 2015 年总预警重载数的 0.54%。从供电区域上，2016 年将近 86% 预警重载的配变分布在 C 区与 D 区。如图 6-27 所示。

（2）配变过载风险预警情况。

以最高负载率计，纳入 2016 年城区迎峰度夏预警的配变中，预警过载配变较去年实际下降 1.69%，占总预警配变数的 2.09%。2016 年预警重复过载配变 20 台，占 2015 年总预警过载数的 34.48%。2015 年预警减少过载配变 1 台，占 2015 年总预警过载数的 1.72%。从供电区域上，2016 年预警过载的配变主要分布在 C 区和 B 区。如图 6-28 所示。

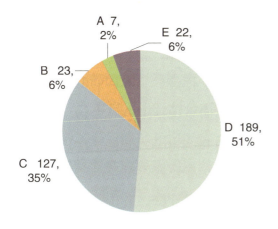

图 6-27 预警重载台区行政分布

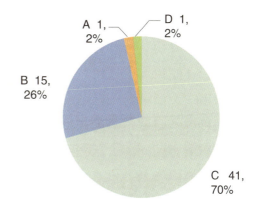

图 6-28 预警过载台区行政分布

6.6　配网低电压在线监测分析

配网供电能力与用电需求水平的矛盾较为突出，低电压现象直接影响了用户的用电质量。因此，为了保障电网安全运行，提升用户供电能力，亟须开展配电网电压情况分析监测，对相关的结果性、过程性指标和明细数据项进行日常监测及问题预警。

6.6.1　应用背景

根据居民主要家用电器设计标准，供电电压低于198V时部分家电不可用。在很多地区的一些老旧小区和远郊区县还存在着电压过低的情况。电压过低使用户家中经常出现跳闸等影响用电的现象，势必会影响到电力公司的社会形象。因此，如何对低电压现象进行监测、分析与控制，提高供电服务水平，成为亟待解决的问题。

为了满足电压监管要求和服务承诺，减少客户投诉，提高客户满意度，通过对公司低电压台区相关数据进行收集和分析，总结归纳导致台区低电压问题存在的主要原因，并根据原因制定合理的提升措施及投资改造计划。

6.6.2　实现设计

配网低电压在线监测分析应用以台区低电压现状为分析重点，对公司低电压台区地理分布、特征、原因和治理举措进行深入分析，明确低电压台区改造需求，合理制定低电压台区改造计划。如图6-29所示，主要从全省公用配变低电压用户、低电压台区情况进行在线监控。按照总体情况、分布情况、排名情况和投诉关联分析等展示低电压情况。并对配网公用配变用户端的低电压、公用配变出口端的低电压情况进行监测。

6.6.3　分析方法

如图6-30所示，数据分析结合低电压区间范围、地区特征、时段特性、电网结构、地区分布等，通过描述性统计、分类分析、关联分析等数据分析方

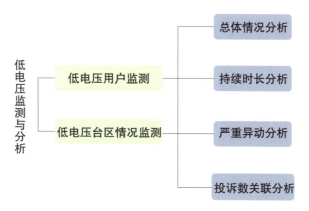

图 6-29　低电压监测分析功能

图 6-30　分析挖掘方法和模型示意图

法，对低电压台区现状进行系统性分析，为低电压台区改造和管理提出建议。

6.6.4　应用成效

（1）总体情况分析。

统计分析某省低电压用户、低电压涉及台区和低电压台区的总体情况，以及各地区低电压用户总数和占比、各地区涉及低电压台区数和占比。为制定运维和改造策略提供针对性建议。如图 6-31 所示。

图 6-31　总体情况分析

（2）持续时长分析。

统计分析低电压用户和台区的平均低电压持续时长，在低电压治理业务上使用，可以通过对比容易定位出超出和低于全省或者全市的平均低电压持续时长的低电压用户和台区的情况。如图 6-32 所示。

（3）严重异动分析。

统计分析最低电压低于 176V 的严重低电压用户数或台区数，并穿透分析发生严重异动的用户信息或者台区信息。在低电压治理业务上使用，能及时准确地针对严重低电压的用户的台区提出解决方案。如图 6-33 所示。

（4）投诉数关联分析。

统计分析低电压用户数和低电压投诉数，可以定位到在统计期内哪些单位有低电压相关的投诉，哪些单位的敏感度较高，在低电压治理业务上使用，可以为各单位确定低电压治理重点和投诉高风险区域提供建议。如图 6-34 所示。

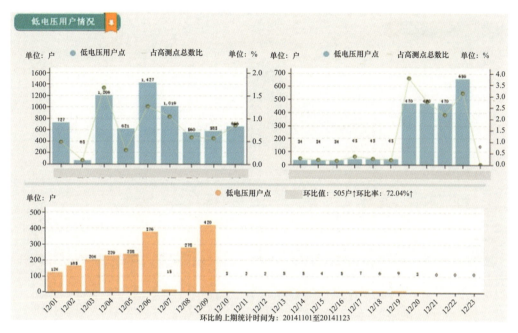

图 6-32　低电压用户情况

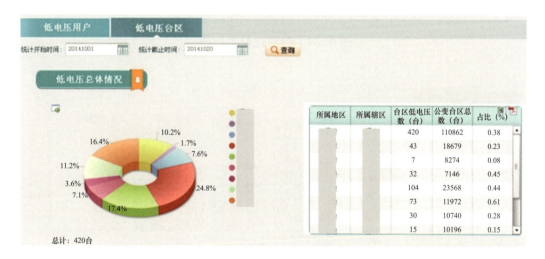

图 6-33　严重异动分析

（5）某省低电压排名情况。

统计分析某省低电压用户数或台区数的地市公司本部与县公司占比情况，并对该省前十名的县公司低电压用户数或台区数进行排名，在低电压治理业务上使用，能及时准确地定位到低电压严重的地区，及时提出解决方案。如图 6-35 所示。

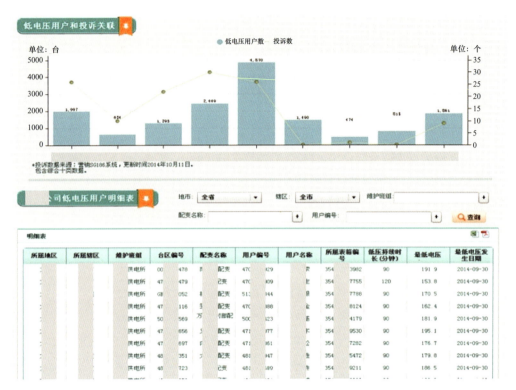

图 6-34 投诉关联数分析

图 6-35 低电压排名情况

为了聚焦客户感知，电力公司常态化开展配网电压情况分析，及时将发现的问题通知到相关部门，由相关部门对低电压台区进行现场核实，查找出详细原因，提出改造措施，消除低电压用户点和低电压台区。截至 2016 年 10 月，累计治理该省低电压用户点 203 122 个、低电压台区 9648 台。

6.7　配网全景监测及柔性分析

配电网是供电公司向多数用户提供能源服务的物质基础，其运营状况不仅影响公司的经济效益、同时也会对用户产生难以估量的社会效应。

6.7.1　应用背景

配电网的数据源在逻辑分布和物理分布上都比较分散，数据的采样、表达、存储、传输和交互方式难以统一，客观上，形成了大量的、相互封闭的信息孤岛。实际上，配电网的逻辑属性是一个相互关联的有机整体，来自任何一个信息孤岛上的数据都难以表征配电网的整体运营状况。因此，希望借助孤岛搭桥的方法实现不同系统间的数据嫁接以达到勾勒出配电网关键运营主线的目的，适应主动式配电网的发展要求，对配电网的弹性水平进行有效评估。

6.7.2　实现设计

首先获取应用所涉及的各项指标，包括用采系统、PMS、生产管理系统中电压、电流、功率、故障抢险、网架及设备台账等信息，进行融合、处理，形成基于市、县的负荷密度、网架关系拓扑等指标，并根据业务逻辑，将指标进行统计、归纳、分类等整理工作（见图 6-36）；然后基于聚类、分类等分析方法，并不断训练和完善数据，建立配电网系统的弹性模型（见图 6-37）；最后基于卫星实景地图结合地理数据展示搭建高精度多层级 GIS 地图（见图 6-38），实现地图的切换、交互，多维度全景展示。

6.7.3　应用成效

本应用已在某市运营监测（控）中心监控大屏中展示，已接入 2 个乡镇、

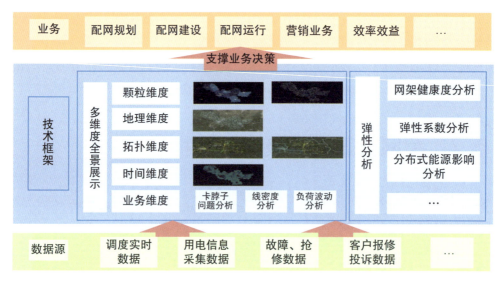

图6-36　总体框架图

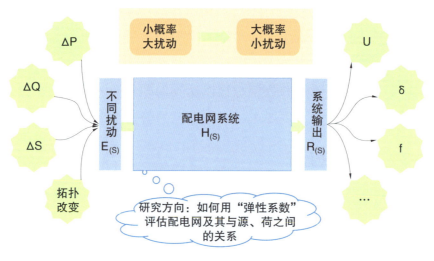

图6-37　弹性系数分析

23条主干线路、上百条子线路以及数千个上配变的分布和状态监测。实现了交互分析功能及基于电网拓扑关系的配备电，杆塔位置信息等功能，使指标呈现更加精准、明确。通过负荷柔性分析，结合运行控制方法，减少电力用户电费开支，降低能源消耗，对提高能源效率，提升对电力供应严重不足等突发状况的应对能力和恢复能力具有非常重要的意义。

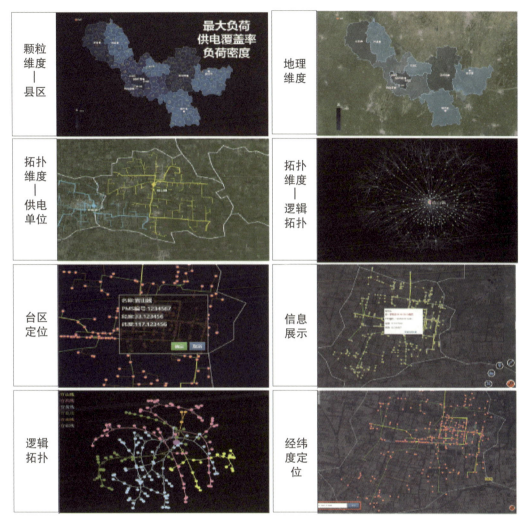

图 6-38　全景监测

6.8　业扩可开放容量智能研判

　　为用户提供优质的服务是电力企业进行市场开拓和增强影响力的重要手段，业扩可开放容量作为电力行业服务的前沿，直接影响着电力企业服务的水平。因此，提高业扩办理效率，努力和加强业扩的信息化水平是电力企业亟待解决的问题。

6.8.1　应用背景

业扩可开放容量智能研判是针对低压、高压用户的新增、扩容的申请进行智能决策。根据业扩业务的申请容量、用户类别、接入时间等信息，智能研判变压器、线路等设备的可开放容量是否满足新增业扩容量的接入需求，系统输出研判的依据和结论，辅助业扩报装方案编制，以提高配变设备的经济运行、减少人为因素的影响，提高业扩办理效率，构建"精简、透明、高效"的业扩报装服务新模式。

6.8.2　实现设计

利用用户用电行为特性以及分区域、行业、公变、专变中长期负荷预测成果，建立容量开放计算模型，利用容量、行业、电压等级分析配变、线路历史特性，结合历史气象信息建立业扩影响模型、气象影响模型。通过容量开放计算模型、业扩影响模型、气象影响模型、用户用电特性、配变和线路用电特性，预测用户、配变和线路未来一段时间的负荷，根据预测结果分析配变、线路的负载、容量等指标情况，研判配变、线路的负载、容量等指标是否允许用户接入，输出依据和结论。针对新增、扩容的业扩分为低压和高压用户进行分析，通过分析用户用电类别、所属行业的负荷特性及用户自身的负荷特性，结合拟接入设备的用电特性以及用电预测进行智能研判。

（1）用户用电特性分析，预测了某用户从 2015 年 10 月至 2017 年 10 月的用电趋势。如图 6-39 所示。

（2）设备用电特性，预测了该设备从 2015 年 10 月至 2017 年 10 月的最大负荷趋势和平均负荷趋势。如图 6-40 所示。

（3）根据业扩可开放容量趋势分析，得出"配变在无其他接入大户的情况下，该用户接入一年内，不会造成配变超负载，建议接入"的研判结论。如图 6-41 所示。

6.8.3　应用成效

推行电网容量可开放容量智能研判，辅助业扩报装方案制定，提高配变设

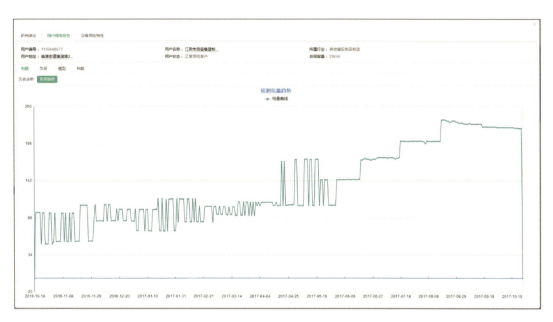

图 6-39　用户用电特性

图 6-40　设备用电特性

备的运行经济性和安全性，实现业扩报装服务便民、为民、利民。应用自投运后辅助研判 2212 个业扩业务，加强了业扩方案制定的数据支撑，大大提高了业扩业务的效率。

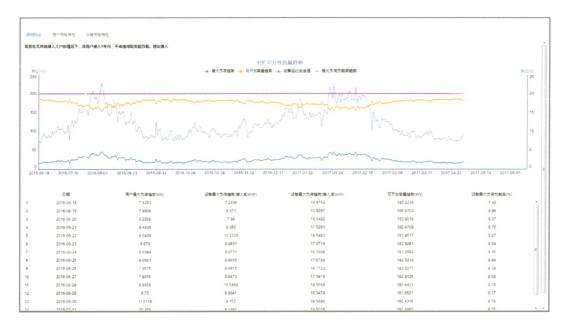

图 6-41　研判结论

6.9　基于随机矩阵的电网暂态稳定运行分析

电网暂态稳定运行分析是保证电网安全稳定运行的基础，如何提高其计算精度和计算速度始终是电力研究者努力的目标。随着电力工业技术的发展和电力负荷的增长，电网结构日趋复杂，电网数据规模快速增长。

6.9.1　应用背景

传统的基于能量的电网暂态稳定分析方法虽然取得了一定的应用效果，但电网是一种复杂的非线性动态网络，各个元件之间及其与外部影响因素间均存在耦合关联性，电网故障的作用机理也相对复杂。此外，物理模型的建立一般基于一定的假设和简化，对电网适用性较差。

因此，以随机矩阵理论为基础，结合时间序列分析，从整体上分析扰动对电网暂态特性的影响，并进一步量化分析扰动程度和对附近母线的影响，为大数据技术在电网暂态运行分析领域的应用提供了一种新的思路。

6.9.2　实现设计

电网暂态分析是保证电网稳定运行的重要手段。随着电网广域测量系统（WAMS）的发展，电网形成了具有时空特性的高维海量运行数据。传统的电网暂态分析采用物理模型，用严格的数学公式关联维度之间数据，这种模型不能充分利用海量电网运行数据，造成资源浪费。从数据驱动的角度，首先分析WAMS 数据的应用情况，考虑电网运行数据特点建立数据模型（见图 6-42）。然后利用随机矩阵理论（RMT）建立平均谱半径（MSR）评价指标，从整体上分析不同扰动对电网的影响（见图 6-43）。在整体分析电网运行状态的基础上，结合随机矩阵理论和时间序列分析（TES）建立量化评价指标，实现对扰动的影响程度分析和影响范围评估（见图 6-44）。最后，利用 IEEE39 系统验证其可行性和正确性。

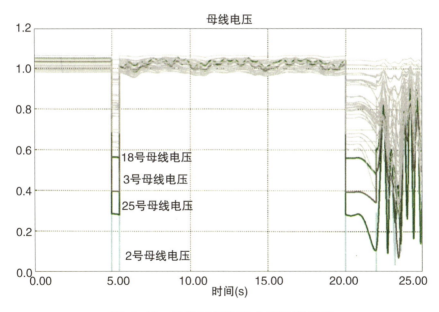

图 6-42　母线三相短路电压仿真结果

6.9.3　应用成效

根据当前电网实际情况，从数据驱动的角度，利用随机矩阵理论结合时间序列方法，评估分析电网暂态稳定运行状态，并通过算例仿真验证了方法的正

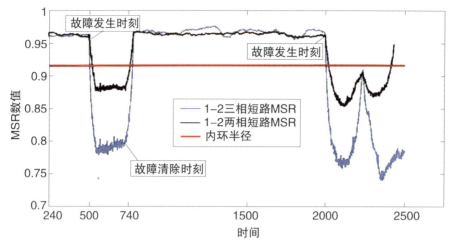

图 6-43　MSR 对比图

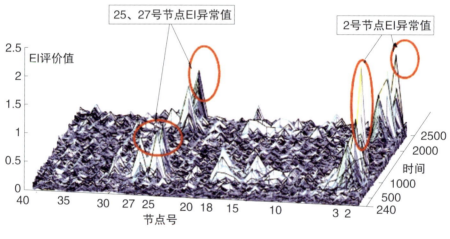

图 6-44　三相短路 EI 评价图

确性和可行性，主要得到以下成效：

（1）电网运行的海量数据有时空特性，利用随机矩阵理论分析电网运行数据具有可行性。将随机矩阵理论与时间序列方法相结合对电网运行海量数据建模，能够在一定程度上满足海量电网运行数据的时空特性，有较好的适用性。

（2）对比不同类型故障和不同地点故障，利用随机矩阵理论中的单环定理可定义 MSR，MSR 可从宏观上分析判断电网运行状态。结合时间序列方法分析样本矩阵的极限谱密度函数，并定义评价指标 EI，可量化分析结果，从

EI 评价图可直观得到受扰动影响最大的母线。

（3）EI 评价结果可评价系统受扰动影响的程度，并且在一定程度上反映扰动在系统的影响范围。

6.10　油浸式变压器顶层油温预警分析

6.10.1　应用背景

油浸式变压器的运行寿命及负载能力与其油温密切相关，而表征变压器油温的一个重要指标便是其顶层油温，所以对顶层油温的准确预测能够为估算变压器绕组热点温度及评估变压器安全运行和寿命提供辅助依据。该模型提出一种基于历史数据来预测未来三日变压器顶层油温的方法。

6.10.2　实现设计

采用气温、顶层油温、负荷数据，结合天气预报数据（温度、湿度、风速、降雨量）、冷却器运行工况，基于时间序列算法、多元线性回归算法，构建油浸式变压器顶层油温预测模型（见图 6-45），实现短期油温预警分析，对变压器未来 3 天的负荷和顶层油温进行预测，并按照电压等级、运维单位，对顶层油温预测数据按照不同的状态进行统计分析（见图 6-46），展示油温状态为"危急"（超过 90℃）、"严重"（75℃～90℃，或温升超过 50℃）、"注意"（50℃～75℃）、"正常"（50℃以下）的变压器数量。

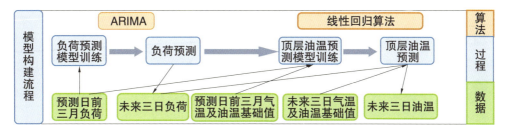

图 6-45　模型构建流程

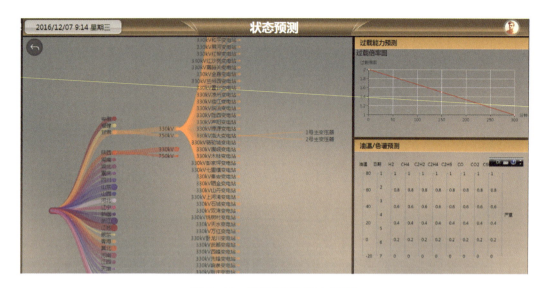

图 6-46　顶层油温状态预测

6.10.3　应用成效

在运行检修基础数据不断积累的前提下，利用大数据分析技术，分析设备运行的海量数据，能对检修工作进行有效预测和数据支持，进一步提升设备运行管理水平，为运行检修科学决策提供可靠的数据依据，该模型分析成果已应用到运检智能分析管控系统状态监测模块。

6.11　输变电设备疑似家族性缺陷分析

6.11.1　应用背景

国家电网公司生产管理系统经过多年的运行，积累了大量高价值多种类的设备运行状态事实数据。利用大数据分析技术，基于国家电网公司范围内的同厂、同型号、同批次电网设备运行状态大数据样本，对输变电设备运行状态数据进行分析，分析同厂、同型号、同批次发生某缺陷时与设备故障、试验、状态评价等数据的关联性，以甄别输变电设备疑似家族缺陷，进一步对输变电设备家族缺陷进行认定，得出家族缺陷认定结论并提出处理意见，为业务部门对家族缺陷的认定和处理提供有效的手段和量化数据的支撑。

6.11.2　实现设计

根据设备台账、缺陷情况、故障情况、试验诊断报告或解体检查情况等数据认定设备家族缺陷，采用文本挖掘技术，对海量缺陷内容信息进行分词，提取设备重要缺陷特征（见图 6-47），形成设备缺陷特征词云图（见图 6-48）。同时，为设备家族缺陷辨识提供辅助依据。基于分类算法（决策树、KNN 分类、朴素贝叶斯等）、聚类算法（k-means）等，计算设备缺陷内容的相似性，为设备缺陷进行打标签，实现同一厂家、同型号、同种类型缺陷的数量（数量 ≥5 个，可判断为疑似家族性缺陷）的多维分析（见图 6-49），为设备家族缺陷辨识提供辅助依据。

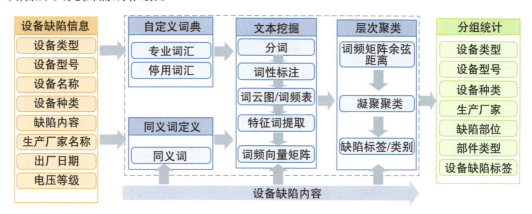

图 6-47　技术路线

图 6-48　设备特征词云图

缺陷类别	SIEM... 3AP1... 30504..	北京ABB高压开关设备有限公... LTB145D1/B 30504..	30504..	30504..	30504..	北京华东森源 ZN63A-12 32200..	32211..	成都旭光电子 VS1-1.. 32200..	ZN-12.. 32211..	江苏 VD4M.. 32211..	江苏 LW16.. 30504..	江苏 LW9-.. 30504..	平高 LW34.. 30504..	山东 LW8-.. 30504..	山东泰开中压 LW8-35AG 30504..	30504..
断路器-SF6-气体-漏气																
断路器-分合闸-计数据-故障													5			
断路器-分合闸-指示-不正确	6	12									5				5	
断路器-基础-下沉			9											11		
断路器-接地线引下线-松动		8														14
断路器-控制回路-断线						5	6		8	8						
断路器-门锁-损坏								6								
断路器-切实换开关-失灵				6												
断路器-液压机构-渗油																
断路器分合闸线圈-烧毁													7			

图 6-49　设备同类型缺陷数量分布

输变电设备疑似家族性缺陷分析模型输出结果为同一厂家、同型号、同种类型缺陷的数量，参照业务规则判别是否为疑似家族性缺陷设备。同时，利用图表可视化技术、GIS 可视化技术等，实现输变电设备疑似家族性缺陷设备的多维展现。

（1）按照设备类型、设备型号、生产厂家等字段对已经识别的疑似家族性缺陷进行筛选、查询，同时地图上联动展示已辨识的疑似家族性缺陷设备在各单位的分布（见图 6-50）。

图 6-50　缺陷设备各单位分布

（2）通过地图热点链接各单位对应的疑似家族性缺陷设备详细信息，实现对已辨识疑似家族性缺陷设备信息的向下钻取，实现对疑似家族性缺陷设备的反找（见图 6-51）。

图 6-51　缺陷设备详细信息

6.11.3　应用成效

基于 PMS2.0 设备缺陷信息，开展"输变电设备疑似家族性缺陷分析"工作，共完成包括主变压器、断路器、隔离开关等 14 类设备缺陷分析，共定义电力行业专业词汇 5192 个，停用词汇 5675 个，同义词汇 850 个，共辨识输变电设备疑似家族性缺陷 89 个（包括设备本体缺陷和附属设施缺陷）。

6.12　配农网台区综合评价分析

6.12.1　应用背景

随着城镇化建设及智能电网用电需求的增长，配电网一直在不断地改造和扩建，其规模也在不断扩大，国家电网公司系统内大多数县级以上配电网的规模都已达到百条馈线以上，一些中、大型城市的中压馈线已经达到甚至超过千条。通过建立配农网台区可视化综合评价模型来科学评价配农网的运维管理水平，解决配农网运维管理中心存在的诸多问题。而随着可视化技术的不断发展，可视化分析亦能显著提高分析人员的工作效率，提升问题异动分析的精准度，促进配农网管理的规划、运维、建设一体化。

6.12.2 实现设计

在构建配农网台区综合评价模型的基础上，运用大数据可视化技术构建配农网台区可视化地图，实现配农网台区的可视化综合评价和关联分析（见图6-52），全面提升配农网运维效率及精益化管理水平。

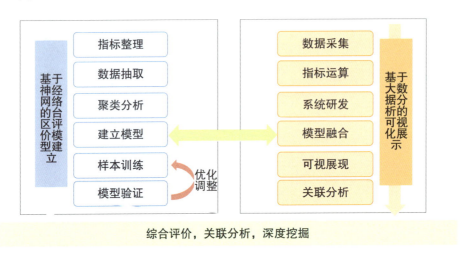

图 6-52 总体研究思路

（1）基于神经网络的配电网台区评价。

从运维管理的纬度着手，利用数据收集、数据清洗、聚类分析、指标提取、主客观权重动态自适应以及神经网络等方法建立配网台区综合评价模型（见图6-53），并利用可视化技术对评价结果进行多维立体展示，让工作人员快速定位问题，找出问题台区，从而对配网线路、变电站及整个台区的运维状态充分把握，提升问题异动分析的精确度，促进整体配网运维与规划。

（2）基于可视化分析的配电网台区评价。

从系统架构设计、开发及部署等三个方面设计和开发基于大数据的配电网台区评价系统（见图6-54），实现对原始数据、数据接入、指标计算、分析过程、评价结果的综合展示，能对当前数据和历史数据提供便捷的人机交互查询能力，从而实现区县、变电站、供电所、台区等不同维度全方位的立体展现（见图6-55）。

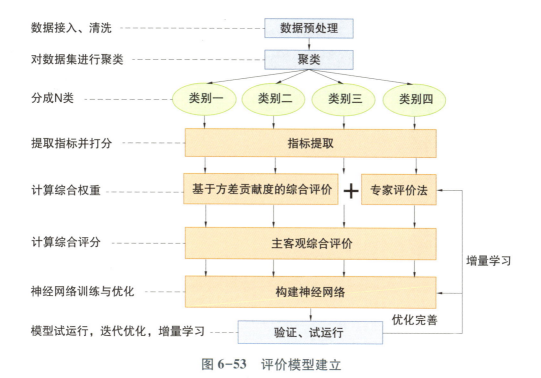

图 6-53　评价模型建立

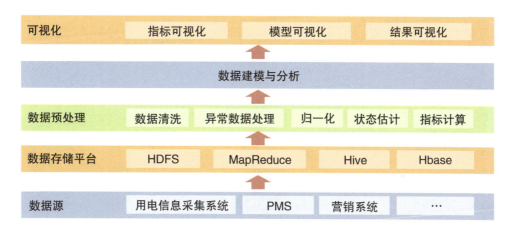

图 6-54　可视化系统框架

6.12.3　应用成效

本应用基于 2016 年全年及 2017 年至今的功率数据，对某市 4 万多公变进行了综合评价，并对其中排名靠前及靠后的若干公变进行了实际验证，评价准确率达到 95% 以上，帮助现场运维人员，快速定位问题、解决问题，有效提高

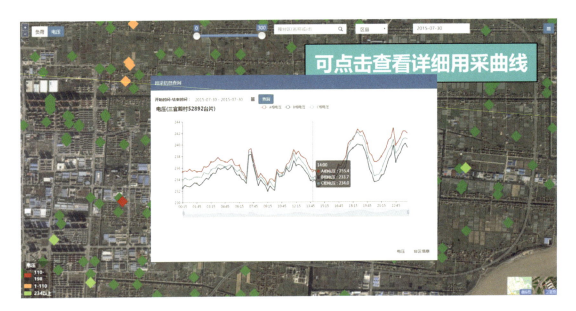

图 6-55   台区评价截图

了配网运维管理水平。同时，本应用基于 GIS 的可视化系统，对原始数据、指标数据及评价数据进行了全方位多维立体展示，为配电网管理提供决策依据，满足可视化分析的目标。依据评价结果，分析定位原因，指导配电网规划，例如重载轻载的分布，变电站的选址等问题，使用科学的方法来解决配电网规划中的各种问题，为领导层提供辅助决策支撑。

第 **7** 章　企业经营管理
大数据应用实践

电力企业的经营决策需要大量的生产和经营报表支撑，需要跨单位、跨专业、跨业务进行数据分析与挖掘，并以多种方式实现用户友好的数据可视化效果。传统企业经营管理数据的分析利用主要采用商务智能（BI）工具，以多维度、易理解的方式呈现数据视图，为企业的各种经营活动提供决策信息。但由于电网规模的不断扩大，以及电力体制改革的不断深入，电力企业经营管理数据呈现急速增加的趋势，传统的商务智能处理方式已经不能满足电力企业大数据处理及时性和分析展示智能化可视化的要求。因此，电力企业需要改变以往企业经营管理数据的处理与分析方式，转而研究并应用大数据技术来有效管理、处理、分析企业经营管理大数据，基于对企业经营管理大数据的分析为企业管理者提供改善企业经营管理水平，降低管理成本，提高企业效益的决策建议。

7.1　配网投入产出综合效能分析

配网投资决策分析建立了科学全面的配网投入产出评价分析指标体系，以A+、A、B、C、D 五类供电分区作为差异化评价视角，以市、县、供电区域三级作为评价单元，并通过整合运检 GPMS 系统等 4 个系统数据，结合可视化界面展现和数据挖掘的信息化手段，形成直观的、量化的、常态化的评价分析模式，实现了更加系统、平衡、综合的投资效能评价，有效地解决了配网投入产出成效模糊不清问题，并为配网资源的科学合理配置提供辅助决策支撑，有助于科学、合理、精准安排配网投入，推动公司综合效益稳步提升。

7.1.1　应用背景

近年来随着某些地区经济结构由工业化逐步向消费化转变，居民和商业用电负荷占比逐年提高，电网的投资重点也相应从主网转向配网。随着配网投资比重逐年加大，配网投资管理的短板日益凸显。某省级电力公司深入调研发现目前配网投资存在以下问题：一是投入效果不理想，配网项目实施后，项目立项之初拟重点解决的转供电、低电压、客户投诉等问题仍未得到有效改进。二是投资结构不平衡，配网负载不均衡问题普遍存在，有些设备重过载导致资产寿命偏短，有些设备轻载导致设备利用率偏低，影响电网资产回报。三是负债率压降不明显，售电量中低速增长成为常态，公司盈利水平的持续增长面临压力，资产负债率逐年攀升，如果不优化配网投入产出水平，公司的经营压力将进一步加大。四是精益管理手段不足，当前配网投入产出的成效模糊不清，缺乏科学、量化的评价方法。

7.1.2　实现设计

某省级电力公司创新开展了配网投入产出评价工作，通过建立区/县、供电区域级配网投入产出评价模型，量化分析配网投入的效率、效果和效益，引导各单位主动筛选投入产出较高的配网基建项目，将配网投入产出的评价分析列入公司年度管理重点，为省公司和地市公司配网投资管理提供量化的辅助决策信息。

（1）提供一个更加全面的配网投入产出评价视角。

相对于传统的以售电量作为产出、以资本性投资作为投入的配网投入评价视角而言，配网投入产出评价主题借鉴国际通用的公共服务价值模型（Public Service Value，PSV），分别从投入和产出角度进行改进。

（2）形成一套科学合理的配网投入产出评价方法。

配网投入产出评价主题构建了一套以供电区域为单元，根据各供电分区的特性进行差异化评价，综合考量现状与增量变化的较为科学合理的配网投入产出评价方法。

（3）搭建一个立体综合的配网数据集中管理平台。

配网投入产出评价主题横向综合各系统数据，纵向穿透各层级单位，从而搭建了一个立体综合的配网数据集中管理平台。

（4）实现一种科学有效的配网投资管理系统支撑。

配网投入产出评价主题有效地解决了配网投入产出成效模糊不清问题，并为配网资源的科学合理配置提供辅助决策支撑，有助于科学、合理、精准安排配网投入，推动公司综合效益稳步提升。

配网投入产出主要根据配网投入产出评价的管理要点和省、市、县三级应用需求，设计开发了涵盖全省概览、地市分析、区县分析、指标敏感度分析和体系说明 5 个层次的 21 个可视化页面。各层次管理人员和执行人员可根据自身需求，对相应层次单位的配网投入产出绩效做评价分析。架构图如图 7-1所示。

图 7-1　配网投入产出分析架构图

7.1.3　分析方法

1. 建立更加科学的配网投入产出评价指标体系

配网投入产出评价主题借鉴国际通用的 PSV 并进行了相应的改进。在投入角度方面，配网投入产出评价主题综合各供电区域上一年的资本性投资和运维成本（细分为运维检修成本、折旧费与人工成本）作为投入水平分析内容，并以上年末配网净资产规模做标准化处理，创造了标准统一的单位配网资产投入指标，再与全省平均单位配网资产投入水平做对比，最终确定单一供电区域的配网投入水平。在产出角度方面，在围绕公司领导管理需求，整合运检部、营销部、财务部、人资部等业务部门专业意见的基础上，配网投入产出评价主题设计了涵盖电网安全、服务效能、经济效益三大领域 11 个产出指标的综合产出评价体系，相对于传统以售电量作为单一产出衡量指标，配网投入产出评价主题更加全面、综合。

综合效能由两大部分组成，一部分是衡量配网运营成果的各个产出项，由 11 项产出指标得分加权求和构成，既包括经济效益，也包括对社会安全和公共服务带来的贡献，从而全面反映出公共事业单位投入公共资源所带来的真实产出；另一部分是配网投入，由历年配网存量资产和当年配网资本性投资及运维成本构成，并考虑配网资产规模进一步归一化形成投入得分。如图 7-2 所示。

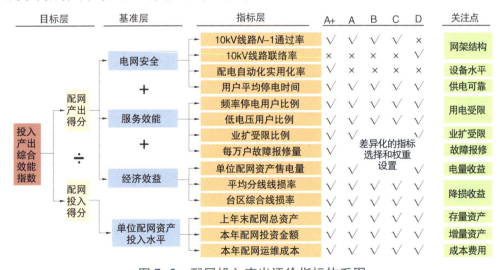

图 7-2　配网投入产出评价指标体系图

2. 完善配网投入产出评价方法

一方面，配网投入产出评价主题以"某省配电网供电区划分图"为依据，综合考虑行政级别划分、负荷密度、可靠性需求和用电水平等因素，划分出不同的供电类型区域，并结合行业标准和业务实际分类选取不同评价指标、制定差异化的评价标准，开展差异化的配网评价。另一方面，在差异化评价各供电区域各项产出指标得分时，配网投入产出评价主题采用 Min-Max 标准化（离差标准化）的改良方法对指标值进行统一评分，同时，针对每个指标值评分既考虑现状评价，又考虑了当年指标提升程度，二者四六开，以促进各单位提升配网投入产出效能的积极性。具体处理过程如下：

（1）指标数据标准化处理：对于指标体系来说一方面需要量化各项指标的评分，另一方面需要确定各项指标在整个指标体系中的权重。

指标体系中表征不同运营能力的各项指标在数值单位（%、万 kWh、万元等）、方向（正向、负向）和离散度上都存在差异。为了使用多指标进行评价，须对指标值进行标准化计算。标准化方法如图 7-3 所示。

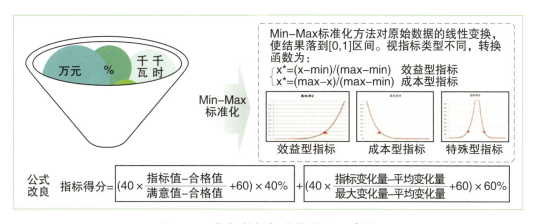

图 7-3　指标数据标准化处理示意图

某省级电力公司对指标计算公式进行了改良，既考虑现状评价，又考虑了当年指标提升程度，以促进各单位提升配网投入产出的积极性，二者四六开。指标存量评分：参照该指标的专业满意值和合格值，达到合格值得 60 分，达到满意值得 100 分，最低 0 分；指标增量评分：参照考核年全省增长平均水平和最优水平进行评价，达到平均水平得 60 分，达到最优水平得 100 分，最低

0 分。

其中指标的满意值和合格值是通过测算全省 A+、A、B、C、D 各类配网的全样本数据，并结合各部门业务要求，分别设置五类配网供电区域所有产出评价指标的满意值和合格值。见表 7-1。

表 7-1   指 标 评 分 表

指标名称	用户平均停电时间	指标单位	分钟	责任部门	运检部
指标定义	1. A+用户平均停电时间=年度用电时间−低压供电可靠率×年度用电时间； 2. ABCD用户平均停电时间=年度用电时间−中压供电可靠率×年度用电时间				
评分方法	指标评价包括两部分：指标存量评价和指标增量评价，其中存量评分比重占40%，增量评分比重占60%。 　　指标存量评分：参照该指标的专业满意值和合格值，达到合格值得60分，达到最优值得100分，最低0分。 　　指标增量评分：参照考核年全省增长平均水平和最优水平进行评价，达到平均水平得60分，达到最优水平得100分，最低0分。 　　指标评分=指标存量评分×40%+指标增量评分×60%				

供电区域类型	是否适用	指标合格值	指标满意值
A+类	×	289.1	52.6
A 类	√	525.6	52.6
B 类	√	788.4	194.5
C 类	√	1681.9	436.2
D 类	√	2522.9	714.8

按此评价标准，如某单位 B 类供电区域停电时长为 736 分钟，去年同期值为 755 分钟，比去年同期降低 19 分钟，全省 B 类供电区域平均减少 13 分钟，最多减少 25 分钟。指标评分过程如下：

$$指标得分 = \left(40 \times \frac{788 - 736}{788 - 195} + 60\right) \times 40\% + \left(40 \times \frac{19 - 13}{25 - 13} + 60\right) \times 60\%$$

$$= 63.5 \times 40\% + 80 \times 60\%$$

$$= 25.5 + 48 = 73.5$$

（2）各供电分区指标权重分配。

项目采用客观法和主观法相结合的模型设置指标权重，主要使用德尔菲法、AHP 法、变异系数法、熵权法四种计算方法分别求计算指标权重，得到四组权重数据，再使用组合赋权方法得到一组组合权重。指标权重值在一定时期内是相对稳定的，但随着用电需求变化或电网发展，考核的权重可能偏移，需要对权重的适用性进行辨识，如果不满足要求，需重新计算权重值。

最终通过组合权重赋权法得到的各供电分区指标权重见表 7-2。

表 7-2　　　　　　　　　　　　　　指 标 权 重 分 配 表

评价维度	指标名称	A+		A		B		C		D	
电网安全	10kV 公用配电线路 N-1 通过率	11%	34%	15%	32%	15%	31%	15%	30%	—	29%
	10kV 线路联络率	—		—		—		—		15%	
	配电自动化实用化率	11%		—		—		—		—	
	用户平均停电时间	12%		17%		16%		15%		14%	
服务效能	频繁停电用户比例	10%	38%	9%	37%	8%	36%	7%	35%	7%	35%
	低电压用户比例	6%		6%		7%		8%		9%	
	每万户故障报修量	9%		9%		8%		7%		6%	
	业扩受限比例	13%		13%		13%		13%		13%	
经济效益	单位配网资产售电量	7%	28%	9%	31%	9%	33%	10%	35%	10%	36%
	单位配网投资增售电量	10%		10%		11%		11%		11%	
	平均分线线损率	5%		6%		6%		7%		7%	
	平均台区线损率	6%		6%		7%		7%		8%	

7.1.4　应用成效

通过建立科学的评价指标体系、完善配网投入产出评价方法，对电力公司的配网投资进行精细化管理，取得了良好的效果。该评价体系和评价方法适用于各单位多角度、分层级评价分析本单位配网投入产出绩效，并辅助开展短板指标分析和改进工作。同时配网投入产出评价结果也可为经研院和各单位（财务部、发展部、运检部、营销部等业务部门）配网科学合理安排投资计划和有效配置资源提供有效的信息化支撑。

7.2　电费回收风险预测分析

客户用电风险预警分析主要是从客户电费回收风险入手，从营销系统获取客户历史的用电及缴欠费行为数据，对客户的缴欠费特征及影响因素等方面进行分析，寻找导致欠费的根本原因，并运用决策树等算法构建模型，对客户乃至整个行为未来发生欠费风险进行预判，并采取差异化的电费回收策略和预防措施，保障企业的电费收入，有效控制企业经营风险。

7.2.1　应用背景

为提高电费管理水平，及时有效地对欠费客户进行催缴，减少电费拖欠现象，建立电费回收风险预测模型，为供电公司电费管理人员提供高欠费风险用户清单，及时进行催缴。由于电费风险主要产生于不断变化的客户信用风险和市场环境水平，针对电力行业用户类别的特征，对居民和非居民分别建立预测模型，可以有效地提升电费管理人员的工作效率。

7.2.2　实现设计

模型应用整体架构设计：模型的构建主要涉及数据采集和清洗、特征变量分析和特征子集的构建、模型算法的选择等过程，如图 7-4 所示。

1. 制定数据采集方案

电费回收风险预测模型采集的数据是以某省级电力公司某年某月用户缴欠费情况为基准，从次月开始逐月跟踪，观察每月的缴欠费情况，积累至少一年的用户每月缴欠费情况数据，力求发现欠费的规律，识别客户欠费风险规律。

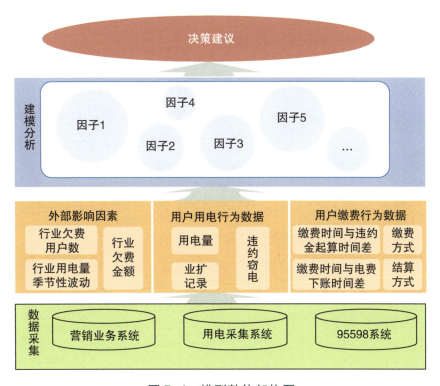

图 7-4 模型整体架构图

2. 客户类别定义

通过对用户的缴欠费信息进行统计分析，并结合电力营销部门的业务规则，根据实际情况定义不同用户类别（如"好客户"和"坏客户"），对用户数据进行标签化处理。

3. 模型特征变量分析及算法选择

对用户的缴欠费信息进行分析，剔除对用户缴欠费情况影响不大的特征变量，提高分析模型的准确度和运行效率，选择适合业务数据及应用条件的算法，提高模型构建的可行性。

7.2.3 分析方法

1. 数据采集方案

本次电费回收风险预测模型采集的数据是以某省级电力公司 2012 年 9 月份用户（不包含已销户用户）数据为基准，从 2012 年 10 月份逐月跟踪，观察每月的欠费情况，直至 2013 年 9 月份，形成样本宽表。

数据采集时间窗规划如图 7-5 所示。

图 7-5 数据采集窗口图

对所有这些用户，从数据库中采取以下可能与用户欠费相关的属性进行分析，共分为以下 8 大类属性，如：用户基本信息、用电量信息、缴费信息、违约信息、罚金金额、业务信息、渠道沟通信息、目标变量信息。

2. 数据理解和探索

（1）"坏客户定义"。

全省在 2012 年 10 月至 2013 年 9 月欠费客户比例达到 31%，其中居民客户欠费比例达到 28%，非居民客户欠费比达到 53%。但并不是所有的欠费客户都是我们关注的"坏客户"，一些偶发性的欠费且金额较小客户不应是我们关注的重点，另外，居民与非居民的"坏客户"标准应该是不一样的，因此，我们对居民和非居民用电制定不同的标准识别"坏客户"。

1）定义居民用电"坏客户"。

分别通过分析欠费次数和欠费金额来尝试定义"坏客户"。最终，根据居民用电金额和欠费次数情况，采取了"二八分位""七五分位""平均值法"等方法进行统计分析，将居民"坏客户"定义为：用户"欠费次数≥3 且欠费金额≥400"。见表 7-3。

表 7-3 居民用电"坏客户"定义

条 件		用户数	占欠费客户比	占全量客户比
欠费次数	欠费金额（元）			
≥3	≥400	620 420	18.03%	5.06%

2）非居民用电"坏客户"。

同样的，分别通过分析欠费次数和欠费金额来尝试定义"坏客户"，根据非居民用电欠费情况，采取了"二八分位""四六分位""平均值法"等方法进行统计分析，将非居民"坏客户"定义为：用户"欠费次数≥2 且欠费金额≥10 000"。见表 7-4。

表 7-4　　　　　　　　　　　　　非居民用电"坏客户"定义

条　　件		用户数	占欠费客户比	占全量客户比
欠费次数	欠费金额（元）			
≥2	≥10 000	67 477	7.14%	3.82%

最终，根据居民与非居民对"坏客户"定义标准，选择参与建模样本客户。

3. 模型特征变量分析及算法选择

（1）算法选择。

决策树算法是机器学习的经典算法之一，它既可以作为分类算法，也可以作为回归算法，同时也特别适合集成学习比如随机森林。经过分析发现，电费回收模型的自变量较多且自变量与因变量的关系属于非线性关系，因此，我们采用决策树算法来构建电费回收模型。

（2）特征变量分析。

针对居民用户和非居民用户的特点，我们分别进行特征变量分析，剔除不适用于模型的变量，构建特征变量子集。

1）居民用户。经过数据理解和数据探索过程的开展，数据属性从原始的 85 个待分析属性精简为 51 个，包括用户基本信息、缴费信息、违约信息、罚金金额等。

2）非居民用户。同理分析非居民用户特征变量，最后数据属性从原始的 85 个待分析属性精简为 52 个，包括用户基本信息、用电量信息、缴费信息、违约信息、罚金金额等。

7.2.4 应用成效

该项目主要采用了混淆矩阵、提升度等指标来评估模型的效果，同时，我们还用逻辑回归模型作为对照，横向对比不同算法模型的识别效果。结果如下：

1. 居民用户预测模型结果评估

（1）混淆矩阵。见表7-5。

表7-5　　　　　　　　　　模型结果评估（混淆矩阵）

逻辑回归预测结果	数据集1		数据集2	全量样本
	训练集	测试集		
查全率	0.79%	0.82%	0.86%	0.83%
查准率	28.97%	28.56%	29.74%	29.28%

决策树预测结果	数据集1		数据集2	全量样本
	训练集	测试集		
查全率	5.54%	5.32%	5.24%	5.35%
查准率	62.19%	58.91%	58.53%	59.70%

模型结果比较。

根据两种方法建模的结果的对比可以看出，决策树预测结果：查全率在5%左右，查准率在60%左右；而逻辑回归预测结果：查全率只为0.8%，查准率为29%。决策树预测的结果明显好于逻辑回归预测结果。

结论：从以上样本集合评估结果来看，我们采用决策树算法构建的模型效果和稳定性都有较好的表现。

（2）提升度。

利用全集数据对决策树和逻辑回归模型进行提升度评估分析，其百分位评估图如图7-6所示。

图7-6中，在上的线条（红色）表示决策树的提升图，在下的线条（蓝色）表示逻辑回归的提升图，从图中可以看出，决策树的提升度要高于逻辑回归的提升度，说明决策树的预测效果更好，这与上述分析得到的结果是一致的。

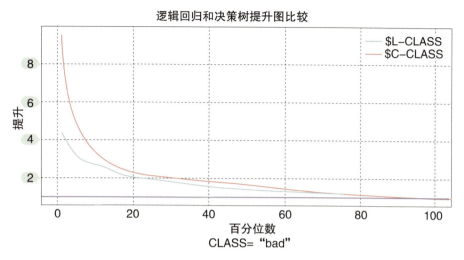

图 7-6　提升度曲线对比（居民）

利用数据集 2 对决策树模型进行提升度评估分析，其百分位评估结果见表 7-6。

表 7-6　　　　　　　　百分位评估结果（居民）

数据集 2				
得分排名（从前往后按百分比）（%）	客户数	坏客户数	占比（%）	提升度
5	306 500	76 271	24.88	4.917 886
10	613 001	104 736	17.09	3.376 636
15	919 502	127 881	13.91	2.748 545
20	1 226 002	148 033	12.07	2.386 255
25	1 532 503	163 087	10.64	2.103 137
30	1 839 004	183 756	9.99	1.974 733
35	2 145 504	206 560	9.63	1.902 683
40	2 452 005	227 724	9.29	1.835 426
45	2 758 506	247 859	8.99	1.775 744
50	3 065 007	258 508	8.43	1.666 833
55	3 371 507	263 025	7.80	1.541 78
60	3 678 008	266 800	7.25	1.433 582
65	3 984 509	271 604	6.82	1.347 134

续表

数据集 2				
得分排名（从前往后按百分比）（%）	客户数	坏客户数	占比（%）	提升度
70	4 291 009	276 133	6.44	1.271 769
75	4 597 510	281 334	6.12	1.209 342
80	4 904 011	286 847	5.85	1.155 975
85	5 210 511	291 866	5.60	1.107 013
90	5 517 012	297 522	5.39	1.065 773
95	5 823 513	303 328	5.21	1.029 383
100	6 130 014	309 985	5.06	0.999 375

（3）结论。

从提升度表和提升度图的结果可以看出决策树模型的提升效果明显，且提升度在测试集和全集数据上表现一致，模型具有较好的稳定性和适用性。特别的，风险概率得分前 5% 的用户提升度能达到 4.92 左右。

2. 非居民用户预测模型结果评估

模型评估方法同居民用户分析方法。最终从提升度表和提升度图的结果可以看出决策树模型的提升效果明显，且提升度在测试集和全集数据上表现一致，模型具有较好的稳定性和适用性，值得注意的是风险概率得分前 5% 的用户提升度能达到 9.5 左右。

3. 效益总结

根据建立的用户用电回收模型，将所有用户进行风险预测，得到相应的风险分数，并将风险分数从高到低进行排列，划分不同风险等级（高、中、低）的客户，基于划分的风险等级对不同类型的客户采用不同催收频度和不同的催费方式，有效提高了电费回收率。

7.3　物资库存物料动态特征分析

随着电力公司对物资新业务的不断深化推进，对物资业务管控监测提出了新的要求，通过开展物资供应及时情况监测分析模型开发与应用，全面梳理和分析目前公司物资供应链条,对照管理要求或考核标准,针对可能出现的及时性、合规性以及效率、成本管控等关注点设计监测模型和阈值,实现对物资供应及时情况风险的深度监测和分析,持续加强规范管理、防控风险,全面加强公司生产经营活动所需物力资源的全过程管控,为物力集约化管理顺利推进提供保障。

7.3.1 应用背景

目前,供应计划到货及时性缺乏合理有效监测手段,导致供应计划变更频繁,与实际计划交货时间偏差较大,出现问题前端各部门互相推诿,通过对供应计划及时情况的风险监测,可以实现对供应管理的事前、事中和事后控制,对到货不及时供应计划进行变更原因分析,找出问题环节,落实责任部门,防控风险,提高供应计划准确性和及时性。

7.3.2 实现设计

物资供应及时情况监测通过对供应计划及时情况的预警、整体情况展示、不合理数据分析,实现对供应数据的事前、事中和事后控制。

(1)数据接入:从 ERP 系统接入供应计划数据、采购订单到货数据、合同数据和供应计划变更数据等构建数据模型需要的数据。

(2)模型构建:基于接入的供应计划数据、到货数据以及供应计划的变更原因数据,实现物资供应情况预警模型和物资供应数据不合理性分析模型构建。

(3)前台展示:基于物资供应情况预警模型和物资供应数据不合理性分析模型,实现物资供应整体情况、物资供应不及时预警、物资供应数据合理性分析等页面展示。

架构图如图 7-7 所示。

其中,模型构建方面是根据出库信息、电网设备现状、项目规划等信息,建立物资消耗情况预测模型,根据预测结果,综合供货周期、供应商供货能力、仓库容量及位置等信息,建立安全库存决策模型。由物资消耗情况预测模型和安全库存决策模型共同构成安全库存预估模型。

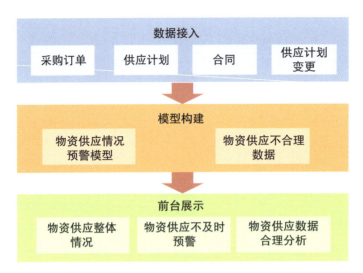

图 7-7　物资决策分析架构图

7.3.3　分析方法

（1）供应数据整体情况和预警分析判定条件：

物资供应及时率＝及时到货金额/供应计划总金额×100%。

及时到货金额：比对入库凭证输入日期（产生入库凭证日期）与确定交货日期时间差是否在正负 30 天内判定供应计划到货是否及时，汇总及时到货的供应计划金额。

供应计划总金额：确定交货日期在统计区间的供应计划金额。

（2）供应数据不合理分析判定条件，见表 7-7。

表 7-7　　　　　　　　数据不合理分析判定条件表

数据不合理情况	逻　辑
入账日期早于合同生效日期	入账日期<合同签订日期
验收日期晚于入账日期	验收日期>入账日期 或者 入账日期不为空但验收日期为空
入账日期晚于输入日期	凭证输入日期<入账日期 或者 入账日期不为空但输入日期为空
入账日期早于输入日期 10 天以上	输入日期−入账日期>10

（3）供应计划预警判定方法。

供应计划预警需要对仓储情况进行评估，而预估库存物资的需求是进行仓储优化的基础，模型采用基于 SVM-SBL 的概率式预测方法对各个周转库辖区的物资需求进行概率预测，并基于此概率结果提前一个月对确定交货期在下一个考核区间的供应计划进行未到货预警，如图 7-8 所示。

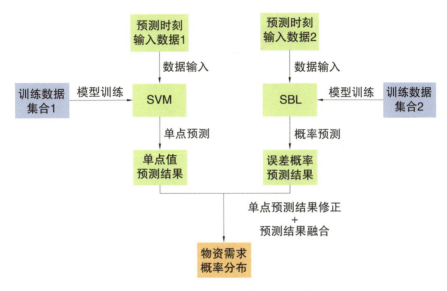

图 7-8 物资需求概率预测架构图

训练数据集合 1 包括：历史记录中中转站所辖区域内电网规模指标、健康度指标及其对应的物资需求记录等。训练数据集合 2 包括：SVM 预测误差历史数据。预测输入数据 1 包括：中转库所辖区域内电网规模指标、健康度指标（见图 7-9）等。预测输入数据 2 包括：SVM 预测误差历史数据。单点值预测结果为：中转库所辖区域物资需求预测值。SVM 误差概率分布预测结果为：单点值预测所得物资需求的误差范围及概率分布。

为保证安全库存预估模型的科学性、有效性、先进性和可执行性，建立多准则评价模型，从安全角度和经济角度对库存状况进行评价。通过假设检验，方差分析，回归分析，逻辑回归，支持向量机，神经网络，稀疏贝叶斯等算法建立物资消耗情况预测模型、安全库存决策模型和多准则评价模型等数学模型。最终结果以仪表盘的形式展示，如图 7-9 所示。

图 7-9 库存综合健康度仪表指示盘

7.3.4 应用成效

通过大数据技术的应用，缩短库存物资存储周期、加速库存物资周转，降低仓储成本，提升仓储管理效率和效益。具体价值体现在以下几方面：实现跨专业、跨系统、跨部门的海量信息真正意义共享；通过汇聚，整体分析单独存在的海量数据，有效提高物资仓储决策能力；创新库存物资管理模式，提高库存优化管理潜力；有效整合数据，构建系统化仓储数据体系。通过开展物资供应计划及时情况实时监测，物资的相关指标都得到了一定的提升，尤其是物资供应节点业务的及时性、合规性得到了很大改善。

7.4 政策性电价和清洁能源补贴执行效果评估

电价始终是电力行业发展的核心问题之一。改革开放以来，我国的电价政策发生了许多变化，其中政策性电价是指不简单以成本为依据，适应国民经济和社会发展的需要，反映国家政策整体导向的电价。监测和分析电价政策执行效果，能更好促进政策的完善和调整，更好地调节能源结构和供需平衡，促进经济健康发展。

7.4.1 应用背景

随着国家电力改革政策推进，电网公司的业务也相应增加了政策性电价和清洁能源补贴的业务发展方向。主要包括阶梯电价、峰谷电价、采暖电价和对清洁能源补贴等政策执行。各类政策性电价和清洁能源补贴执行效果如何，需要清晰、准确、有效地数据分析手段来支撑管理层决策。基于大数据技术，挖掘政策性电价和清洁能源补贴办法与发、用电行为之间的关联关系以及政策性电价之间的相互影响关系，有效评估政策性电价和清洁能源补贴办法的执行效果，目的是通过价格杠杆鼓励节能、提升电能利用率、促进电能供需平衡、实现用户驱动的削峰填谷、降低电采暖用户电费开支、支撑清洁能源发展，为国家制定各类政策性电价和清洁能源补贴及相关政策的调整提供决策依据。

7.4.2　实现设计

该应用实现主要基于大数据平台整合的结构化、非结构化数据、GIS 数据，通过可视化图形关联展示清洁能源补贴执行情况，展示地市每月的客户侧分布式电源报装数量、发电量、并网电量、网购电量等信息，结合详细的气象信息，掌握光伏、风力发电等清洁能源发电补贴政策执行后最终效果，分析出政策对于分布式电源建设的积极推动作用和不同风力、光照的自然环境对清洁能源发电的影响效果。挖掘政策性电价和清洁能源补贴办法与用户发、用电行为之间的关联关系以及政策性电价之间的相互影响关系，有效评估政策性电价和清洁能源补贴办法的执行效果。

7.4.3　分析方法

政策性电价和清洁能源补贴执行效果，分析各类政策性电价及清洁能源补贴对客户用电行为的影响，体现政策性电价的引导作用，开展阶梯电价执行效果评估、峰谷电价执行效果评估、采暖电价执行效果评估、清洁能源补贴执行效果评估等。

如图 7-10 所示为阶梯电价执行效果分析，以某省按地市由地图展示年阶梯用户数量，以曲线图按月展示执行阶梯电价的居民平均用电量情况，并通过柱状图展示、对比、分析每月执行阶梯电价前后所产生的电费；通过分地区以曲线图按月对比执行阶梯电价的用户近两年每月不同档次用户数量的变化情况。

图 7-10   阶梯电价执行效果分析

图 7-11 展示了清洁能源补贴执行效果分析，以某省各地市和年度为查询维度展示清洁能源补贴执行情况，从地市按月以曲线图展示客户侧分布式电源报装数量、发电量、并网电量、网购电量等信息，以曲线图展示地市相关风力、光照变化情况。

此外，峰谷电价执行效果分析，以全省按地市由地图展示年峰谷用户数量，对全省各地市年度峰谷电价执行前后的电量数据、电费数据进行对比分析，展示峰谷电价执行前后的用电量对比情况；以表格形式展示各地市年度峰谷用电效益增减情况。

采暖电价执行效果分析，如图 7-12 所示，以全省按地市地图展示年采暖用户数量，分地市以曲线图按月展示执行采暖电价用户平均用电量和平均电采暖电量，以柱状图展示每月执行采暖电价前后所产生电费，以曲线图按月展示地市最高、最低气温变化情况。

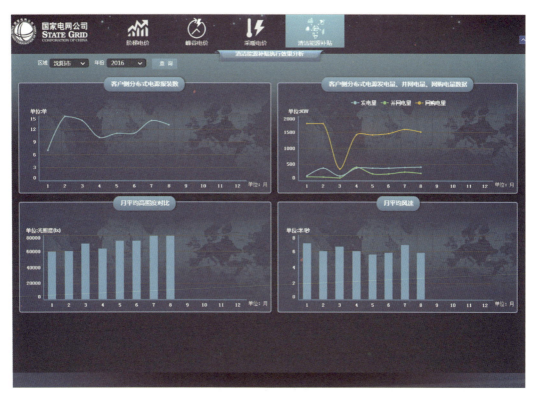

图 7-11　清洁能源补贴执行效果分析

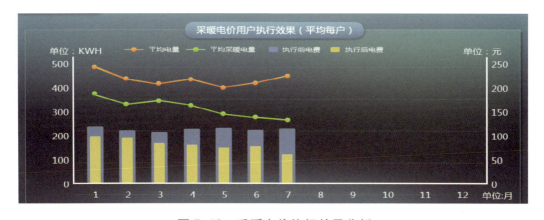

图 7-12　采暖电价执行效果分析

7.4.4　应用成效

该应用目前已在电力行业取得较好成效。通过对政策电价和清洁能源补贴效果的指标评估分析及基于地理信息数据的直观可视化展示，实现政策电价和清洁能源补贴效果的动态监测，为制定各类政策性电价和清洁能源补贴以及相关政策的调整提供决策依据，促进价格杠杆鼓励节能、提升电能利用率，实现用户驱动的削峰填谷、降低电采暖用户电费开支、支撑清洁能源发展。

7.5 财务风险精细化防控体系管理

随着社会、经济的飞速发展，市场的变化让人难以把握，而电力企业的财务风险是电力企业财务在市场经济环境下必须要面对的问题，由于以往的计划经济时代的影响，对财务的风险认识不够，并不能有效地组织财务风险的控制和分析体系，这种财务模式越来越不适用当今电力市场化的经济环境，因此在电力企业的风险控制领域，要通过内部财务风险约束机制和风险控制体系，才能有效保证电力企业的财务风险安全，一个企业只有做好了财务风险管理控制，才能使企业工作的整体运行更为顺畅，才能大幅度提高企业的工作效率，才能给予企业更大的发展空间，让企业的发展迈向一个新的台阶。

7.5.1 应用背景

电力行业在我国经济发展中起着重要作用，随着电力行业逐步进行市场化改革，电力企业的经营环境发生了巨大的变化，对企业经营绩效的要求越来越高，财务风险发生范围不断扩大，概率不断提高，"三集五大"等一系列改革也很大程度上改变企业原有的组织架构，一些新的财务风险也不断暴露出来。在此情况下，从电力企业实际管理需求及特点出发，研究适合电力运行环境特征的财务风险防控机制，对于在新形势下改善电力企业绩效具有重要意义。

电力企业主要经营活动是电力供应、电网维护、安全供电等，其在经营管理活动中存在的财务风险主要有以下几方面：

（1）政策性风险。

政府出台的各项财政和金融政策对电力企业经营产生影响。如：电价政策风险，因为电价是电力企业效益的源头，发生风险会导致财务指标恶化。

（2）供需失衡风险。

电力是民生行业，关系到各行各业以及广大人民的生活，也影响电力企业本身的正常经营活动，因此，持续可靠供电是电力企业正常经营运行的基础。当出现电力需求不足时，要协调发电企业有计划供电，保持电力供应供需平衡。

（3）电费回收风险。

电力销售是先用电再收费，受经济衰退形势影响，有些企业发生破产造成所欠电费无法收回，这对电力企业造成严重的经济损失。

（4）融资风险。

国民经济快速发展对电网建设规模和建设标准提出新的要求，公司对电网建设资金投入进一步加大，电网建设投资加大与自有资金相对不足的矛盾日益显现。融资压力呈快速上升趋势，随着国家货币政策逐步收紧，公司融资面临诸多瓶颈制约。

（5）投资风险。

电力企业的投资规模不断增长，有大规模的基建投资项目，这些投资项目是否有合理的收益、资金投入能否及时收回，如果没有合理规划，随意投资，会难以控制投资风险，给企业带来难以估计的损失。

（6）筹资风险。

电力企业投资规模很大，所需资金量也很大，资金主要来源于银行贷款，这也是电力企业资产负债率居高不下的原因，巨大的还本付息压力给企业带来债务风险，因此电力企业在经营过程中，争取国家政策支持，加强管理，保持资金运作安全稳定，能按期还本付息，将筹资风险降到最低。

7.5.2　实现设计

电力企业财务风险预警的关键是建立科学有效的风险预警指标体系，通过对所选择的财务指标观察变化情况，对财务状况进行分析，识别潜在的财务风险为经营决策提供依据，防范风险发生或减少风险造成的损失。

以财务风险指标的选择原则为依据，充分考虑电力企业的特点，选择普遍适用的偿债能力、运营能力以及盈利能力指标，并集合现金流量能力指标和发展能力指标，构建能够监控电力企业经营管理状况的风险预警指标体系。财务风险预警指标如图 7-13 所示。

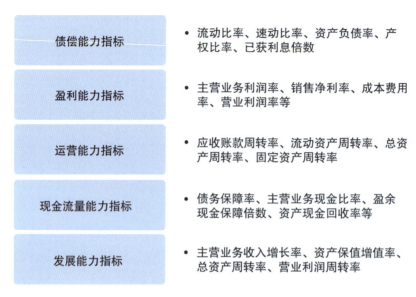

债偿能力指标	• 流动比率、速动比率、资产负债率、产权比率、已获利息倍数
盈利能力指标	• 主营业务利润率、销售净利率、成本费用率、营业利润率等
运营能力指标	• 应收账款周转率、流动资产周转率、总资产周转率、固定资产周转率
现金流量能力指标	• 债务保障率、主营业务现金比率、盈余现金保障倍数、资产现金回收率等
发展能力指标	• 主营业务收入增长率、资产保值增值率、总资产周转率、营业利润周转率

图 7-13   财务风险预警指标图

偿债能力是电力企业在经营过程中运用自有资产和经营所得收益偿还所欠债务的能力。是用于判断电力企业经营发展状态的关键因素之一，也是电力企业是否能按时偿还债务本息和有无足够现金支付债务的能力。

盈利能力是电力企业通过经营运行获得利润的能力，也是企业能够得以生存发展的根本需求。盈利能力指标的优劣是判断企业能否持续发展的重要参考指标。

运营能力是指电力企业的运营管理能力，是使用所拥有资产为企业带来收益的能力，也能体现企业资金使用效率，资产周转率比值越高的话，资金使用效率更高，企业资产流动性越好，企业运营能力强，资产获利能力越好。电力企业的投资期长，回报慢，一般需要七八年，长时间占用资金给电力企业带来更大的财务风险，研究资产运营能力对电力企业判别财务风险起着重要作用。

现金流量是电力企业在会计期间产生的现金流入和流出量，是用收付实现制计量。企业经营是否有足够的现金流转是衡量企业经营状况重要因素。电力企业又是资金密集型企业，企业的经营投资均需要大量的现金，而且投资回报期长，要在经营过程中关注现金量，防止因现金不足而发生的财务风险。

发展能力是电力公司通过持续进行生产经营活动，不断发展壮大而形成的发展潜能。电力公司能否拥有良好的发展潜力由公司外部经营环境、内部管理状态以及所拥有的资源情况等都密切相关。

7.5.3　分析方法

多变量预警评价模型是企业选用多个财务指标进行加权汇总形成函数来预测财务风险的模型，是综合评价财务危机的方法。电力企业财务预警的方法很多，如比弗的立面分析、迪肯的概率模型以及两分法检验和一元判定模型等。我们选择较有代表性的阿特曼 Z-score 模型来举例说明。

Z-score 模型是由金融经济学家爱德华·阿特曼建立的，该模型是通过大量的研究分析和实践证明得出的能够体现企业财务风险、危机的财务比率。电力企业运用该模型给不同的财务危机不同的权重值，运用财务报表数据加权计算出企业的风险值（称为 Z 值），与模型的判断分值进行比较，判断企业面临财务风险的危险程度。

Z-score 模型判别函数为：$z = 1.2x_1 + 1.4x_2 + 3.3x_3 + 0.6x_4 + 0.99x_5$。式中：$x_1$ 是运营资金与资产总额的比值。体现电力企业全部资产的规模和变现能力。如果企业的"营运资金"不断减少，反映了企业的资金周转率和短期偿债能力较低，可能出现无法偿还到期本息的财务危机。x_2 是留存收益与资产总额的比值。体现电力企业全部资产的经营获利和资本累计能力。x_3 是息税前利润与资产总额的比值。体现电力企业全部资产的获利能力。x_4 是股东权益的市场价值总额与负债总额的比值。体现电力企业财务资本结果，是自有资产与负债的比值，能客观反映企业真实价值。x_5 是销售收入与资产总额的比值，体现电力企业资产运营能力。

该模型从电力企业的偿债水平、盈利水平、资产规模以及资本结果等多方面来判断企业的财务状况，形成财务风险预警评价模型。运用六个变量以及相应的系数所计算出 Z-score 模型判别函数中的 Z 值，该值的大小与电力公司财务风险发生的概率成反相关关系，也就是说，所得出的 Z 值越小，说明电力公司该阶段经营状况不佳，财务风险的发生概率较高；Z 值越大时，电力公司的经营状况良好，发生的财务风险概率较小或者是对企业的经济情况影响较小。

模型中 Z 值与企业经营状态的关系如下：当 Z 小于 1.8 时，说明电力公司经营状况已经出现财务危机，发生破产的可能性很大；当 Z 值处于 1.8 与 2.675 之间时，电力企业的经营状况难以立即断定，但公司经营存在财务风险，需要进一步观察分析，难以确定企业是否会发生破产；当 Z 大于 2.675 时，电力公司的经营状况良好，陷入财务困境的可能性很小。

7.5.4 应用成效

根据 7.5.3 节中的分析方法求得该电力企业大数据财务风险预警体系指标值见表 7-8～表 7-13。

表 7-8 偿债能力指标表

时间	2015-12-31	2014-12-31	2013-12-31	2012-12-31	2011-12-31	2010-12-31
流动比率（%）	71	75	29	30	16	17
速动比率（%）	63	65	25	26	13	14
资产负债率（%）	67.17	71.81	72.66	72.77	75.24	55.34
产权比率（%）	170.71	189.27	207.31	232.56	293.42	126.6
已获利息倍数	2.17	1.84	1.62	1.73	-1.37	3.3

表 7-9 运营能力指标表

时间	2015-12-31	2014-12-31	2013-12-31	2012-12-31	2011-12-31	2010-12-31
应收账款周转率（次）	6.75	11.98	15.2	12.01	13.59	14.07
应收账款周转天数（天）	45.47	30.06	22.23	29.98	25.49	25.58
固定资产周转率（次）	0.82	0.9	0.98	0.88	0.91	1
总资产周转率（次）	0.48	0.55	0.48	0.37	0.36	0.38
流动资产周转率（次）	3.16	3.78	3.79	3.26	4.26	3.35
流动资产周转天数（天）	113.83	95.17	94.91	110.52	84.44	106.37

表 7-10　　　　　　　　盈 利 能 力 指 标 表

时间	2015-12-31	2014-12-31	2013-12-31	2012-12-31	2011-12-31	2010-12-31
主营业务利润率（%）	15.99	9.71	5.4	9.75	-5.77	12.87
销售净利率（%）	6.65	3.82	2.72	4.51	-20.47	9.03
成本费用利润率（%）	9.44	4.77	3.28	4.63	-16.14	10.06
营业利润率（%）	7.99	1.91	2.86	4.71	-20.98	6.63
总资产报酬率（%）	34.3	31.74	34.1	35.89	33.78	45.82
净资产收益率（%）	12.69	6.87	3.35	5.83	-33.96	5.9
总资产收益率（%）	3.65	2.1	1.34	1.51	-5.88	2.97

表 7-11　　　　　　　　现 金 流 量 能 力 指 标 表

时间	2015-12-31	2014-12-31	2013-12-31	2012-12-31	2011-12-31	2010-12-31
债务保障率（%）	14.94	-3.83	11.11	12.60	3.39	13.92
主营业务现金比率（%）	1.19	1.15	1.18	1.19	1.20	1.23
盈余现金保障倍数	2.79	-1.31	5.03	5.08	-0.37	2.64
资产现金回收率（%）	10.18	-2.73	6.92	10.03	2.75	7.28
现金流动负债比率（%）	52.35	-12.63	17.82	20.97	4.42	16.27

表 7-12　　　　　　　　发 展 能 力 指 标 表

时间	2015-12-31	2014-12-31	2013-12-31	2012-12-31	2011-12-31	2010-12-31
主营业务收入增长率（%）	13.42	10.04	42.21	19.9	17.92	-1.2
资本保值增值率（%）	112.92	106.58	104.74	106.34	81.63	106.94
总资产增长率（%）	0.11	-1.42	-3.54	20.61	15.57	32.88
净利润增长率（%）	73.22	54.9	-14.39	—	-369.6	12.8

对该电力企业应用评价模型得出评价模型值变化情况见表 7-13。

表 7-13　　　　　　　　评 价 模 型 值 变 化 表

时间	2015-12-31	2014-12-31	2013-12-31	2012-12-31	2011-12-31	2010-12-31
值	1.30	1.20	0.78	0.60	0.05	1.00

通过对财务风险的防控体系研究，有利于帮助企业正确认识"风险与收益均衡"规律，树立正确的风险意识，健全内部控制制度，找出内部控制存在的问题和缺陷，从而促使企业完善内部控制制度，实现科学决策、科学管理，形成完整的决策机制、激励机制和制约机制，并且可以督促企业建立财务风险控制机制，健全风险分析、评估和风险报告制度，提高对风险的敏感性认识，做到及时分析、准确评价和适当控制风险。有利于企业优化资本结构，确定最佳资本结构，减少交易费用，降低企业财务风险，实现企业价值最大化目标，帮助企业的管理层避免错误的投资决策。

7.6 电网成本结构及效益综合分析

基于大数据的电网成本结构及效益综合分析研究，主要以边际贡献为理论基础、电网成本结构体系为核心，构建一个全新的电网成本结构及效益综合分析体系，以大数据、数据挖掘及可视化为技术支撑，搭建国家电网公司基于大数据的电网成本结构及效益综合分析系统，实现对国家电网公司成本结构和效益的分析。

7.6.1 应用背景

电网企业是以终端销售电价与发电企业上网电价之间的差额扣除经营成本后作为电网企业的盈利空间。终端销售电价和上网电价都由国家统一制定，电网企业没有制定价格的权利，具有一定刚性。因此，电网企业要获取更多的利润，必须做好成本管控工作，通过成本结构及效益综合分析，切实解决电网企业成本管控中存在的薄弱环节和突出问题，深入推进大数据应用信息化建设。

7.6.2 实现设计

（1）电网成本结构、资产监测分析。

根据电网成本、资产结构拆分结构，可以按照单位、统计周期进行查询不同单位周期的成本发生情况。如图 7-14 所示。

图 7-14　电网成本和成本费用分析

（2）边际贡献分析。

以边际贡献为理论基础，按照"边际贡献＝销售收入—变动成本"和"利润＝边际贡献—固定成本"的方式确定业务分析思路，通过对购电成本、售电收入、输配电成本数据进行分析，计算输配电作业环节的盈亏平衡点和各成本项可控范围，构建输配电成本与利润分析预测模型及利润相关影响因素的敏感性分析模型。如图 7-15 所示。

（3）资产效率评价分析。

通过对影响资产效率的指标因素进行分析，基于熵值法建立资产效率综合评价方法。通过对某省电力公司近五年历史指标的信息效用值确定指标权重，得到资产效率的综合评价得分，构建了资产效率的综合评价体系。如图 7-16 所示。

图7-15　边际贡献分析

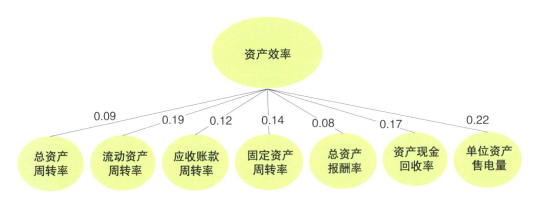

图7-16　资产效率评价

7.6.3　应用成效

（1）构建的电网成本、资产结构监测分析模型，能够更加直观清晰的展示电网公司成本、资产使用情况，及时掌握各单位成本结构与资产结构变化趋势。

（2）输配电成本趋势预测分析，预测值与实际值的平均相对误差为0.046，说明预测模型具有可用性，能够实现对输配电成本的动态异动监测，从而为计划预算编制、成本控制提供依据。

（3）构建了资产效率综合评价体系，其综合得分能够反映出资产效率的总体情况。对综合得分结果进行统计分析，指标数为 68 个，最高分为 70.4 分，最低分为 4.62 分，平均得分为 42.57，得分情况基本符合正态分布。解决了在电力行业中对综合类指标的评价问题。

7.7　从容量时序变化研判行业发展趋势分析

7.7.1　应用背景

通过分析某地区"新装"、"增容"、"减容"、"销户"和"暂停"5 大类业务数据，研究区域内各行业容量时序变化特征，为用电形势研判和行业风险预警提供参考依据。

7.7.2　实现设计

抽取某地区 2012 年 1 月～2015 年 5 月份 5 类业扩业务数据，进行聚类分析，识别区域内主要行业运行容量变化特征。

（1）根据"新装"业务数据，"金属制品业"和"商业、住宿和餐饮业"申请新装容量呈现脉冲式突变特征，"通用机专用设备制造业"和"公共事业及管理组织"呈现周期性波动特点。如图 7-17 所示。

（2）根据"增容"业务分析，六个重点分析的行业均伴有脉冲式突变的特征，"通用及专用设备制造业"、"公共事业及管理组织"和"食品、饮料和烟草制造业"还具有小幅波动的特点。如图 7-18 所示。

（3）根据"减容"业务分析，"金属制品业"和"公共事业及管理组织"减容业务较多。如图 7-19 所示。

（4）根据"销户"业务分析，六个行业均伴有脉冲式突变；另外"公共事业及管理组织"和"食品、饮料和烟草制造业"呈现规律性波动。如图 7-20 所示。

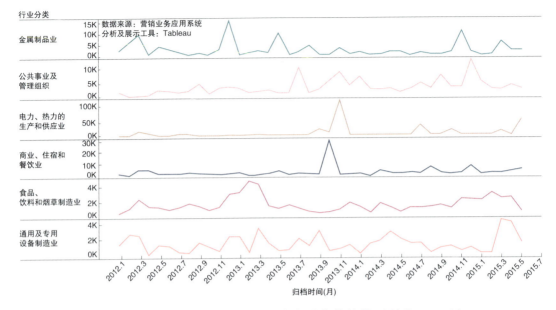

图 7-17   部分行业各月新装申请容量变化趋势（单位：kVA）

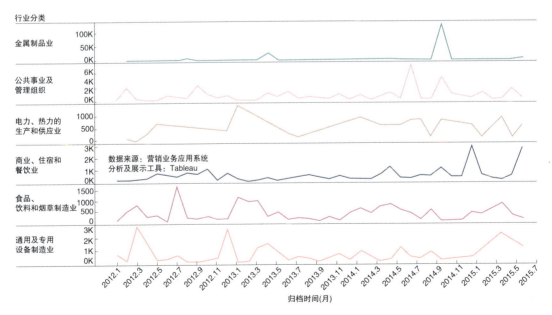

图 7-18   部分行业各月增容申请容量变化趋势（单位：kVA）

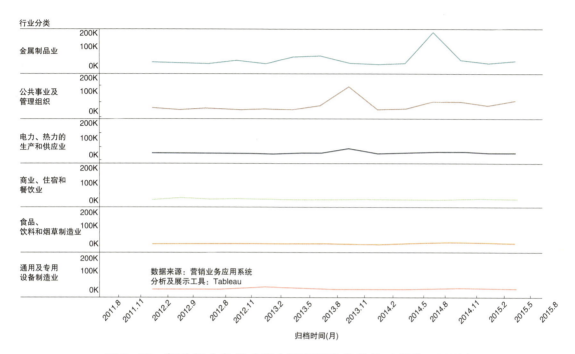

图 7-19　部分行业各月减容申请容量变化趋势（单位：kVA）

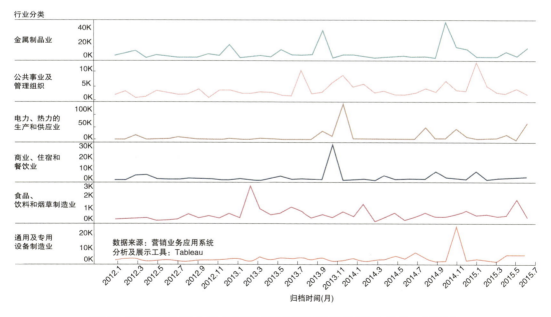

图 7-20　部分行业各月销户申请容量变化趋势（单位：kVA）

（5）根据"暂停"业务分析，"金属制品业"、"通用及专用设备制造业"、"电力、热力的生产和供应业"三个行业呈现出较强的周期性波动，非规律时段突变可视为异动。如图 7-21 所示。

图 7-21　部分行业各月暂停申请容量变化趋势（单位：kVA）

（6）合并各业务容量数据，发现各行业净增申请容量❶的变化趋势以"脉冲式突变"、"基本平缓"和"持续波动"三种特征为主。如图 7-22 所示。

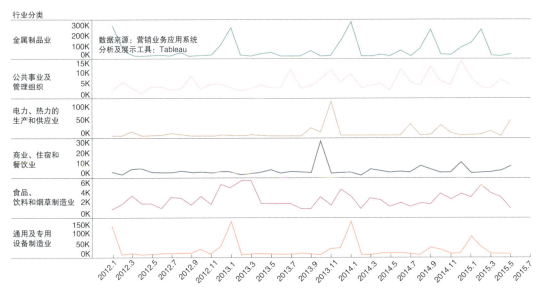

图 7-22　部分行业各月实际新增容量的变化趋势（单位：kVA）

（7）针对"净增申请容量"的三种趋势特征，选取有代表性的三个行业

---

❶　净增申请容量为统计期间内新装、增容申请容量与减容、销户、暂停申请容量的差值。

分析容量增加和容量减少两大类申请的变化规律，详见图 7。"公共事业及管理组织"的容量增减业务均呈持续性波动；"金属制品业"新装和增容呈脉冲式变化，减容和销户主要集中在 9 月份；"商业、住宿和餐饮业"减容和销户业务小幅波动，新装和增容业务呈脉冲式变化。如图 7-23 所示。

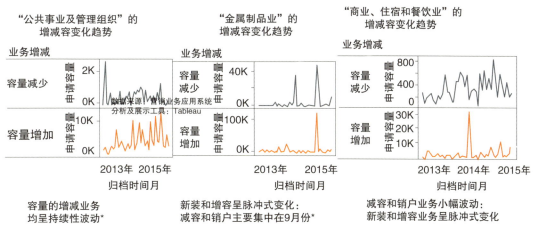

图 7-23　部分行业运行容量的增减变化趋势（单位：kVA）

7.7.3　应用成效

容量时序变化分析结果可应用于电力电量预测、电力市场分析、电网规划、优质服务、电费风险防范等工作。

（1）对销户减容、新装增容、暂停等情况进行分行业时序分析，预测行业发展趋势。重点关注容量增减幅度达 5% 的行业，及时预警行业用电风险。

（2）通过对区域内容量时序变化的整体分析，为用电形势研判提供支撑。

7.8　企业运行痕迹分析与量化管理支撑分析

企业运行痕迹分析与量化管理支撑分析通过对员工的行为轨迹及特征进行分析，挖掘影响员工效率的潜在因素，量化员工工作强度，为企业人员管控提供支撑，提高企业整体运行效率。

7.8.1　应用背景

良好的企业形象依靠企业所有员工创造,安全生产依靠员工实现,公司资产依靠员工直接管理,员工是各项工作的落脚点,是企业最根本的细胞,员工的工作效率和积极性会对企业发展产生持续的影响,因此需要通过对员工工作行为的轨迹和特征分析,细分员工的工作行为模式,量化员工工作强度,深度挖掘影响员工效率的各类因素,为企业管理者科学提升员工效率,合理调配员工工作,提升员工工作积极性,提供量化数据支撑,实施员工工作量化管理,对企业的和谐稳定与持续发展具有重大意义。

7.8.2　实现设计

首先对终端采集软件采集的企业用户终端的操作行为的文本文件进行格式化处理,并进行初步分析(转换、规一化、清洗等);其次利用大数据的分布式并行计算的优势,对海量的多维度"用户"行为数据、静态属性数据等(即数据立方体)进行数据特征分析及深度挖掘处理,对终端行为进行聚类分析(聚类因子为业务系统使用时长、业务系统点击次数、应用软件使用时长),获得具备不同类别特性的工作模式,每类工作模式关联常用的业务系统和应用软件,所有终端与不同的工作模式建立关联,最后根据终端的行为模式可进行精准营销、提升客户服务等高级专题分析。大量运用柱状图、曲线图、和弦图以及复合柱状曲线图等展示终端设备使用情况、终端软件使用情况、终端行为工作模式、终端用户行为轨迹。

图 7-24 为终端行为总览,"昨日运行终端分布"模块显示了昨日处于开机运行状态和未开机运行状态的按班组分布的折线图,并显示了已运行、未运行数目的最大和最小值;"业务系统"模块展示了昨日访问活跃度最高的业务系统类前 5 名,其中"安全生产管理"访问活跃度为 95%,占比最高;"应用软件"模块采用饼状图展示应用软件的分类情况;业务系统模块使用和弦图展示当前最后一次计算的所有应用之间的关联度信息。

图 7-24　终端行为总览

终端使用情况包括终端的工作状态、健康水平、利用情况和办公情况，图 7-25 分析了 2016 年 4 月至 2016 年 5 月某单位的终端工作时长，并对终端的操作系统、CPU 核心数、内存大小三项参数进行了分类统计。

图 7-26 对终端行为轨迹进行分析，统计了 2016 年 2 月 21 日至 2016 年 3 月 21 日访问活跃度最高的 TOP15 的业务系统和应用软件，并根据班组应用访问顺序，得出各个应用之间同时出现的概率，得出业务应用关联度模型。

图 7-25　终端使用情况分析

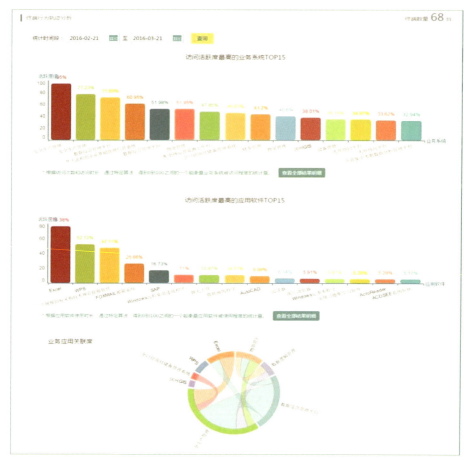

图 7-26　终端行为轨迹分析

图 7-27 和图 7-28 对终端行为特征进行分析，其中，图 7-27 对终端行为进行聚类分析，了解每个类型终端的应用使用习惯；图 7-28 描绘了企业用户行为轨迹，通过对终端使用业务系统和应用软件进行聚类分析，分析终端办公方式具有的业务特性类别。

图 7-27　终端工作行为模式

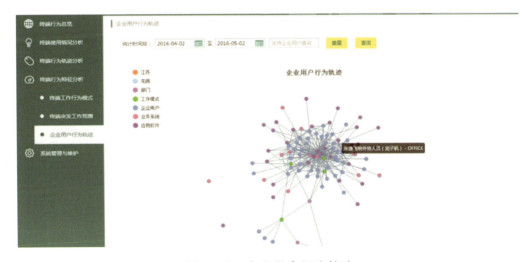

图 7-28　企业用户行为轨迹

7.8.3　应用成效

（1）企业运行痕迹分析与量化管理支持系统对企业用户终端的操作行为进行数据采集，通过对终端的使用情况、终端上应用的使用情况以及终端的行为特征进行分析，为省公司开展的企业运行分析和量化管理提供数据依据。

（2）企业运行痕迹分析与量化管理支持系统的分析对象主要有两个方面：一是终端使用情况；二是企业员工终端上的应用。通过对两方面的数据分析，研究各个终端使用情况，终端的工作状况、行为模式、工作负荷等内容，从终端使用情况、终端行为轨迹分析、企业用户行为轨迹三个方面入手，为企业的信息化建设进行数据支撑和决策辅助。

7.9 账卡物联动分析

通过开展账卡物联动分析提高设备资产管理的规范化，使设备资产业务关联自动化，从而进一步夯实资产设备管理基础，提升资产设备精益化管理水平。

7.9.1 应用背景

固定资产的账、卡、物联动主要由 GIS 系统、PMS 系统，以及 ERP 系统的 PM 模块、AM 模块❶之间的数据同步来实现，详见图 7-29。采集各系统配

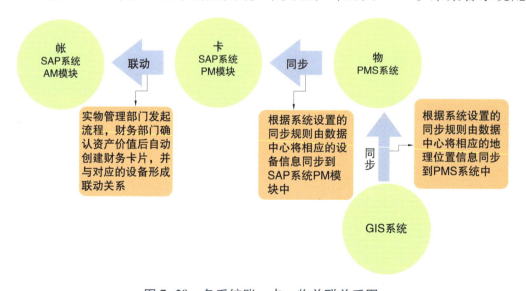

图 7-29 各系统账、卡、物关联关系图

---

❶ GIS 系统：地理信息系统；PMS 系统：工程生产管理系统；PM 模块：ERP 中设备管理模块；AM 模块：ERP 中固定资产管理模块。

网设备数据，设置 15 种联动问题识别规则，全方位查找配网资产设备联动问题，有效识别虚假联动，通过相关整改机制，进一步提升账卡物联动率，提高资产管理水平。

7.9.2　实现设计

某供电公司从 ERP 系统 PM 和 AM 模块、PMS 系统、GIS 系统采集获得 44 865 条设备数据。结合专业部门意见，设定了 15 条问题识别规则，包含 AM 模块规则 5 条、PM 模块规则 5 条、规范性比对规则 4 条，PMS 系统规则 1 条，详见图 7-30。

AM模块	PM模块	规范性比对	PMS系统
1. SAP系统AM财务卡片实际的联动率变化异常，设定阈值±5%	6. SAP系统PM的设备卡片实际的联动率变化异常，设定阈值±5%	11. 技术对象类型与对应的资产卡片固定资产分类不一致	15. PMS系统中设备无SAP ID号
2. 财务卡片中资产卡片的会计年末成本为"0"	7. 工厂区域为"005"用户资产	12. 设备状态与对应的资产状态不一致	
3. 资产卡片的技术电压等级小于"6kV"但有设备对应	8. 电压等级为10kV及以上的设备类型为生产性非PMS数据	13. 设备电压等级与对应的资产技术电压等级，电压等级不一致	
4. 财务卡片无相应的设备对应	9. 设备状态为非报废状态，设备被打删除标记	14. 设备的变电容量与资产卡片的变电容量不一致	
5. 一个资产卡片对应多个设备	10. 设备对应的资产卡片价值为"0"		

图 7-30　账卡物一致性问题识别规则

利用大数据平台进行数据清洗和处理，发现 44 865 条设备数据中，6597 条数据存在异常联动，公司配网资产设备实际联动率仅为 76.19%。如图 7-31 所示，异常数据较多出现在 AM 模块和 PM 模块，其中 AM 模块异常数据 2456 条，PM 模块异常数据 2403 条，占总异常数据的比例分别为 37.23% 和 36.43%。

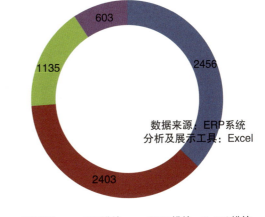

数据来源：ERP系统
分析及展示工具：Excel

■AM模块　■PM模块　■PMS模块　■GIS模块

图 7-31　各系统异动数据分布情况（单位：个）

在 PM 模块的 2403 条异动数据中，各规则识别问题的数量构成如图 7-32 所示。

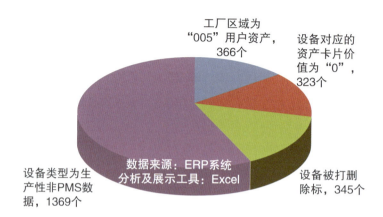

图 7-32   PM 模块异动分类

对于识别出来的异常数据，深入分析其原因构成，并对症下药，采取措施进行整改。例如：对 PM 模块中的 1369 条生产性非 PMS 设备数据作进一步分析（见图 7-33），发现有 530 条设备台账数据并不是从 PMS 系统同步至 PM 模块的，而是通过手工在 PM 模块中反向建卡，人工创建的，属于虚假联动。

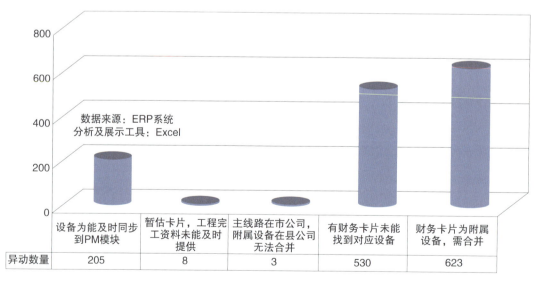

图 7-33   异动原因构成（单位：个）

挖掘出此类问题的原因后，通过异动工单形式下发业务部门要求整改，并成立工作小组开展集中办公，针对 530 张异动卡片开展清查工作，最终清理出正确的联动设备，完成整改工作。

7.9.3 应用成效

（1）资产设备联动情况得到实质性提升。通过对配网资产联动数据的真实性监测，归纳分析设备联动率指标中的异动数据，发现各单位资产管理中存在的问题，并协调各部门梳理整改，使该公司的配网设备联动率从 76.19% 提升至 98.56%。

（2）彻底清理历史数据，统一配网资产颗粒度。共梳理配网线路主线对应卡片 12 013 张，梳理附属设备并单独建卡 2753 张；对在运的 433 条配网线路线完成了剩余使用年限的评估，作为财务资产卡片合并后的剩余使用年限；合并线路资产卡片 3032 条，配网线路资产实现颗粒度统一，实现了配网线路资产一一对应。

（3）理顺规范新增资产流程。集中清理 80 个完工尚未转资项目。梳理新项目转资流程，建立联动时效考核机制，截至试点结束，完工转资项目 69 个，确保项目均在 90 个工作日内完成竣工决算及转资。

（4）打通报废信息传递途径。规范竣工决算格式，将资产报废所需信息纳入竣工决算报告中，与资产新增流程同时传递，确保报废资产处理的及时性。截至 2015 年 11 月底共计报废资产 770 条。

（5）提升了资产管理水平。通过本主题建设和推广，打破了资产管理职能分段的现象，实现了相关业务的融合，为资产全寿命周期管理提供坚实的数据支撑和良好的业务示范。

7.10 防窃电预警分析

社会经济的发展使得社会用电量逐年增加，受利益驱使，窃电现象也日益严重。目前窃电行为已经呈现窃电方式由野蛮窃电发展到设备智能化、手段专业化、行为隐蔽化、实施规模化的高科技窃电。给反窃电工作带来很大的难度并严重影响了正常的供用电秩序，给供电企业造成了重大经济损失。

7.10.1　应用背景

长期以来，窃电与违约用电问题一直困扰着电网公司，已从多个方面加强了防窃电措施，但由于窃电手段层出不穷，窃电技术不断升级，给反窃电工作带来很大难度。为了快速、精准定位存在"违约用电、窃电"嫌疑用户基于用电信息采集系统的海量数据，并对现有常用窃电手段进行研究，建立现场防窃电诊断分析模型，提取与窃电及其防范和查处相关的异常数据，实现智能预警通告、用电检查跟踪管理。旨在提高防范、查处窃电的效率与精准度，从而遏制窃电行为发生，降低配电线损率，保障电网安全，提高公司效益。

7.10.2　实现设计

通过用电信息采集系统对电能表和采集终端中的电能计量数据、事件记录、用户及终端档案信息等各类数据进行数据采集，再利用各类规则对异常信息进行综合分析、判断，结合大数据挖掘技术实现海量数据准实时处理，对现场计量异常情况、窃电行为进行在线监测，支持动态产生异常事件告警，实现对现场窃电行为的在线诊断及窃电行为分析的全过程管理。

（1）单一异常分析。

基于采集终端事件和数据基础上，建立异常分析模型进行异常分析。

（2）防窃电综合分析。

用电信息采集系统中的各类异常事件和窃电行为以及窃电行为的种类存在关联关系，基于防窃电单一异常分析结果，结合各类异常分析模型的权值、不同模型间关联关系，以及关联分析算法进行综合判断及分析，判断用户窃电可能性的大小。

7.10.3　分析方法

选取相关性最高的异常信息统计等影响因素，利用关联度累加算法构建防窃电预警模型，实现对现场计量异常情况的统计。

（1）关联分析算法。

多异常的关联分析算法如下式所示：

$$E = \sum_{i=1}^{n} P_i + \frac{1}{2} \sum_{j=1}^{n} \sum_{k=1}^{n} R_{jk}$$

式中：n 为同时发生的异常数量；P_i 为第 i 个异常的权值；R_{jk} 为第 j 个异常和第 k 个异常的关联度。

（2）结果判定区间。

当 $E \leqslant 0.8$ 时，判为持续关注，若连续 k 天未回复则按照异常处理（k 建议区间为 3~60）。

当 $0.8 < E \leqslant 3$ 时，判为异常，以曲线数据等辅助判定，对确认的异常进行处理。

当 $E > 3$ 时，判为重要关注，对异常进行处理。

（3）设置模型权值模型。见表 7-14。

表 7-14　　　　　　　　模型权值等级

序号	异常类型	权值	异常等级
1	A	0.3	Ⅳ级
2	B	0.5	Ⅲ级
3	C	0.7	Ⅱ级
4	D	0.9	Ⅰ级

（4）模型关联度分析。

针对不同的主题进行关联分析，得到关联度。

7.10.4　应用成效

根据单一防窃电分析模型和防窃电综合分析模型的输出结果，进行防窃电预警分析结果可视化展示。图 7-34 以地图形式展示了省市层级窃电疑似用户分布情况，以堆叠图形式展示各地市不同异常等级的异常数量；图 7-35 展示了疑似窃电用户的详细清单；图 7-36 统计了区县级疑似窃电用户的分布情况，以饼图形式展示了各异常类型所占比例。

图 7-34 省市级防窃电预警分析

图 7-35 疑似用户详细信息查看

防窃电预警分析应用主要以用户用电信息为主，多数据源信息综合利用，借助大数据技术，利用各类规则对海量异常信息进行快速综合判断、分析，实

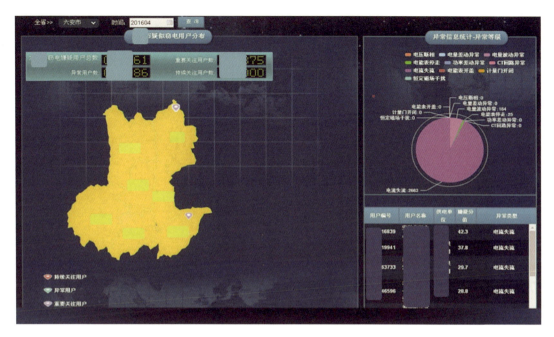

图 7-36　区县级防窃电预警分析

现对现场窃电行为的在线及时诊断及窃电行为分析的全过程管理，方便灵活的开展防窃电分析业务，降低了国网公司经济损失，同时有效降低了窃电用户发生危险的可能性，减少了国有资产的流失和社会经济的损失，使电网运行安全性大大提高。

　　基于大数据分布式计算技术，每日快速处理千万级甚至于亿级用电采集数据，分析用户窃电嫌疑程度，通过构建防窃电分析模型，窃电稽核命中率由 60% 提升至 90%，降低了线损，提高了防窃电分析的工作效率。

第 8 章　优质客户服务大数据应用实践

电力企业担负着为国民经济发展和社会进步的重要责任。而优质服务是一切企业生存发展的基础和前提，如何为电力客户提供更好的服务是一个值得关注的难题。随着电力大数据平台的落地，电力客户交互数据量迅速攀升，大数据技术的应用给客户服务带来极大的想象空间和无限的发展前景。甚至可以使客户服务部门从原来的成本中心（高成本、低价值）转型为利润中心（提升品牌价值，创造收入），为提升客户服务水平，赢得电力客户信任，确保市场份额将起到关键作用。

8.1　基于客户的电力市场营销分析

随着电力体制改革向纵深推进，售电侧逐步向社会资本放开，粗放式经营和传统的管理方式已经不能满足电力市场化改革的需要和电力消费者需求的变化，让数据创造价值，让数据说出电力客户个性化特征，让数据带来精益化服务已经成为现在及未来电网发展和实践的重要方向，也将为推动城市能源互联网建设，让客户服务新体验提供一条信息化路径。基于客户画像的电力市场营销分析挖掘梳理不同类型客户的需求，构建客户需求分析体系，提升客户精准服务水平，该应用在 2016 CCF 大数据与计算智能大赛（BDCI）中获得二等奖。

8.1.1　应用背景

客户画像已经被成熟应用在电子商务平台等市场营销场景，但在电力市场营销推广中尚未深化应用。95598 服务热线和营销基础信息库是电网企业在优质服务的探索中积累的宝贵海量数据，应用大数据理论对用电信息进行整理和分析，选取关键指标形成客户画像标签，对市场个性化需求和企业自身良性发展的挖掘，驱动供电公司从"以电力生产为中心"向"以客户为中心"转变。

基于客户画像的电力市场营销管理依靠严谨科学的理论框架和大数据方法，全方位、多角度、多层次的挖掘梳理不同类型客户的需求，构建全面、系统的客户需求分析体系，通过大数据分析进行客户画像，实现对客户用电需求的综合收集、快速识别、精准服务，深入分析供电服务项目及其现存问题，改善电力企业客户需求管理工作机制，提升客户精准服务水平。

8.1.2　实现设计

分析用电客户用能信息需要用户内部的详细用能记录，但电网公司往往仅有用户总用能信息，如果要提高客户画像准确度，需要为用户新装重要支路和主要用能设备的数据采集设备。

1. 数据采集

如图 8-1 所示，通过在用电客户侧安装能效互动终端，搭建大用户能耗过程采集流程及末端 DSM 负荷控制终端，友好实现了能效管理与需求侧管理有

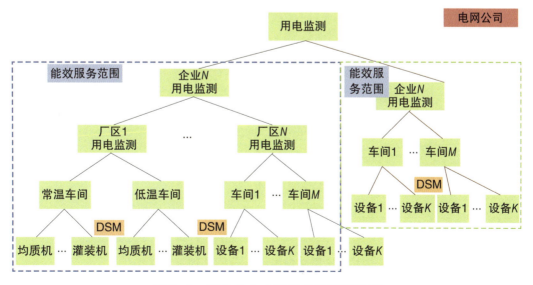

图 8-1　用电企业内部能效监测结构图

机融合。整体电能管理服务业务，包括首页展示、能源监测、用能分析、能效诊断、能源调控、辅助决策、报表管理、基础信息设置、用能采集等功能，形成资源共享、灵活互动、管控有力的电能服务与管理手段。

2. 平台搭建

用电企业的计量点数据通过智能用电数据采集，将数据写入终端数据仓库上传，实现各种信息的分布式存储；能效分析部分通过数据多维分析、数据挖掘等方法对企业的能耗和用电特征等信息进行对比和分析，实现企业用户用能的直观显示，同时为有序用电方案的制定和执行提供依据；用电监控可以以图表等多种形式动态显示用电数据，同时为能效分析提供参数配置接口；智能互动可以将用电监测中监测到的异常和能效分析结果告知用户，实现信息的互动和共享。系统采集的主要数据项有：电能量数据、交流模拟量、工况数据、电能质量越限统计数据、事件记录数据及费控信息等其他数据，客户用能数据综合分析处理平台架构如图 8-2 所示。

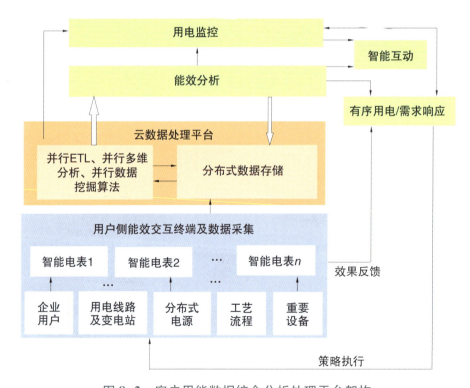

图 8-2　客户用能数据综合分析处理平台架构

8.1.3 分析方法

构建基于大数据电力客户用能画像体系，实质是从现有数据库中提炼出用户个性化特征标签。以客户能效终端数据为主，加之用电基础信息和 95598 服务热线工单信息，经数据归一化预处理，再经特征标签维度选择和标签细化等，最终形成用户特征标签库，数据挖掘流程如图 8-3 所示。

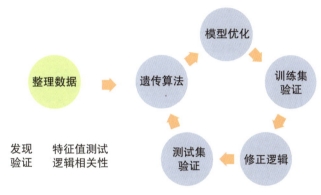

图 8-3   电力客户用能画像数据挖掘流程

1. 数据处理

从各个系统收集的数据存在信息不一致、数据缺失、重复出现等问题，需要首先进行数据清洗。统一多数据源的属性值编码，提出重复出现数据，使用分箱法将空缺值平滑处理，统一数据权重。

2. 特征提取

针对不同行业电力客户用能特点，从类别特征、统计特征、时间特征、文本特征和排序特征 5 个方面进行提取分析。特征包含地域特征（网架结构、用电习惯、经济发展）、用户基本信息（行业类别、用电容量、电压等级、电价执行）、用户用能信息（总用电量、分时用电量、负荷最大值、最小值、方差）、95598 工单信息（拨打时间、拨打频率、拨打时长、咨询类别），客观信息（节假日、温度、天气）等。

3. 构建算法模型

在建立特征库之后，使用 k 均值算法进行聚类，完成训练集的建立。然后应用机器学习遗传算法（见图 8-4），经过模型多次迭代变形，对特征标签的权重进行优化，得到最终的客户画像模型。

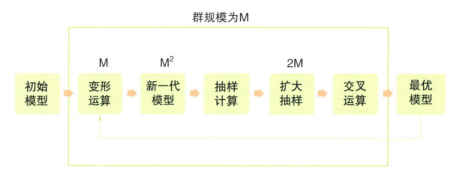

图 8-4   遗传算法思路及实现

8.1.4   应用成效

（1）完善客户需求管理机制，提高客户体验和感知。

项目提供的电力综合能源市场营销管理可以帮助电力企业构建客户需求管理常态化工作机制，精准动态发现客户需求，为后续"一户一策"精准营销提供支撑，进而改善客户体验和感知。如图 8-5 所示。

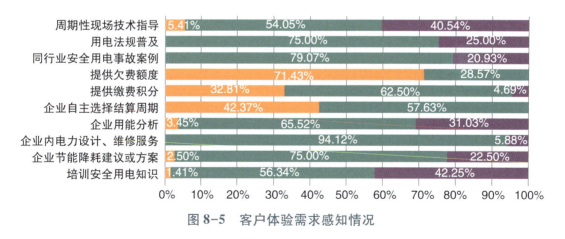

图 8-5   客户体验需求感知情况

（2）绘制电力客户画像，提升核心竞争能力。

生产经营状况好、用电量大、利润高、信用风险小用户是未来各种能源供应商抢夺的重点，针对此类企业需求特点，有助于树立供电企业客户需求标杆，优化服务标准体系，提升一般客户黏性及优质潜在客户吸引力度，抢占电力市场先机。如图 8-6 所示。

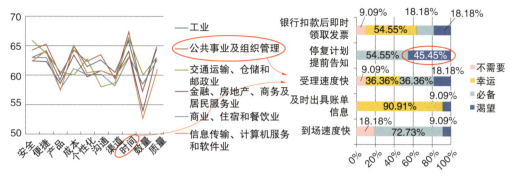

图 8-6　电力客户画像

（3）创新商业模式，拓展增量客户市场。

客户画像可逐步拓展应用在电能替代、能效管理、业扩报装、分布式电源、电动汽车、多表合一共 6 个方面的综合能源管理经营范围，增强对客户需求敏感性和电力市场的把控能力，形成电网企业利润新的增长点。

8.2　客户服务风险管理分析

随着电力体制改革的逐步深化，电力销售市场竞争加剧，迫切需要供电企业迅速改变传统的思维方式和工作模式，进一步树立市场化服务意识，创新商业化服务模式，提升定制化、个性化服务水平，赢得客户的信任，确保市场份额。同时，随着民众自主意识和维权意识的不断提升，供电企业每一次的电价调整、服务手续变更甚至故障抢修，都受到了广大民众的密切关注，客户服务风险管理显得尤为重要。

8.2.1　应用背景

作为与客户交流、沟通的重要窗口，95598 客户服务系统记录了海量的客户反馈信息，这其中蕴含着大量的客户对供电质量、服务质量、营销质量真实而客观的感知。目前公司只是针对结构化数据进行常态化的统计分析，仅限于时间、区域等维度，精细化程度不够，对于客户反馈的电网服务质量问题也只是侧重于事后追责，无法实现事前预警和缺乏对资源的优化配置；在经营管理方面，缺乏对客户反馈信息和缴费习惯的挖掘分析，使得营销策略的制定往往不够细化和针对性不强，成了当前供电企业健康发展的瓶颈。因此结合营销系统、生产系统，构建基于大数据的主动服务监测分析系统则可以强化供电企业客户主动服务质量，实现供电企业售电增长和风险控制两个目标的协调一致，最终提高了企业管理层对公司经营决策能力。

8.2.2　实现设计

基于 95598 业务咨询、故障报修、投诉、举报、建议、意见、表扬、服务申请及电能采集数据信息，利用大数据挖掘技术对客户诉求信息进行高频词提取，形成诉求当前关注热词排行榜，快速发现供电服务中存在的热点、集中点、敏感和普遍问题，形成业务风险在线监控、预警、服务实时响应的高效运作机制，实现诉求异常以及指标预警等信息报备，升级督办并以短信方式进行通知跟踪管理。通过建立客户服务档案、投诉综合治理，故障薄弱地区分析、重复诉求分析、工单体检、工单标签库等功能，准确定位客户诉求服务薄弱环节，从客户诉求根源将反映问题分解至各专业，形成业务问题、指标考核责任到专业人员、班组、部门、单位闭环管理机制，服务提升设计流程如图 8-7 所示。

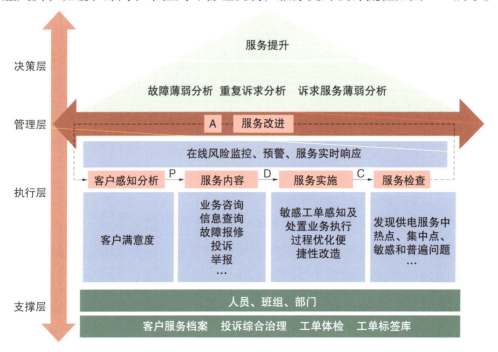

图 8-7　服务提升设计图

8.2.3　分析方法

分析方法如图 8-8 所示，具体步骤为：

图 8-8　分析方法图

（1）通过对 95598 业务系统的工单数据基础明细表中的业务咨询类工单、投诉类工单、建议类工单、意见类工单，按业务指标、考核指标以及其他指标等进行周期性统计抽取。

（2）对采集基础信息通过统计、分析、基于敏感词的建模等方式加工成能够代表用户诉求特征的标签，并建立工单标签库。在创建标签库时按照 95598 工单受理信息，获取受理内容、电话号码、客户编号、业务类型等关键字，服务智能引擎根据自顾匹配标签规则，获取工单业务信息以及事件的历史信息、客户的历史服务信息，并根据匹配规则进行系统建自动打上工单标签。标签词库与智能匹配搜索规则，实现通过关键信息智能搜索历史数据价值，进行自动匹配。

（3）采取本征值分析法和文本数据挖掘方式，构建咨询业务分析模型，分析咨询业务的相关指标，并根据咨询内容的文本数据，通过中文分词、话题提取、热点度量等数据处理过程，实现对咨询业务的整体分析。

采取本征值分析法和文本数据挖掘方式，构建投诉业务的分析模型，分析业扩报装质量投诉率、装表接电属实超时率、故障抢修超时率、百万客户收费项目投诉数、抄表差错率、频繁停电等投诉相关指标，并根据投诉内容文本数据分析处理，实现对投诉业务的整体分析。

采取本征值分析法和文本数据挖掘方式，构建意见业务的分析模型，分析客户对停电信息准确性、供电电压、供电营业网点、电费代收网点等供电服务意见，对欠费停复电、电费计算异常、电价执行标准等供电业务相关意见指标进行分析，并根据意见内容的文本数据进行分析。

（4）根据客户的诉求及供电质量投诉属实情况、频繁停电数、停电信息数、客户投诉、意见工单数、实际发生的故障报修工单数、非客户产权设备引起的非计划停电的故障报修工单数、危害程度（大面积停电）工单数、危害程度（局部停电）工单数、故障原因（过负荷）工单数、故障原因（设备缺陷）工单数等信息，利用加权平均等相关分析算法进一步分析电网薄弱点。

8.2.4　应用成效

用户诉求分析及服务改进服务项目投入使用后，实现了对客户诉求在营销专业上的分类分析，及时有效发现各营销专业服务薄弱点以及客户诉求集中点，并利用可视化手段进行专题分析，明确业务提升突破方向。通过客户服务档案的建设、故障薄弱地区的分析，实现对一线营销人员、生产运检人员的工作指导，使客户诉求的解决处理更高效更便捷。公司各项工单处理平均时间大幅缩短，客户满意程度不断提高，投诉工单数量明显降低，各项业务指标持续提升，主要应用功能如下：

（1）完成以营销专业业务为分类标准的标签库和相应的服务属性信息库，对每一张工单的客户诉求进行源头挖掘，实现"4+4"（4级专业标签+4个平行备注）的管理。如图8-9所示，每天通过数据分析任务，自动获取95598已归档工单全部数据和相关营销信息，针对不同的业务类型，采取系统智能判定方式对每一张工单增加"标签""备注"进行标注，用于反映客户诉求，实现了工单风险判定的实时跟踪。

（2）利用95598全业务工单信息，完成客户服务档案建设，如图8-10所示，从"用户基本信息""用户兴趣偏好""用户价值信息""用户风险信息"

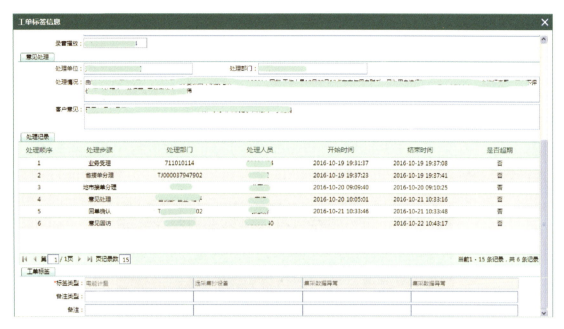

图 8-9　工单标签信息

和"用户营销信息"五大板块构建客户服务档案，全面掌握、展示客户全部历史服务信息，制定用户隐性积分规则（标签信息、受理内容、电话次数等）由系统自动生成用户积分，按照积分数据对用户进行等级划分，实现了用户客户风险分级管理。

图 8-10　客户服务档案

（3）完成对客户诉求进行 95598 业务、专业标签、属性备注、供电单位等多维度的综合分析展示。如图 8-11 所示，在获取工单明细的基础上，丰富统计分析维度，挖掘客户诉求集中点，将服务问题落实到具体的供电部门专业中，及时发现供电服务中存在的热点、敏感和普遍问题。从数量、变化趋势、形成原因多角度分析客户诉求，并直指业务矛盾点，诉求分析视图展示过单位、类型、月度、专业四个维度分析展示各类工单的分布情况，并对各个维度进行细化分析。

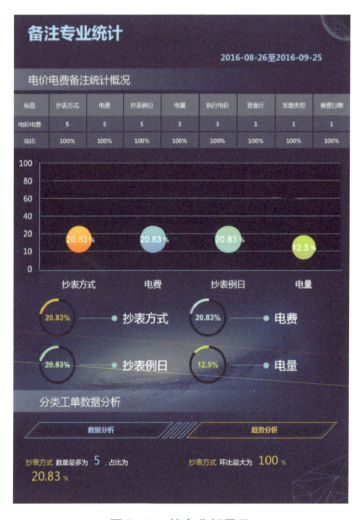

图 8-11　综合分析展示

（4）运用可视化手段进行投诉专题分析，将投诉预判定、投诉热点监控及投诉指标治理各项内容融合在一起，建立投诉综合治理机制，并形成针对投诉责任人员和责任单位的投诉积分档案，作为员工和单位评先评优的一项重要指标。投诉热点监控是对投诉热点问题及投诉集中地区进行穿透分析，形成专题治理方案。投诉指标治理是按照投诉指标考核要求，针对投诉首次联系时间、工单填写规范情况等问题，由客服部门发起投诉指标治理流程，发送至各分司职责部门进行处理，如图 8-12 所示。

图 8-12　投诉专题分析

8.3　客户信用评价分析

随着电力市场化的进一步推进，电力客户成为供电企业的战略中心，电力公司必须以电力客户为中心推动企业发展，给电力客户提供更好、更方便、更人性化的服务。电力作为一种特殊的商品具有两大特性：电力的生产、输送与消费同时在瞬间完成的特性；电力不可储存的特性。这就决定了电力产品的销售以"先用电，后付费"的赊销方式为主，电费和其他应收账款的安全及时回收是各电力公司实现经营效益以及电网建设和维护费用的主要来源。

8.3.1　应用背景

电力公司在为全社会"供好电、服好务"的同时，也愿意将电售给既需要电力又讲信用的客户，希望客户能按时缴纳电费以保障供电企业的持续经营。但事实并非如此，用电后逃避交费或无力交费的现象大量存在，社会上普遍存在的信用缺失现象在电费回收上得到了反映。电费欠费问题使电力公司蒙受了巨大的损失，阻碍了电力公司的发展，给电力公司的运营带来了巨大的风险。

长期以来，电力公司为解决电费欠费问题投入了很多的精力，但收效甚微。为了扭转局势，电力公司迫切需要找到一种解决当前所面临问题的办法。因而如何对电力客户的信用等级进行评估并对其信用风险进行管理就成为电力公司规避风险、提高经营水平所面临的一个十分重要而迫切的问题。

8.3.2　实现设计

信用等级评估的过程是将一个企业的相关资料收集起来，然后用统一标准加以评估和打分。相对于某电力公司对电力客户的信用评价而言，其研究的总体思路即：

（1）建立客户信用评价指标体系。根据某电力公司的实际情况，选择合适的信用评估指标，形成合理、有效的信用评价指标体系。

（2）进行信用评估。在客户信用评价指标体系基础上，利用科学的评估方法进行信用评估，得出客户信用评估分值。具体包括：① 指标数据预处理；② 主成分分析，去除不合理指标；③ 利用综合评估方法进行信用评估。

（3）等级划分。在信用评估分值计算基础上，根据某电力公司实际情况，进行合理的等级划分。

8.3.3　分析方法

从缴费方式、配合程度、用电状况、外部评价、失信行为五个方面来为用户进行评分，并根据评分将用户分为 AAA、AA、A、BBB、BB、B、CCC、CC、C、D 共十个等级。并根据指标计算、计算数据、计算时间段等因素，形成体系雏形。通过搭建的指标体系及分项权重进行系统试运算，以实际数据校正指标体系符合度，根据数次的试算，最终确定各分项的指标得分权重。

根据用户以往所有的缴费情况对用户进行信用等级评价，其中所包含指标有每月、当年、陈欠电费缴纳情况、缴费是否及时、欠费账龄长短、缴费方式、是否有预收、配合抄表情况、用电量变化、社会信用、是否有违章窃电行为等方面进行用户信用等级全方位考量，得出准确评价，为下一步采取相应措施打下基础。根据对用户电费回收风险和信用等级分析，可以采取一些相应的事前预防措施。针对回收风险大、信用等级低的用户可以收取一部分预收电费，并与用户协商采取防范风险的缴费方式，比如分次结算、预付电费、计划结算和三方担保等；对于新装增容用户在供用电合同及附加协议上应注明如果没有按时缴纳电费将产生哪些后果；对高压重点用户制定专门检查计划，并派专人专职对应负责；与法律部门结合，及时说明不乐观的企业情况，在法律人员指导下做好后期取证工作。对不同信用等级用户制定差异化服务策略，提供 VIP 服务、优质服务、一般性服务、暂停服务等不同等级服务。

A 等客户，享受营销 VIP 服务。控制策略包括但不限于：办理业务时，安排优秀大客户经理优先办理申请业务，享受绿色通道；主动上门提供节能服务或办理利于用户节约成本的业务；提供账单、票据邮寄服务；对集团客户提供统一缴费服务；对符合条件的大客户，吸纳加入大客户俱乐部；使用预付费式电能表客户，拥有 3 倍于普通客户的预购限额等。

B 等客户，列入催费人员关注名单。控制策略包括但不限于：加强电费回收宣传；因客户原因更换计量装置时，积极采用预付费电能表；积极与其签订预付费或分次划拨电费协议。

C 等客户，列入供电单位重点关注名单。控制策略包括但不限于：增加催费及用电检查频率；因客户原因更换计量装置时，必须采用预付费式电能表；

办理业务时，必须签订预付费或分次结算协议，同时必须签订担保合同，担保方式可选择保证、抵押、质押三种形式；暂停受理用电业务，直至欠费全部结清。

D 等客户，列入供电单位"黑名单"。控制策略包括但不限于：必须安装预付费式电能表；必须签订预付费协议以及担保合同，担保方式采取抵押形式；电力资源紧张时，作为限电第一序列；暂停受理用电业务，直至欠费全部结清〔关于信用等级要基于中心提供的信用评价结果采取不同的手段，但目前分级并不成熟，指导意义不大，目前各单位仅限于对采取预收、划拨等缴费习惯良好的用户开展发票寄送等服务，对欠费用户采取停限电、业务限制、法律等措施，对于一般存在潜在风险用户（包括不配合执行预收分次的，行业有风险的，租赁用户）疏于防范或者说工作做不到那么细，甚至没有时间和成体系的做到风险防范〕。

对于缴费困难用户及费控表未导电造成系统欠费的用户，应多分配 POS 机由催费人员上门收取电费或导电。

对于信用等级 C 级以下用户，通过全国企业信用信息公示系统，获取经营异常信息、行政处罚信息，抽查检查信息等，如发现存有隐患的用户，检查员或抄表员应及时到现场核实情况，预防欠费情况的发生。

抄表人员及核算人员在抄表及审核时发现用户有用电量锐减情况的，及时下现场核实情况，如果是用户经营状况不佳导致用电量减少，及时将情况上报，密切关注该户电费缴纳情况。

8.3.4　应用成效

（1）建立用电客户信用等级评价体系，优化电费回收环境。

某电力公司可以根据电力客户的不同信用等级，对其实施如停电催缴、电费预缴、限时缓缴或上门催缴等灵活多样的电费管理办法。对电力客户信用进行科学评价并将结果公示于众，促使用电客户转变成本观念，将电费作为一项重要的预算成本，从源头上防止电费拖欠和呆死账发生。电力公司在审批申请用电、增容报装、优惠电价时，优先安排信用等级高的客户，使企业为了得到优惠的服务，努力提高自身的信用等级。在电网电力负荷紧张需要采取停、限电措施时按客户信誉等级优先确保信誉高的客户用电安全。

（2）建立欠费风险防范体系，优化企业经营环境。

建立欠费风险防范与化解体系，可以及时发现可能欠费或正在实施欠费的用电企业，提前建立欠费预警机制，及时采取有效措施，减少欠费事后清缴的难度和呆账、坏账的产生，最大限度地保护供电公司的经济利益。欠费风险的评价可以给防范和处理用电企业恶意拖欠或拒交电费的防范和处理工作提供科学依据和决策指导。

（3）窃电监测与防范体系，优化用电环境。

窃电给公司带来了严重的经济损失，同时带来一系列的安全隐患和社会问题，危害巨大。据国家相关权威部门统计，营业所用电人员普遍感到反窃电管理难度较大，大家都希望掌握一套切实可行的办法，打击窃电犯罪行为。大量事实表明，20% 的"电耗子"造成了 80% 的窃电损失，若能够检测出来这20% 的用户，有的放矢，无疑会节省公司大量的人力物力财力，对解决目前反窃电工作中存在的资金和人力不足的问题将起到积极的作用。

（4）有偿提供用户缴费信用数据和用电信用记录。

在社会征信体系建立以后，按国家征信条例，可以向信用评估中介机构和企业征信数据中心有偿提供电力公司的电力缴费信用数据和用电信用记录，使公司得到额外收益。

8.4　客户用电异常分析

随着我国经济的飞速发展以及社会主义现代化建设的逐步完善，社会各行各业和家庭用户的用电数量在持续增多，用电检查人员很难做到对高、低压用电客户检查的全覆盖。在这样的情况下，很多的不法分子想方设法利用电力供应的弊端实施窃电，这种盗取电能的行为，不仅不利于电能平稳快速的供应，而且严重阻碍了电能的利用效率。所谓窃电，就是指用户在电力与使用过程中，采用秘密窃取的方式非法占用电能，以达到不交或少交电费的违法行为。客户用电异常分析基于用电采集系统、营销业务系统、调度系统等数据，构建客户用电量模型、客户负荷预测模型、防窃电预警模型，对客户用电负荷特性进行分析并预测未来用电负荷曲线，同时开展窃电嫌疑用户预测与行为分析，提前了解客户的用电需求和窃电行为发生风险，提高公司工作效率和服务客户水平。该应用在 2016 CCF 大数据与计算智能大赛（BDCI）中获得二等奖。

8.4.1 应用背景

由于近年来窃电者的窃电行为越来越隐蔽，技术也越来越精确，常见的窃电方式有：采取施压或欠压的方式，窃电者通过拆除计量回路中的所有相或单一相的电压引线，导致计量表在施压状态下无法正常工作，从而窃取电能的对策。在被识破后，窃电者又展开欠压方式盗取电能，这是利用在对电压引线进行虚接后，导致进入电能计量装置的电压比实际所用电压要低，进而使电费得到了减少。利用断流的方式，将电路互感器短接或者是对电流回路中的引线拆卸，致使计量回路出现断流或分流现象，此时的电能计量装置不能正常工作，从而达到窃电行为。采用分流和移相的方式，把电流互感器与分流引线并联在一起，从而使进入计量回路中的电流减小，造成少计电量。移相是通过在计量电路中增设电容造成电流和电压数值与实际情况出现不一致，引起相位变化，从而达到窃电的目的。面对各种各样的窃电方式，监察人员遇到了不小的挑战。因此建立客户用电行为分析模型，开展基于客户用电行为的窃电概率预警分析，建立起良好的用电监察工作能够帮助供电企业发现窃电现象，精准识别疑似窃电户，建立预警、排查和处理的闭环工作机制，加大反窃电的查处惩治力度，维护正常的供用电秩序，保障企业经营效益。

8.4.2 实现设计

由于电能传输速度极快，不能存储，用户窃电并不是偷走"电能"，而是让计量装置少计量或者让计量装置故障。根据电工基础可知，我们电能表计量功率大小与电压、电流、电压与电流间的相位关系这三个变量有关。减少其中任何一个参数，都会造成计量的功率变少，从而达到窃电的目的。

一个用户，如果其用电行为正常，那么我们可以归纳出以下几点基本特征：电压值约等于供电电压，基本不变；电流随着负荷变化，但是三相电流基本平衡；功率因数基本稳定，相位角不会突变；用户线损在一定范围波动，一般不超过 7%。我们可以通过分析用户电压、电流、功率因数（相位角）、线损、电量等电气数据以及这些参数的变化趋势，来分析用户的用电行为特征，比如负荷特性、是否窃电、计量故障、是否错峰用电等。这种思路不仅是我们分析电力系统、分析用户行为的基础，也是分析窃电行为的基础。

设计思路如图 8-13 所示，结合客户用电异常分析需求，考虑设计以下模型：

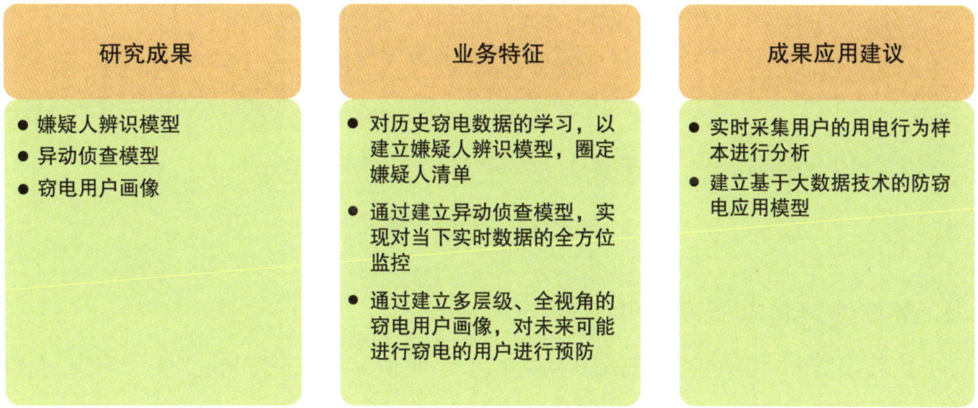

研究成果	业务特征	成果应用建议
• 嫌疑人辨识模型 • 异动侦查模型 • 窃电用户画像	• 对历史窃电数据的学习，以建立嫌疑人辨识模型，圈定嫌疑人清单 • 通过建立异动侦查模型，实现对当下实时数据的全方位监控 • 通过建立多层级、全视角的窃电用户画像，对未来可能进行窃电的用户进行预防	• 实时采集用户的用电行为样本进行分析 • 建立基于大数据技术的防窃电应用模型

图 8-13　设计思路

（1）嫌疑人辨识模型。

对过去经过现场确认的窃电用户清单数据的学习，基于大数据与计算智能算法，发现窃电用户的行为特征，建立嫌疑人辨识模型，以准确识别窃电用户。

（2）异动侦查模型。

通过建立异动侦查模型，实现对当下实时数据的全方位监控。

（3）窃电用户画像。

通过建立多层级、全视角的窃电用户画像，对未来可能进行窃电的用户进行预防。

8.4.3　分析方法

基于用户用电信息采集系统的海量数据，建立防窃电诊断分析模型，采用大数据挖掘和数据关联技术，实现对现场计量异常情况、窃电行为在线监测，支持动态产生异常事件告警，通过用户界面及时通知用户处理，方便灵活的开展防窃电分析业务，及时发现异常行为，提高工作效率，降低窃电行为分析的时间及成本。具体分析思路如图 8-14 所示。

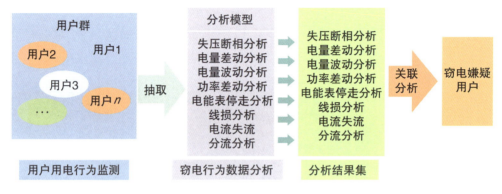

图 8-14   分析思路

1. 采集终端和电能表事件筛选

对于采集终端和电能表生成的事件进行无效事件筛选与过滤，可基于以下规则进行筛选：

（1）同 1 条事件重复上报，事件内容包括时间均完全相同，只按第 1 条进行主站智能诊断，其余事件不参与主站智能诊断。

（2）剔除内容不符合通信协议格式要求的事件，包括数据乱码及应填数据为空的情况。

（3）剔除内容明显有误的事件，包括事件时间早于设备安装时间及事件时间晚于当前时间的情况。

2. 采集终端和电能表采集数据筛选

对用电信息系统采集到的采集终端和电能表进行异常数据过滤筛选，可基于以下规则进行筛选：

（1）正/反向有功总功率乘倍率的数值大于用户合同容量的 k 倍，属于异常数据。

（2）日冻结正/反向电能示值计算得到的电量，大于用户日最大用电量（合同容量×24h）的 k 倍，属于异常数据。

（3）月冻结正/反向电能示值计算得到的电量，大于用户月最大用电量

（合同容量×24h×30d）的 k 倍，属于异常数据。

（4）二次侧电压值大于二次侧额定电压值的 k 倍，属于异常数据。

3. 单一异常分析

基于采集终端事件和数据基础上，建立异常分析模型进行异常分析。主要涉及的异常包括失压断相分析、电量差动分析、电量波动分析、功率差动分析、电能表停走、电能表开盖或计量门开闭分析、电流失流、电流异常分析、恒定磁场干扰、线损分析等智能诊断分析模型。

失压断相分析：失压断相分析主要针对高压用户的采集终端或者电能表上报的电压断相事件、电压曲线等信息对失压断相行为进行分析、判断，统计分析终端电压值、断相比例、异常时间、异常持续时间等信息。

电量差动分析：利用采集到的电量数据，按照一定的差动时间间隔（天）与不同的电量差动模型对高压用户电量差动进行分析，即两个不同回路的电量有较大偏差，分析计量回路和比对回路（如交采回路）同时段的电量差值，如果电量差值超设定的阈值 K，进而判断用户是否有窃电嫌疑。

电量波动分析：将高压用户的用电时间以天为维度分为普通日和特殊日（节假日、停电检查日、用户休息日等），分别总结用户用电规律，并将用户本月用电量与用户上月或去年的用电量进行比对，然后评估用户每月用电量的波动情况。当波动大于设定的阈值时，认为该用户有窃电的可能性，并根据波动程度计算窃电可能性的大小。

功率差动分析：高压用户按照一定的差动时间间隔（小时或天），使用不同的负荷差动模型对差动进行分析。根据终端负荷、电能表总负荷以及差动模型获得总负荷差值、负荷差动率、负荷差动阀值信息，判断是否达标。当波动大于设定的阈值时，认为该用户有窃电的可能，并根据波动程度计算窃电可能性的大小。

电能表停走分析：针对高压用户的电量数据、电流数据，判断高压用户是否存在用户用电的情况下，但电能表出现停止走字现象，现象表现为某时点电能量为 0，且对应时点的任意相电流大于 0.1A。以上异常现象在单日数据中出现连续 3 个时点且累计出现超出 12 次，则该用户存在窃电嫌疑。

电能表开盖或计量门开闭分析：通过采集系统获取电能表状态字，判断电能表开盖时间与电能表安装时间差值大于时间阈值。排除正常电能表开盖，例如初次安装、检定和正常工单的情况，排除开盖时间逻辑错误的情况，则产生异常。

电流失流：电流不平衡分析主要根据高压用户的电流曲线进行分析，统计并判断用户是否出现电流失流或者电流不平衡度超限情况。

恒定磁场干扰：通过分析现场采集终端上报的磁场异常事件，分析用户是否出现磁场干扰异常。

线损异常：使用线路线损及台区线损数据，辅助开展窃电嫌疑用户分析。通过将线损异常（超出阈值）期间的用户电量与线损正常期间的用户电量进行比对，发现并统计线损异常区域中的电量突减用户。

4. 防窃电综合分析

用电信息采集系统中的各类异常事件和窃电行为以及窃电行为的种类存在关联关系，基于防窃电单一异常分析结果，使用 5 折 CV 验证，从多角度进行了特征选择和特征相似性检验。最终运用机器学习方法，如图 8-15 所示，采用多模型融合架构，建立防窃电诊断模型，判断用户窃电可能性的大小。

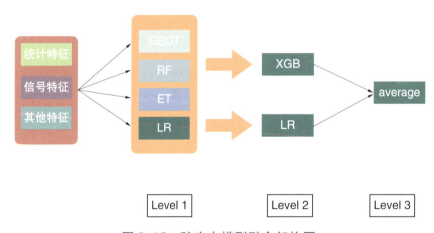

图 8-15　防窃电模型融合架构图

8.4.4　应用成效

经过与某电力公司的真实窃电用户的对比后，真实窃电用户在防窃电应用标识出窃电用户的占比高压用户达到了 89.4%，低压用户达到 34.5%。并且反窃电应用中防窃电用户稽核命中率提升 30%，线损率下降 1.4%，工作效率提升 4 倍。

8.5　客户用电优化分析

从电网负荷特点研究表明：每年新增长客户电力需求中，电力增长幅度大于电量增长幅度，这仅为了满足用电量增长的需求。但电网运行中高峰期电力的持续时间不是很长，因而造成电网与发电设备利用率的降低，从而导致电力设备资源的浪费。在峰谷负荷差距拉大的情况下，我们更要实施客户需求，以实现均衡用电，提高电网负荷率。

为能有效地提高终端用电效率，业内表示，用电企业必须多方位开展客户用电需求侧分析，积极探索提高用电效率、降低电力成本的新路子，从而改变高效率、低产出的粗放式发展模式，既能进一步挖掘设备运行中的节能潜力，实现最低电力成本的运作，又能充分保证电能质量，降低客户风险。

8.5.1　应用背景

随着智能电网和电力大数据的发展，电力客户已经逐渐从电力消费者转变为动态参与者。客户用电优化管理是市场经济体制下培植起来的一种先进的能耗管理技术和节电运作机制，它是建立在用户自愿与互利下的优化用电方式。用电优化管理旨在提高电力资源利用效率，改进用电方式，实现科学用电。用电优化管理的兴起在缓解电力供需矛盾、稳定社会有序用电等方面将发挥积极作用。在电力供应相对紧缺时期，是弥补电力不足的重要举措；在电力供应相对平衡期，对提高电力利用效率发挥着不可替代的作用。

8.5.2　实现设计

基于客户负荷特性分析的合理用电研究通过营销业务中的客户负荷特性分析板块，依据业务系统提供的电能量曲线、电流曲线、客户用电负荷曲线、日用电量曲线、电压曲线等数据，结合大数据聚类分析技术将具有相同用电规律的客户进行归类，研究具有相同用电规律的客户群的移峰填谷潜力、对峰谷分时电价调整的敏感度。

负荷特性指标定义如下：

（1）年负荷特性指标。

1）年最大负荷：全年各小时整点用电（以下指标解释都针对用电负荷）负荷中的最大值。

2）年最大峰谷差：全年各日峰谷差的最大值。

3）年最大负荷利用小时数：年统调用电量（统调发受电量、统调发购电量）与年统调最大负荷的比值。

（2）月负荷特性指标。

1）月最大负荷：每日最大负荷中的最大值，也就是每月各点负荷的最大值。

2）月平均日负荷：每月各日平均负荷的平均值。

3）月最大日峰谷差：每月各日峰谷差的最大值。

4）月平均日负荷率：每月各日负荷率的平均值。

5）月最小日负荷率：每月各日最小负荷率的最小值。

6）月最大日峰谷差率：每月各日峰谷差率的最大值。

7）月负荷率：每月平均日电量和最大日电量的比值。

（3）日负荷特性指标。

1）日最大负荷：每日 24 个整点负荷中的最大值。

2）日平均负荷：日电量除以 24（如果没有日电量数据，可以采用 24 个整点负荷的平均值近似代表）。

3）日负荷率：又称日平均负荷率，日平均负荷与日最大负荷的比值。

4）日最小负荷率：日最小负荷与日最大负荷的比值。

5）日峰谷差：日最大负荷与日最小负荷之差。

6）日峰谷差率：日峰谷差与日最大负荷的百分比值。

7）日负荷曲线：按时间顺序以小时整点负荷绘制的负荷曲线。

8.5.3　分析方法

（1）客户负荷分析。

分析客户负荷情况，包括日最大负荷、日最小负荷、日负荷率和峰谷差率。

（2）客户负荷特性分析。

对客户日、月负荷数据聚类处理，分析大客户负荷特性，进行归类定义。

（3）区域分布分析。

按月份展示区域客户的负荷特性。

（4）行业分布分析。

按照一级、二级行业类别展示行业用电量占比，支持查询各行业用电量前20名客户。

（5）客户用电量分析。

分析客户负荷峰谷平时段的电量占比，结合峰谷平电价政策，为客户提供合理用电方案，降低客户用电成本，提高经济效益。

8.5.4　应用成效

利用自身营销系统、负控系统等技术手段，辅以现场用电检查，详细地记载用户的月均电量、平均电价、功率因素、尖峰谷比例、日负荷曲线、设备情况评价以用电情况总体评价等信息。对用户用电数据进行详细的分析，帮助其发现峰谷用电不合理、无功补偿不到位、变压器负荷分布不均、平均电价偏高等不合理用电情况。平衡变压器负荷，错避峰用电，以降低平均电价，改造无功投切装置，以提高功率因素，提醒用户合理分配变压器负荷、优化用电时段、加强无功补偿管理等，达到合理用电、提高企业效益的目的。

通过对企业用电载容比、负荷率、峰谷比、功率因素等的分析，发现公司实际用电过程中超载、顶峰生产等不合理用电的情况。鼓励企业移峰填谷，将生产用电量最大的工艺流程从用电高峰时段改成夜间低谷时段，缓解了高峰时段供用电紧张局面。进一步提高电网运行效率和公司经营效益，帮助用电客户通过移峰填谷指导策略减少电费研究具有相同用电规律的客户群的用电效能提升潜力、结合峰谷分时电价等国家、企业政策等，以维护客户利益作为出发点，指导客户进行用电优化分析、用电成本分析等；帮助客户合理使用电能，提高用电效率，满足其经营管理需求，同时促进电力资源优化配置，进一步引导客户科学合理用电。

8.6　频繁停电实时预警分析

随着客户对电力供应的依赖程度不断提高，对停电事件也变得更加敏感，频繁停电投诉比例呈现上升趋势。通过对频繁停电实时数据关联分析，管控频繁停电和由此引起的投诉风险，提升公司供电服务水平。

8.6.1　应用背景

随着我国国民经济的快速增长，人民物质文化生活水平不断提高，各行业对电力的需求也越来越大，这也使得电力系统自身规模不断扩大，自动化水平不断提高，系统结构也日趋复杂。向用户提供安全、可靠、经济的电能是电力企业的宗旨。然而，在实际运行中，供电不足或断电的情况往往会因各种因素而发生，这除了会直接影响供电部门的经济效益之外，还会对各类用户造成非常严重的停电损失。

8.6.2　实现设计

如图 8-16 所示，以配变在线数据为基础搭建分析预警体系，依据区域频繁停电情况以及客户对停电的敏感程度，合理阈值设置，提供差别化监测分析，使配电网频繁停电处于实时监控之中。

针对配电网频繁停电引发的服务投诉问题，选取投诉工单、台区停电记录、故障抢修工单、总保信息等进行多维度数据分析（见图 8-17），发现部分区域与时段频繁停电情况较为严重，需要重点突破。进一步分析其原因构成，发现停电与电网负荷、业务管理等存在较为密切的内在联系：3 月份春检期间，计划检修因素占比最高，其次为保护跳闸以及设备故障；6～9 月份高温季节期间，频繁停电投诉发生情况与故障报修趋势高度一致，从两者较强相关性可以判断，高温季节下故障因素对频繁停电"贡献"较大。

分析过程中发现某县公司 20 余台区同时出现停电情况，局部达到 2 次以上，且有 10 多个台区均来自于某一供电所，如图 8-18 所示。进一步关联分析

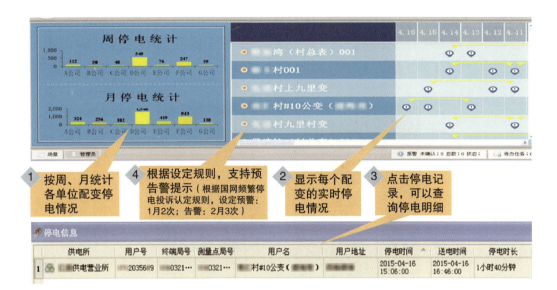

图 8-16 频繁停电事件实时分析应用

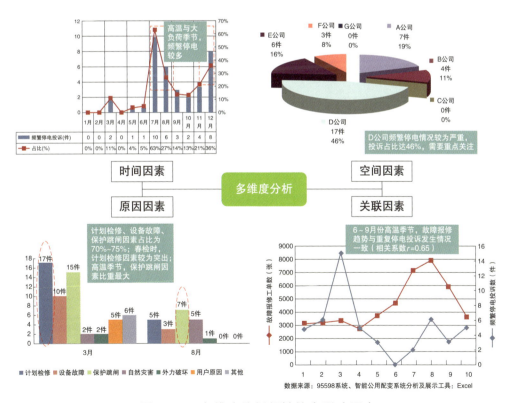

图 8-17 多维度分析频繁停电影响因素

可以看到，这些停电台区均来自于同一条线路：山＊＊＊7线，存在上级线路或电源多次停电的情况，如图 8-19 所示。深入分析发现改造施工计划管理缺乏平衡是此区域多次停电的主要原因。

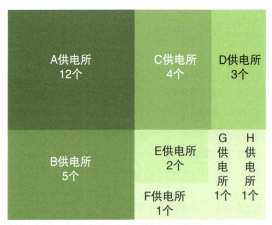

数据来源：智能公用配变系统分析及展示工具：Tableau

图 8-18　台区频繁停电区域分布图

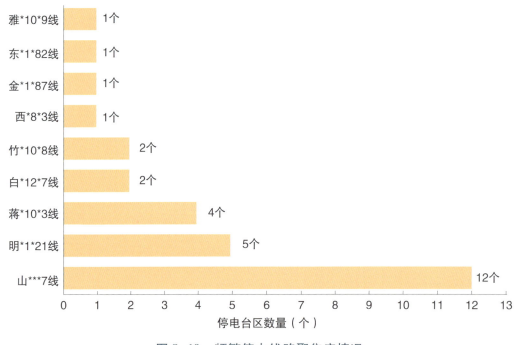

图 8-19　频繁停电线路聚集度情况

8.6.3　应用成效

通过分析发现基层单位在制定线路改造计划中存在不足，容易造成频繁停电，引发投诉风险。目前，各基层单位已加强停电计划管理，从减少频繁停电角度进一步优化施工停电方案，控制停电频率，提升供电服务水平。

8.7　温度变化对用户用电行为影响分析

8.7.1　应用背景

基于大数据平台，本应用通过分析省市总负荷和气温数据，提出在传统短期负荷预测方法中增加气温等影响因素的辅助变量，对于提高短期日负荷预测精度、增加电力系统调度效率以及缓解区域供电不足等方面具有重要意义。另外，基于营销系统用户档案数据、用电信息采集系统电量数据，分析用户用电行为，构建用户用电行为特征模型库，开展客户用电行为特征刻画分析及大用户精准营销相关分析，提高客户服务效率。

8.7.2　实现设计

基于营销基础数据平台、用电信息采集、输变电在线监控等系统的用户用电信息、负荷信息、气象数据等进行大客户用电行为分析和气温影响分析，并结合气温外部因素，构建用电量/用电负荷数据分析模型。

（1）大客户用电行为分析。

根据大客户的月均用电量、电量年增长率、同比电量波动、欠费金额、投诉次数、峰用电占比、平用电占比、谷用电占比这 8 个特征点进行聚类分析。如图 8-20～图 8-22 所示。

（2）超短期负荷程度预测模型和温度对客户用电影响分析。

负荷预测场景则是在超短期负荷预测中，加入了天气因素，利用省市历史实际天气和历史负荷信息，分析出天气对负荷变化的影响因子，再利用随机森

图 8-20   大客户地区用电分布情况分析

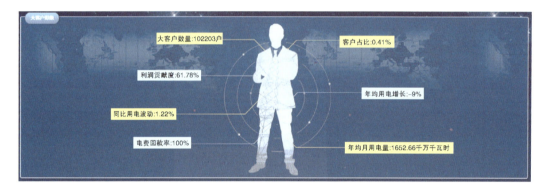

图 8-21   大客户形象汇总

图 8-22   大客户用电行为分析

林回归算法和时间序列预测算法，加以天气预报信息，从而对未来超短期内的
负荷进行预测。如图 8-23 和图 8-24 所示。

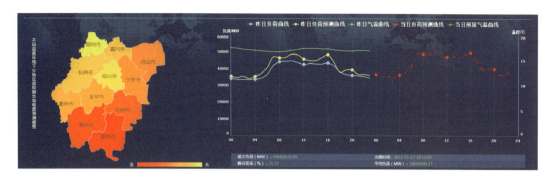

图 8-23 不同温度下分地区超短期负荷程度预测分析

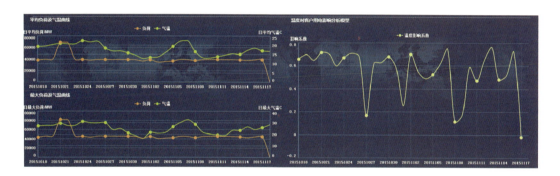

图 8-24 温度对客户用电影响分析

8.7.3 应用成效

（1）大客户用电行为分析场景，为用户构建用电行为特征模型库，并将所有大客户归类为风险、优质、普通、发展这 4 类用户。为营销业务针对风险类、优质类用户提升识别率，同时为开展用电行为特征刻画分析及大客户精准营销相关分析提供服务基础，提升客户服务效率。

（2）气温与客户负荷预测场景，根据负荷预测与实际负荷对比，负荷预测偏差率控制在 5% 左右，这将为提升电力系统调度效率以及缓解区域供电不足等方面带来的效益。

第9章　电力增值业务服务大数据应用实践

随着大数据技术的迅猛发展，以谷歌、阿里巴巴为首的国内外互联网企业率先开展了大数据技术的应用和研究，电力行业作为我国国民经济的重要支柱，同样需要借助大数据技术挖掘数据价值，提升服务能力，为社会创造更大的价值。大数据技术与电力业务融合是目前大数据技术在电力行业应用所面临的一个难题。国家电网公司自 2009 年以来，建成了用电信息采集系统，积累了大量的电量、负荷数据，并且这些数据与日俱增，且具备数据量庞大、数据类型众多、数据增量大以及速度快等特点，海量的用电信息为大数据的相关分析提供了数据基础。为适应数据市场多样化需求，需加快研究电力增值业务服务模式，促进电力数据增值为企业带来新的效益。

9.1　居民消费水平指数分析

居民消费价格指数（Consumer Price Index，CPI），是反映与居民生活有关的产品及劳务价格统计出来的物价变动指标，通常作为观察通货膨胀水平的重要指标。居民消费指数是反映一个国家或地区宏观经济运行状况好坏的必不可少的统计指标之一，是反映一定时期内居民所消费的商品和服务价格变动的指针，它反映不同时期生活费用的变动程度。它还被世界各国用于判断通货膨胀，是反映市场经济景气状态必不可少的经济晴雨表。从宏观管理来讲，它为各级政府管理部门掌握居民消费价格状况，研究和制定居民消费价格政策、工资政策、货币政策以及为国民经济核算提供科学依据；就投资而言，它是企业增加或减少投资的重要决策依据；从就业来看，它是政府和企业调整雇员工资和津贴的重要参考依据。总之，消费物价指数在现代商品经济社会中，具有十分重要的地位和作用。

9.1.1　应用背景

我国居民生活用电量占总用电量的比例正在逐步提高（发达国家和地区的居民生活用电量占总用电量的 1/3，而我国目前的人均生活用电量还不到日本的 1/4 和美国的 1/8）。居民生活用电主要分为如下几种：照明用电、电子设备用电、制冷用电、取暖用电、热水用电、电炊用电。照明、电子设备用电没有替代品，现代家庭制冷用电的替代品也非常少，因此，影响居民照明、电子设备和制冷用电量多少的因素主要是居民的人均收入、电价和气候条件。由于取暖和热水不仅可以通过电能获得，也可以通过其他能源获得，因此，这部分用电量的多少不仅受居民的人均收入、电价和气候条件的影响，还受其他能源价格的影响。由于居民做饭既可以采用电能，也可以采用其他能源，因此，电炊电量的多少不仅受居民的人均收入、电价和气候条件的影响，还受其他能源价格、居民的饮食习惯和文化水平的影响。总之由于电能在某些方面没有替代品，而且是居民生活提高生活品质的必需品，因此，居民生活用电量的多少主要受人均收入水平的影响，其次是电价，替代能源的价格、气候和个人偏好的影响。

9.1.2　实现设计

通过分析城市居民历年用电量走势，统计居民用电基数，研究居民年均用电基数与居民消费水平的关系，构建居民消费水平指数，其流程如图 9-1 所示。

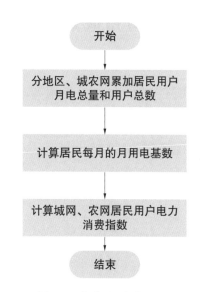

图 9-1　居民用户电力消费指数计算流程

9.1.3　分析方法

采用统计分析方法，计算城网、农网居民用户的月用电基数，并以 2007 年 12 月份城网和农网的居民用电基数为基准，形成全省城网、农网居民用户的电力消费指数，整体计算步骤如下所示：

（1）居民用户基础档案信息关联用户月电量表，得到居民用户每月用电量数据（取用户月电量表时，居民用户月用电量要大于 5kWh 才纳入计算范围）。

（2）按地区和时间汇总累加居民用户总电量和累计居民用户总数。

（3）依据公式计算到区县级的月用电基数：

月用电基数 = 月电量总值（月电量>5）/月电量>5 用户总数×

统计月天数

（4）以 2007 年 12 月份城网和农网的居民用电基数为基准，计算城网、农网以及全网居民用户的电力消费指数：

居民电力消费指数 = 居民月用电基数/2007 年 12 月城网+

农网居民用电基数

9.1.4　应用成效

以地区居民用电基数的年均值为基准，分析地区居民的消费水平指数。设 2007 年的某省居民的消费水平为 100，计算后面几年的消费水平指数，如图 9-2 所示。

由图中第一幅排名表可看出 A 市为全省居民消费水平最高的地市，且高出第二名很多；从第二幅排名可看出，A 市城农消费水平相当，第二名的 B 市城网用户接近 A 市的消费水平，农网用户明显低于 A、C 地区；第三幅排名显示，尽管 F、G 的消费水平指数不是很突出，但其消费水平增速潜力较大；第四幅排名则在第三幅的基础上进一步细化，A 市农网用户消费水平增速排名第一。通过观察全省居民消费水平概览不难得出，A 市依旧是全省生活水平较高的城市，且该地区的城镇化建设完成度较高，B 市在逐渐缩短和 A 市的差距，

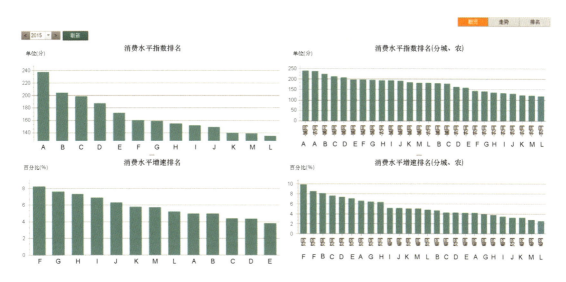

图 9-2　居民消费水平指数排名

F市居民消费水平增速较快，尤其是在城镇化建设的带动下，农网用户消费水平增速明显。

如图 9-3 所示，由图中曲线可看出，2007 年至 2016 年居民消费水平指数提升明显；2012 年以前城网、农网保持同步增长速度；2013 年以后，随着实

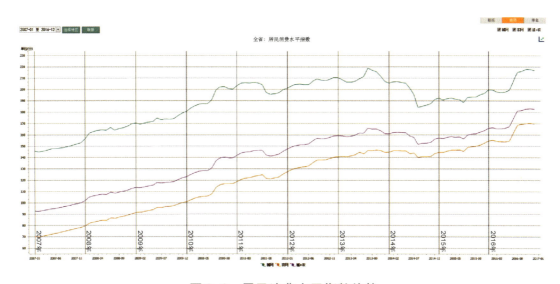

图 9-3　居民消费水平指数趋势

体经济下滑，居民消费水平指数增速放缓。在城镇化建设和城镇居民生活压力扩大的影响下，城农消费的差距逐渐缩小。2014 年至 2015 年城网的居民消费水平指数降幅较大，尽管在 2014 年下半年城网消费水平指数略微提升，但总的来说 2014 年城网消费水平指数下降，而农网的消费水平指数降幅不大，且有着缓慢上升的趋势。从 2015 年开始城网、农网的消费水平指数在同步增长，在 2016 年 6 月至 2016 年 8 月增幅都较大，8 月之后城网、农网的消费水平指数同步趋于稳定。

9.2　家庭绿色能效管理分析

随着国内各种产业的高速发展，国民生活质量极大提高，随之而来的也有很大的弊端，人们过度重视经济发展，而忽略了大自然对污染的净化能力，导致自然灾害频发，雾霾肆虐，已经严重影响到人们的日常生活，为适应中国未来经济发展和社会需求，全面支持绿色经济清洁能源和安全可靠的电力供应，提升供电质量和服务水平。因此，立足于国家最小的组成成分——家庭，呼吁每家每户节约一度电，节约一升水，尽可能减少生活垃圾排放，达到绿色家庭与能效管理相结合，为国家发展以及环境治理做出一份贡献。

9.2.1　应用背景

某特大型电力公司已在其经营范围内构建了营销业务应用系统和用电信息采集系统，这些信息系统和业务系统的建设为智能用电信息化提供了基础的保障，促进了能源与信息的相互融合。同时在智能小区、智能园区、智能楼宇等新型的智能用电试点项目中，总结了电网与用户、用户与电网的双向互动服务需求，通过研究智能用电关键技术和设备，结合智能用电互动服务平台，如图 9-4 所示，构建全新的智能家庭能效管理系统，为电力用户提供优质、便捷的用电服务；通过对家庭用电数据进行采集和深度挖掘分析，开发数据价值，从而助推家庭用电"节能化"进程。

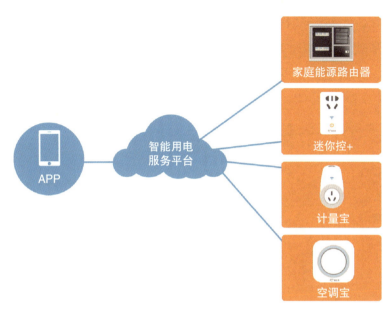

图 9-4　智能用电服务平台

9.2.2　实现设计

　　智能用电服务平台大数据分析能够采集到家中各种用电数据，如图 9-5 所示，用户可以随时随地掌握家中每条电路、每个房间、每台电器的耗电量，各个电器的实时功率及工作状态也能及时得到反馈，安全用电、节能用电也将告别纸上谈兵，实现真正的绿色能源构想。

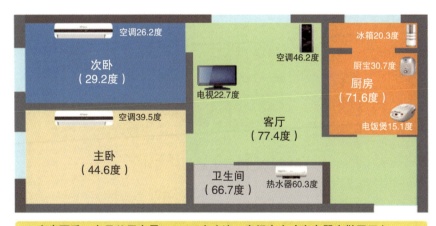

图 9-5　案例（一）

大数据分析平台在获取用户家庭各个电器实际用电量、功率、用电时段等数据信息的基础上，如图9-6所示，通过数据挖掘对用户家庭用电使用习惯进行综合分析，并提供最优化的电器使用建议。

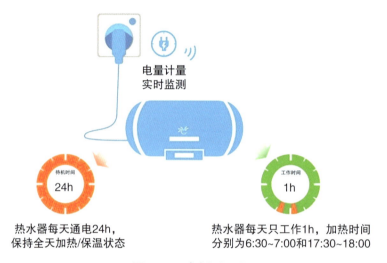

电量计量
实时监测

待机时间
24h

工作时间
1h

热水器每天通电24h，
保持全天加热/保温状态

热水器每天只工作1h，加热时间
分别为6:30~7:00和17:30~18:00

图9-6　案例（二）

未来根据大数据平台对家庭用电的实际数据采集及分析，并通过智能用电平台的不断崛起，真正实现家庭用能绿色化。如图9-7所示，通过手机软件随时操控家里的各项电器，在不影响生活舒适度的情况下也能够轻松节能。经测算通过这种用法，热水器每月耗电量能够减少30%～50%。除了能节省开支外，还能成全一颗"环保有爱"之心。

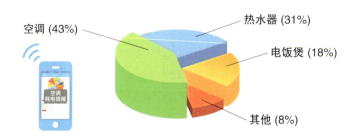

空调 (43%)

热水器 (31%)

电饭煲 (18%)

其他 (8%)

图9-7　家庭电器能耗统计

除此之外，还能够通过对采集到的居民家中不同电器的用电数据进行分析对比。如果家中某一电器耗电量位于同类电器耗电量排名前10%，智能平台会发送改善电器使用习惯的提醒，或提醒及时检查家中电器是否存在设备老化等现象，既保障了用电安全，还实现了节约用电。

9.2.3　分析方法

实时监测家庭能耗，采集各类系统整体的实际运行状态，找出关键耗能点和异常耗能点，通过数据挖掘算法建立能耗模型，构建成熟的、可靠的、实际的能效控制方案，进行控制和管理，并不断结合实际采集数据，对前期的能效控制方案进行微调，最终实现符合实际状况的、适应四季变化的、专业权威的"最优能效控制方案"，从整体上降低家庭能耗，保证家庭在节能绿色的状态下运行。

9.2.4　应用成效

以某区的一个小区为例，研究设计了符合该小区用户的能效控制方案，根据该方案建议，该小区节省了 20% 左右的能耗，实现经济效益 2712 万元。绿色智能家庭时代来临，同时电力行业数据量大、类型多、价值高，对于电力企业盈利与控制水平的提升有很高的价值。有电网专家分析称，每当数据利用率调高 10%，便可使电网提高 20%～49% 的利润。

9.3　宏观经济发展分析

2015 年初，国务院与工业和信息化部联合印发了《促进大数据发展行动纲要》，明确要求在国家"十三五"规划中重点推动大数据的发展和应用，建立运行平稳、安全高效的经济运行新机制，这也为在电力大数据环境下更加精准、更加高效地开展国家宏观经济分析提供了政策保障。

9.3.1　应用背景

宏观经济预测是一门研究宏观经济系统发展过程及其变动趋势的科学。经过长期的发展，宏观经济预测研究在建立与使用定量预测模型和定性预测模型等诸多方面取得了长足的进步。近年来，随着我国社会主义市场经济体制的进一步深化，我国宏观经济预测的应用技术已经十分普遍。多种多样的预测技术，包括计量经济学方法、投入产出方法、系统动力学方法和最优化方法等已广泛应用于国民经济分析预测。

9.3.2 实现设计

常见的描述宏观经济运行的数据指标包括：国内生产总值（GDP）、工业增加值、失业率、消费者价格指数（CPI）、生产者价格指数（PPI）、原材料、燃料和动力购进价格指数、进出口额、全社会固定资产投资、社会消费品零售总额、货币供应量余额、金融机构贷款余额、储蓄存款余额、存贷款利率、汇率、外汇储备、采购经理人指数（PMI）、全社会货运量、消费者信心指数、制造业采购经理人指数、财政收入、财政支出等21项指标。

基于电力大数据的宏观经济分析预测，主要将结合电力数据及政策、社会、经济等数据利用大数据技术所用到的众多非线性智能预测算法，如人工神经网络、支持向量机等方法也已经成为目前国内外宏观经济预测的一个重要前沿技术。

用电信息数据涉及区域、行业、企业、家庭多维度及多时间尺度，这一系列指标从不同层面反映着社会用电的情况。宏观经济运行是一个复杂的动态系统，也不存在一个单一的指标可以对其进行描述。因此，要考察两个多指标系统之间的关系，我们应遵循"关联性分析—特征提取—影响力分析—预测"的研究视角，具体实现技术路线图如图9-8所示。

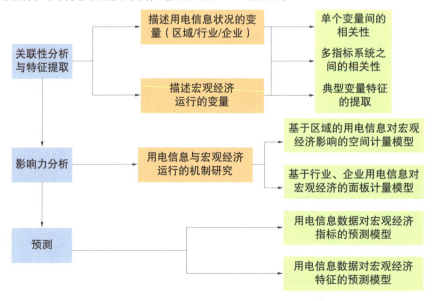

图9-8 技术路线图

9.3.3 分析方法

（1）基于电力大数据的宏观经济指标体系。

基于电力大数据的区域、行业、企业维度，经济指标体系如图 9-9 所示。

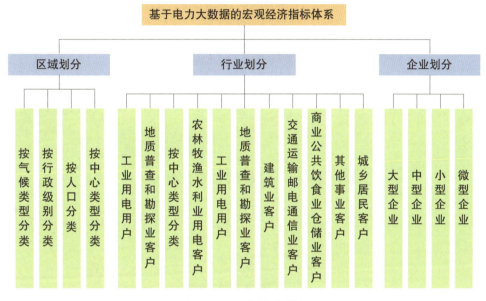

图 9-9 用电信息指标

（2）使用关联规则识别关联因素。

得出各个宏观因素的关联度，判断用电信息的哪些因素与宏观经济发展有较大关系。关联规则方法包括灰关联分析、FP-Growth 算法、深度优先算法（ECLAT）、基于粒计算的频繁模式挖掘算法，采用灰色关联度分析方法，如图 9-10 所示。

用隶属度函数对用电信息（如用电量、电价）增长率赋值，采用关联规则算法（Apriori）计算用电信息与宏观经济数据的模糊关联规则，分析各宏观经济指标与用电信息（如用电量）增长的可信度。

（3）宏观经济状况预测模型。

要实现电力大数据与宏观经济的协调发展，需要建立起一套能够及时反映两者的未来发展趋势，并能够对某一时刻整个体系内部矛盾等级做出及时判断和反映的机制，这就是预测。通过对事物发展规律的总结和认识，分析事物的

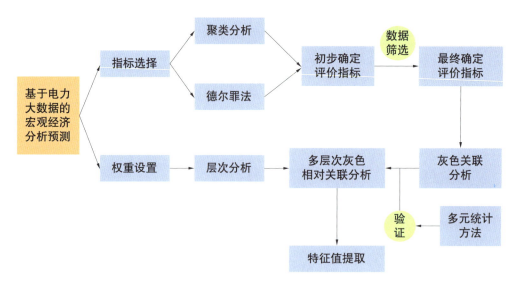

图 9-10   灰色关联度分析

现有状态，描述事物的变化趋势，并与预期的目标量基于比较，在警情发生之前进行预告。具体流程如图 9-11 所示。

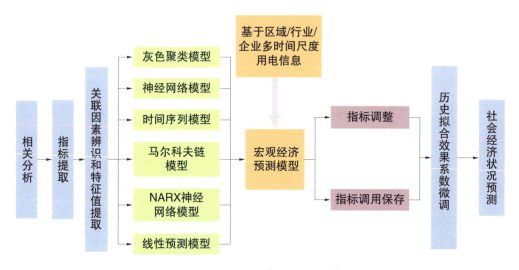

图 9-11   宏观经济状况预测模型

对宏观经济预测模型进行情景模拟。设置情景和参数，分别从定性和定量两个角度出发，对该模型进行试点应用，比较多的做法是通过预测用电量增长、政策执行以及技术升级等参数变化导致不同的未来情景，从而模拟分析各个情景下有区别的社会经济发展趋势。应用情景分析法的优势在于提供了多种可能的发展预测结果，尤其在进行中长期的战略规划预测时面对的不确定性较大，使政策制定者或管理者有效避免过高或过低的决策，从而选择正面因素最大而负面因素最小的发展方向和路径，为政府的宏观经济控制提供决策支持，情景分析如图 9-12 所示。

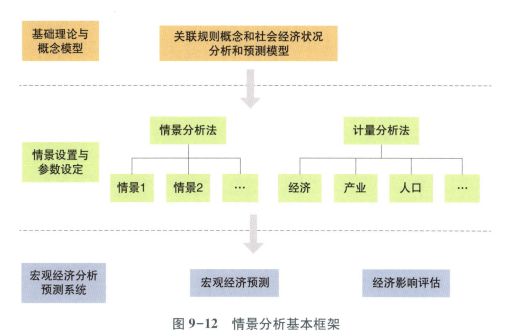

图 9-12　情景分析基本框架

9.3.4　应用成效

宏观经济发展分析将传统的研究宏观经济的方法论和大数据技术进行结合，在研究电力需求和宏观经济的关联机制和影响机制时，采用传统的统计建模和计量建模，发现电力需求和宏观经济运行的内在经济规律。在此基础上，通过大数据技术，利用用电信息的大数据来对未来宏观经济的走向进行预测，经过验证，预测准确度可达 87% 以上，具有很好的指导意义。

9.4　行业景气度分析

电力工业作为国民经济的基础产业，与区域经济发展密切相关，直观反映了经济活动的运行、发展和景气度。同时，作为高度敏感的生产资料，电力相对于经济的变化具有较高的灵敏度。但是目前通过电力数据来分析经济活动的大数据分析应用相对较少，可充分应用最新的大数据先进技术，通过对行业用电量的分析，帮助公司掌握各行各业的用电规律，挖掘各种经济环境下的售电业务机遇，更好地调配公司资源，精准定位公司业务发展的方向。通过开展"用电量看行业景气度"，为公司更好的对接、支撑政府的发展决策、政策制定提供了可常态化应用的量化分析工具，促进双方交流合作，同时也为公司争取政府的政策扶持、经济补偿提供科学、准确的依据，进一步加强电力增值业务服务。

9.4.1　应用背景

通过大数据新技术，深入分析用电量的业务特性，将新技术、业务、行业经济情况有效结合，提出用电量看行业景气的理念，充分利用大量的电力数据，进一步挖掘电量与行业经济的关联关系，构建电力景气模型，通过电力景气指数看经济，帮助政府准确把握经济发展形势，为城市规划、建设、电网规划相关政策的制定提供更直观、量化的数据支持，提高工作效率和效果，有效履行企业社会责任，进一步加强电力增值业务服务。通过对大数据整合、存储、计算、分析等关键技术的研究，以及对用电量的行业特性进行深入的分析，结合经济相关数据，将大数据新技术、用电量、行业经济数据有效进行结合，明确建设目标、理清工作思路、制定好技术路线，深入研究与探索用电量与行业经济数据的关系，构建电力景气模型，通过电力景气模型预测全省、各区域、各地市、各行业电力景气指数，旨在从电力角度把握区域、行业经济走势，预测电力需求，加强电力增值业务服务。

9.4.2　实现设计

根据用电量的相关业务特性、场景涉及的相关数据的数据来源、数据质量、对场景的支撑情况，掌握行业经济的主要指标数据，如 GDP、PMI、消费指数等经济指标。

行业景气度主要分析内容如下：

（1）行业发展趋势分析。

分析各地区经济发展特征及其变化趋势、分析行业发展特征及其变化趋势、分析行业景气度能效变化趋势及相关经济特性指标与相关电量关系等。

（2）政策影响预测分析。

针对选定的经济发展政策，利用电力数据分析其落实、执行情况，例如压缩高耗能企业产能，针对特定行业的经济拉动措施执行情况，针对中小微企业扶持政策、电价调整方案的执行效果等。

主要包括高耗能企业产能分析、特定行业的经济拉动措施执行情况分析、针对中小微企业扶持政策分析、电价调整方案的执行效果分析等。

行业景气度分析场景建设，需对关键业务进行深入的研究，分析用电量、行业经济指标之间的关联关系，选取合适的经济指标开展场景建设，通过分析用电量与经济指标预测全省、各区域、各地市、各行业电力景气指数，如图 9-13 所示。

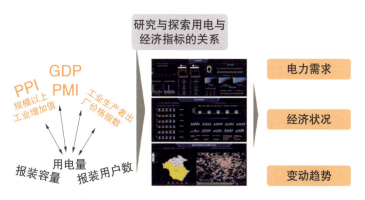

图 9-13　行业景气度分析场景建设

9.4.3　分析方法

按照从业务现象出发，梳理管理现状及相关业务，探索业务系统覆盖程度、实用化情况、考察数据基础，评估业务分析需求是否具备数据条件，尽可能进行数据探索，定量掌握现状，加深业务理解。反复进行如上步骤，直至细化、明确为切实可行的分析需求的总体思路。充分发挥电力数据价值，透过电力数据看经济，构建相关电力景气指数。融合内部电力数据、外部经济相关数据，以增长率为核心，构建电力景气指数模型，如图 9-14 所示。

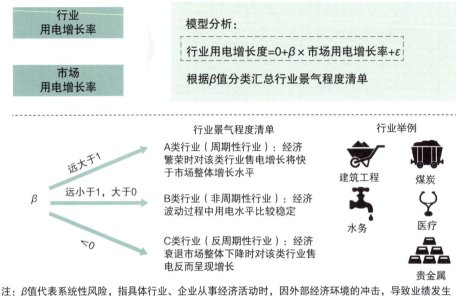

注：β值代表系统性风险，指具体行业、企业从事经济活动时，因外部经济环境的冲击，导致业绩发生剧烈波动的程度。值为1时，表示该行业、企业的业绩波动与市场整体的波动程度完全一致。

图 9-14　电力景气指数模型

9.4.4　应用成效

（1）解读经济发展情况。

以某省为例，按照基期均为 2012 年 1 月初始值均为 100 的原则，按照等权重加权方法用 20 个强周期性行业构建电力景气指数、某省全部行业售电量数据构建基准线进行对比，发现 2014 年 1 月电力数据显示经济进入衰退期。

行业景气度分析模型具有较强实用性，应用方法为：比较电力景气指数与基准线，看哪条线在上，两线距离在变大还是收窄。对经济周期判断规则：当电力景气指数线在上时，若两线距离扩大，则代表复苏；若两线距离收窄，则代表繁荣；当电力景气指数线在下时，若两线距离扩大，则代表衰退；若两线距离收窄，则代表萧条。按照电力景气指数判断经济周期的结果，与宏观经济学理论判断的经济周期一致，如图 9-15 和图 9-16 所示。

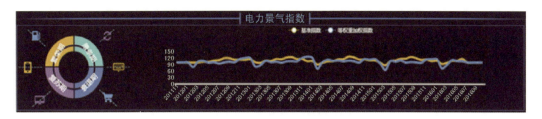

图 9-15　电力景气指数图

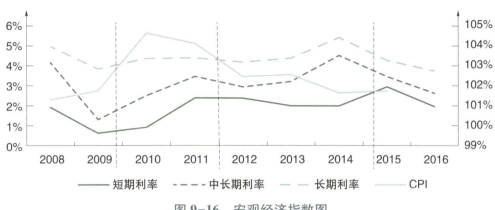

图 9-16　宏观经济指数图

（2）解读行业发展情况。

在电力景气指数的预测模型中，电力景气指数由所筛选的二十个行业的用电数据的多个变量集结而来，这些变量的波动都会对最终结果产生影响。通过蒙特卡洛模拟实验 N 次，得到一组抽样数据，由此可以决定指数未来发展的期望、方差等数学特征。

如图 9-17～图 9-20 所示，通过 10 000 次循环模拟最终得出行业增长率最高、平缓以及下滑最严重的的行业明细各 10 个。

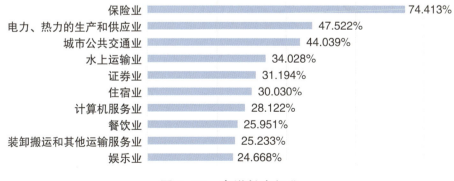

图 9-17　高增长率行业

非金属矿物制品业 ▬▬▬▬▬▬▬ 1.257%
废弃资源和废旧材料回收加工业 ▬▬▬▬▬ 1.000%
塑料制品业 ▌0.038%
通用设备制造业 −0.130%
木材加工及木、竹、藤、棕、草制品业 −1.598%
−2.007% ▬▬▬▬▬▬ 专用设备制造
−2.092% ▬▬▬▬▬▬ 化学原料及化学制品制造业
−2.128% ▬▬▬▬▬▬ 有色金属矿采选业
−2.592% ▬▬▬▬▬▬ 非金属矿采选业
−2.657% ▬▬▬▬▬▬ 煤炭开采和洗选业

图 9-18   增长平缓行业

−2.007% ▬ 专用设备制造业
−2.092% ▬ 化学原料及化学制品制造业
−2.128% ▬ 有色金属矿采选业
−2.592% ▬ 非金属矿采选业
−2.657% ▬ 煤炭开采和洗选业
−4.914% ▬ 饮料制造业
−4.924% ▬ 有色金属冶炼及压延加工业
−6.178% ▬ 黑色金属矿采选业
−11.390% ▬ 仓储业
−40.042% ▬▬▬▬▬ 农、林、牧、渔服务业

图 9-19   负增长行业

图 9-20   最终预测结果

第10章　国家电网公司大数据
发展规划与展望

全面落实国家电网公司"十三五"信息化规划，围绕国家电网公司"两会"提出的"大力推动'大云物移'现代信息技术、自动控制技术和人工智能技术在电网中的融合应用，深化网络与信息安全防控"，进一步转变公司发展方式，把现代信息通信技术与企业生产经营深度融合，深入挖掘大数据价值。

10.1　大数据平台提升

国家电网公司下阶段重点开展两方面的大数据平台建设，一方面实现平台能力整体提升，一方面围绕应用众创、跨界跨域大数据应用构建大数据开放服务体系。如图 10-1 所示。

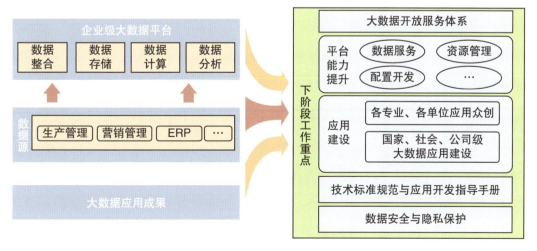

图 10-1　大数据开放服务体系

10.2　跨界跨域大数据应用建设

基于现有大数据应用成果基础，统一组织制定后续大数据应用建设蓝图。近期重点聚焦基于社会民生、经济分析、公司管理提升等视角的国家、社会和企业级等跨界跨域大数据应用建设。如图 10-2 所示。

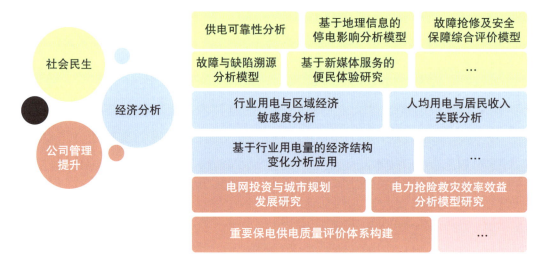

图 10-2　跨界跨域大数据应用

10.3　大数据应用众创

基于国家电网公司统一平台、统一标准规范，由各专业、各单位为主推进相关大数据应用场景建设工作，利用大数据应用专题构建的应用成果统一发布、共享以及自助、众创的场所，使用应用商店、分析模型库、自助分析等相关功能，促进公司各业务领域的大数据分析应用建设的快速发展，实现公司数据分析应用"万众创新"建设。如图 10-3 所示。

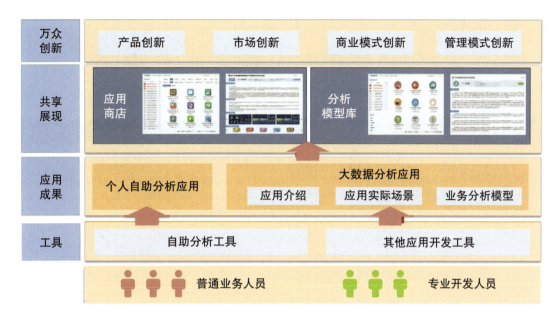

图 10-3　创新应用

10.4　数据安全和隐私保护

国家电网公司下一步将重点按照《网络安全法》中对用户信息和敏感数据的保护要求，研发大数据安全脱敏系统，实现大数据在部门间数据共享、数据治理与分析、社会化应用的安全需求，确保数据全过程可监控。如图 10-4 所示。

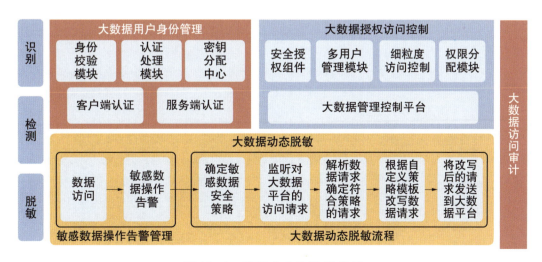

图 10-4　数据安全和隐私保护

附录 A　电力大数据术语表

序号	名词	相关解释
1	数据整合	满足关系型数据库、非关系型数据库等异构数据源的接入需求，实现关系型数据库基于日志解析的高效复制工具。提供数据实时推送、数据实时采集，支撑实时、非实时等不同数据采集频率的数据接入
2	数据存储	构建适应电力大数据环境的分布式列式存储数据库、分布式文件系统、分布式内存数据库等存储，利用大数据的分布式存储技术，搭建低成本、高扩展性的存储系统，支撑各类业务结构化数据、非结构化数据、海量实时数据、GIS 空间数据的存储需求
3	数据计算	提供海量异构数据实时监测和分析，利用大数据的流计算技术，构建在线监测、在线分析和在线计算等实时数据处理平台。利用大数据的批量计算、内存计算等技术，结合各类业务逻辑和算法，实现海量数据的离线分析与处理能力
4	数据分析	提供在大数据环境下，跨业务的分析模型和数据挖掘算法，设计大数据关联分析模型库和算法库。利用大数据的 R 语言、机器学习、模式识别技术，对海量数据进行模拟分析和计算预测，满足实时、离线应用的分析挖掘需求，为公司分析决策应用构建提供基础支撑
5	平台服务	封装平台统一服务接口层。满足文件数据的多协议访问以及结构化、半结构化数据的 SQL 操作能力；提供平台的数据计算能力、数据分析能力接口应用；支持分析场景展现页面进行在线建模、配置、预览并发布
6	配置管理	提供对各个组件集中化的监控、配置和管理
7	安全管理	提供大数据环境下接入安全、存储安全、隐私保护、身份验证等安全审计功能
8	数据挖掘	从大量数据中寻找出隐含的、先前未知的并有潜在价值的信息的非平凡过程，是统计学、数据库技术、可视化技术、机器学习、模式识别和人工智能技术的综合
9	模型	用以分析问题的概念、数学关系、逻辑关系和算法序列的表示体系
10	数据网关	数据网关的作用就是连接不同的通信系统，实现数据互通，所以首先要对不同系统进行物理连接，在物理连接的基础上，再根据不同系统的通信协议，利用协议允许的接口进行软件连接，通过数据接收、提取、发送的过程实现数据转发
11	数据服务	数据服务是一种软件服务，它封装了企业相关的关键数据实体的操作。企业数据被存储在多个系统中，要想与之交互需要多个接口或多种机制

序号	名词	相 关 解 释
12	数据完整	保持存储在大数据平台中的数据的一致性与可靠性，防止数据库中存在不符合语义规定的数据和防止因错误信息的输入输出造成无效操作或错误信息
13	数据加密	数据加密通过变换和置换等各种方法将被保护信息置换成密文，然后再进行信息的存储或传输，即使加密信息在存储或者传输过程为非授权人员所获得，也可以保证这些信息不为其认知，从而达到保护信息的目的
14	SG-CIM	国家电网公司公共信息模型（States Grid Common Information Model）是在遵循 IEC 61968/61970 系列标准基础上，结合国家电网公司业务需求扩展完善，设计形成的一套标准的数据模型和数据访问接口规范
15	ODS	操作型数据存储（Operational Data Store）是数据仓库体系架构的重要组成部分，具备数据仓库的部分特征和 OLTP 系统的部分特征，提供面向主题的、集成的、当前或接近当前的、不断变化的数据
16	数据复制	基于数据库日志文件实现同步或异步源数据库与目标数据库
17	ETL	Extract，Transform，Load 的缩写，即数据提取、转换和加载
18	Kafka	Kafka 是一个分布式消息发布订阅系统，易于向外扩展，为发布和订阅提供高吞吐量，支持多订阅者，当失败时能自动平衡消费者，同时将消息持久化到磁盘，支持海量数据在线及离线处理。每一类型信息被定义为一个主题
19	消息队列	"消息队列"是在消息的传输过程中保存消息的容器。消息队列管理器在将消息从它的源中继到它的目标时充当中间人。队列的主要目的是提供路由并保证消息的传递；如果发送消息时接收者不可用，消息队列会保留消息，直到可以成功地传递它。大数据平台，基于 kafka 实现
20	Hdfs	Hdfs 是分布式计算中数据存储管理的基础，是基于流数据模式访问和处理超大文件的需求而开发的，可以运行于廉价的商用服务器上。Hdfs 具有的高容错、高可靠性、高可扩展性、高获得性、高吞吐率等特性，支持超大数据集的应用处理
21	MapReduce	MapReduce 是一种编程模型，用于大规模数据集（大于 1TB）的并行运算，MapReduce 框架负责处理并行编程中分布式存储、工作调度、负载均衡、容错均衡、容错处理以及网络通信等复杂问题
22	Hive	Hive 是基于 Hadoop 构建的一套数据仓库分析系统，它提供了丰富的 SQL 查询方式来分析存储在 Hadoop 分布式文件系统中的数据
23	Hbase	Hbase 是一个高可靠性、高性能、面向列、可伸缩的分布式存储系统，利用 HBase 技术可在廉价 PC Server 上搭建起大规模结构化存储集群。Hbase 介于 nosql 和 RDBMS 之间，通过主键（row key）和主键的 range 来检索数据，支持单行事务，主要用来存储非结构化和半结构化的松散数据

续表

序号	名词	相 关 解 释
24	随机森林	指的是利用多棵树对样本进行训练并预测的一种分类器。简单来说，随机森林就是由多棵 CART（Classification And Regression Tree）决策树构成的。对于每棵树，它们使用的训练集是从总的训练集中有放回采样出来的，这意味着，总的训练集中的有些样本可能多次出现在一棵树的训练集中，也可能从未出现在一棵树的训练集中。在训练每棵树的节点时，使用的特征是从所有特征中按照一定比例随机地无放回的抽取的
25	聚类分析	聚类分析又称群分析，它是研究（样品或指标）分类问题的一种统计分析方法。聚类分析起源于分类学，但是聚类不等于分类。聚类与分类的不同在于，聚类所要求划分的类是未知的。聚类分析内容非常丰富，有系统聚类法、有序样品聚类法、动态聚类法、模糊聚类法、图论聚类法、聚类预报法等
26	时间序列	时间序列是指将某种现象某一个统计指标在不同时间上的各个数值，按时间先后顺序排列而形成的序列。时间序列法是一种定量预测方法，也称简单外延方法。在统计学中作为一种常用的预测手段被广泛应用
27	关联分析	关联分析是一种简单、实用的分析技术，就是发现存在于大量数据集中的关联性或相关性，从而描述了一个事物中某些属性同时出现的规律和模式
28	预测分析	预测分析是一种统计或数据挖掘解决方案，包含可在结构化和非结构化数据中使用以确定未来结果的算法和技术。可为预测、优化、预报和模拟等许多其他用途而部署
29	神经网络	神经网络是一种运算模型，由大量的节点（或称神经元）和之间相互联接构成。每个节点代表一种特定的输出函数，称为激励函数（activation function）。每两个节点间的连接都代表一个对于通过该连接信号的加权值，称之为权重，这相当于人工神经网络的记忆。网络的输出则依网络的连接方式，权重值和激励函数的不同而不同。而网络自身通常都是对自然界某种算法或者函数的逼近，也可能是对一种逻辑策略的表达
30	支持向量机	是一种分类算法，通过寻求结构化风险最小来提高学习机泛化能力，实现经验风险和置信范围的最小化，从而达到在统计样本量较少的情况下，亦能获得良好统计规律的目的。通俗来讲，它是一种二类分类模型，其基本模型定义为特征空间上的间隔最大的线性分类器，即支持向量机的学习策略便是间隔最大化，最终可转化为一个凸二次规划问题的求解
31	傅里叶变换	傅立叶变换能将满足一定条件的某个函数表示成三角函数（正弦和/或余弦函数）或者它们的积分的线性组合。在不同的研究领域，傅里叶变换具有多种不同的变体形式，如连续傅里叶变换和离散傅里叶变换
32	逻辑回归	逻辑回归为概率型非线性回归模型，是研究分类观察结果（y）与一些影响因素（x）之间关系的一种多变量分析方法。Y 值取 1 或 0

附录 B　中国大数据发展情况

表 B-1　　　　　　　　　　　大数据发展指数指标框架

指数	一级指标	二级指标	指 标 含 义
省（区市）大数据发展指数	政策环境	政策关注度	大数据相关政策的媒体报道量和网民讨论量
		政策满意度	媒体和网民对大数据相关政策的评论倾向
	人才状况	人才需求度	各类企业对大数据相关人才提供的岗位量
		人才供应度	有意在大数据领域求职的人才数量
	投资热度	政府投资项目数	政府在大数据领域投资的项目数量
		投融资规模	大数据创业企业的融资规模
	创新创业	技术创新量	大数据相关专利数量
		创业增长量	大数据领域新增企业数量
	产业发展	产业园区数	大数据产业园区的数量
		企业注册规模	大数据企业的平均注册资本
		企业活跃度	大数据企业经营活跃度
	网民信心	—	网民对大数据行业的信心和预期

注：出自国家信息中心《2017 中国大数据发展报告》。

表 B-2　　　　　　　　　　　各二级指标平均得分情况

网民信心	56.38
创新创业	50.30
人才状况	50.26
政策环境	48.84
产业发展	44.44
投资热度	38.12

注：出自国家信息中心《2017 中国大数据发展报告》。

表 B-3 十大最具影响力的大数据领域学者

排名	人物	新闻媒体影响力	自媒体影响力	综合得分	所属机构与职称
1	周 涛	5.94	6.87	6.41	电子科技大学 教授
2	邬贺铨	5.98	5.56	5.77	中国工程院 院士
3	梅 宏	5.85	5.54	5.70	中国科学院 院士
4	怀进鹏	5.49	5.28	5.38	中国科学院 院士
5	鄂维南	5.33	5.15	5.24	中国科学院 院士
6	沈 浩	4.98	4.40	4.69	中国传媒大学 教授
7	陈润生	3.52	5.41	4.47	中国科学院 院士
8	李国杰	3.49	4.70	4.10	中国工程院 院士
9	郭毅可	4.26	3.77	4.02	上海大学 教授
10	王建民	2.61	4.56	3.59	清华大学 教授

注：出自国家信息中心《2017 中国大数据发展报告》。

表 B-4 十大最具影响力的大数据领域微信公众号

排名	名 称	微 信 号	微信传播指数
1	待字闺中	daiziguizhongren	1049.32
2	腾讯大数据	tencentbigdata	789.90
3	数据挖掘与数据分析	datakong	748.43
4	数据宝	shujubao2015	740.44
5	机器之心	aimosthuman2014	698.96
6	数据分析	ecshujufenxi	695.02
7	大数据文摘	BigDataDigest	693.28
8	城市数据派	udparty	671.68
9	新智元	AI_era	639.52
10	城市数据团	metrodatateam	635.58

注：出自国家信息中心《2017 中国大数据发展报告》。

表 B-5　　　　　十大最具影响力的大数据领域社会智库

排名	机　　构	新闻媒体影响力	自媒体影响力	综合得分
1	中国指数研究院	9.38	9.74	9.56
2	易观智库	10.00	8.03	9.02
3	阿里研究所	8.70	8.79	8.74
4	腾讯研究院	7.16	8.39	7.77
5	中关村大数据产业联盟	8.17	5.88	7.02
6	清博大数据	6.35	7.70	7.02
7	电子科技大学大数据研究中心	8.21	3.97	6.09
8	中国房地产数据研究院	3.89	7.43	5.66
9	北京大数据研究院	3.63	7.06	5.35
10	上海大数据联盟	4.46	5.93	5.20

注：出自国家信息中心《2017 中国大数据发展报告》。

表 B-6　　　　　十大最具影响力的地方大数据政府机构

排名	机　　构	新闻媒体影响力	自媒体影响力	综合得分
1	贵州省大数据局	9.90	7.46	8.68
2	贵州省发改委	6.91	7.69	7.30
3	上海市经信委	4.17	6.54	5.35
4	贵州省经信委	3.89	5.33	4.61
5	贵州省信息中心	4.01	5.12	4.57
6	内蒙古发改委	3.52	5.38	4.45
7	贵州省科技厅	6.05	2.85	4.45
8	北京市发改委	4.34	4.37	4.36
9	上海市信息中心	3.45	4.82	4.13
10	浙江省科技厅	6.22	1.66	3.94

注：出自国家信息中心《2017 中国大数据发展报告》。

表 B-7 十大最具影响力的大数据企业

排名	企业	新闻媒体影响力	技术创新度	自媒体影响力	综合得分
1	华为	10.00	8.84	8.64	9.13
2	腾讯	9.87	6.92	9.89	8.70
3	浪潮集团	7.83	10.00	7.01	8.45
4	中国移动	9.46	7.33	8.91	8.45
5	百度	6.95	8.66	9.47	8.39
6	国家电网	8.41	9.80	6.33	8.34
7	中国电信	7.37	7.74	8.09	7.74
8	阿里巴巴	8.90	5.74	8.92	7.64
9	中兴通讯	6.03	8.76	6.59	7.29
10	中国联通	6.21	7.16	7.80	7.07

注：出自国家信息中心《2017 中国大数据发展报告》。

表 B-8 2016 年中央及部委大数据领域最受关注的十大政策

排名	文件名称	发文单位	发文日期	关注度
1	《大数据产业发展规划（2016—2020年)》	工信部	2016 年 12 月 30 日	92.11
2	《关于促进和规范健康医疗大数据应用发展的指导意见》	国务院办公厅	2016 年 6 月 24 日	82.94
3	《农业农村大数据试点方案》	农业部	2016 年 10 月 14 日	78.34
4	《关于推进交通运输行业数据资源开放共享的实施意见》	交通部	2016 年 9 月 2 日	69.68
5	《关于加快中国林业大数据发展的指导意见》	林业局	2016 年 7 月 13 日	53.89
6	国家林业局落实《促进大数据发展行动纲要》的三年工作方案	林业局	2016 年 2 月 24 日	50.64
7	《生态环境大数据建设总体方案》	环保部	2016 年 3 月 8 日	43.65
8	《促进大数据发展三年工作方案（2016—2018)》	国家发改委等部委	2016 年 4 月 13 日	40.93
9	《促进国土资源大数据应用发展实施意见》	国土资源部	2016 年 7 月 4 日	32.11
10	《关于推进全国发展改革系统大数据工作的指导意见》	国家发改委	2016 年 9 月 9 日	30.56

注：出自国家信息中心《2017 中国大数据发展报告》。

参　考　文　献

［1］2016 年大数据白皮书［M］. 中国信息通信研究院 . 2016.

［2］2016 年中国大数据交易产业白皮书［M］. 贵阳大数据交易所 . 2016.

［3］中国电力大数据发展白皮书［M］. 中国机电工程学会信息化委员会 . 北京：中国电力出版社，2013.

［4］大数据安全标准化白皮书（2017）［M］. 全国信息安全标准化技术委员会-大数据安全标准特别工作组 . 2017.

［5］刘振亚 . 全球能源互联网［M］. 中国电力出版社 . 2015.

［6］王继业，郭经红，曹军威，高灵超等 . 能源互联网信息通信关键技术综述［J］. 智能电网，2015（6）：473-485.

［7］王家凯，王继业 . 基于 IEC 标准的电力企业公共数据模型的设计与实现［J］. 中国电力，2011，44（2）：87-90.

［8］王继业，张崇见 . 电力信息资源整合方法综述［J］. 电网技术，2006，30（9）：83-87.

［9］王继业，魏晓菁，郝悍勇等 . 基于灰色投影随机森林算法的配网故障量预测模型［J］. 自动化技术与应用 . 2016.

［10］王继业 . 大数据在电网企业的应用探索［J］. 中国电力企业管理，2015（9）：18-21.

［11］朱朝阳，王继业，邓春宇 . 电力大数据平台研究与设计［J］. 电力信息与通信技术，2015，13（6）：1-7.

［12］王继业，季知祥，史梦洁等 . 智能配用电大数据需求分析与应用研究［J］. 中国电机工程学报，2015，35（8）：1829-1836.

［13］王继业 . 大数据：电网企业创新发展驱动力［J］. 国家电网，2015（12）：58-61.

［14］王继业，程志华，彭林等 . 云计算综述及电力应用展望［J］. 中国电力，2014，47（7）：108-112.

［15］张东霞，王继业，刘科研，郑安刚 . 大数据技术在配用电系统的应用［J］. 供用电，2015，32（8）：6-11.

［16］王继业 . 智能电网大数据［M］. 中国电力出版社 . 2017.

［17］凌卫家，施永益 . 数说电网运营：电网企业运营大数据分析案例集萃［M］. 2016.

［18］赖征田等 . 电力大数据［M］. 机械工业出版社 . 2016.

［19］电信大数据应用白皮书（2017 年）. 大数据发展促进委员会电信工作组 . 2017.

［20］李军，大数据：从海量到精准［M］. 北京：清华大学出版社，2014.

［21］周志华．机器学习［M］．北京：清华大学出版社，2016．

［22］宋亚奇．云平台下电力设备检测大数据存储优化与并行处理技术研究［D］．北京：华北电力大学（北京），2016．

［23］黄文思，毛学工等．基于大数据技术的水电行业企业级数据中心建设的研究．工业仪表与自动化装置．2017（1）．

［24］黄文思，许元斌，邹保平，陆鑫．基于大数据的线损计算分析研究与应用．电气应用．2015（20）．

［25］陈宏．基于关联规则挖掘算法的用电负荷能效研究．电子设计工程．2017．

［26］郝悍勇，黄文思，林燊等用户感知度模型分析及其在客户服务领域的应用．电力信息与通信技术．2016．

［27］大数据时代［J］．中国电子科学研究院学报．2013（1）：27-29．

［28］孟小峰，慈祥．大数据管理：概念、技术与挑战［J］．计算机研究与发展，2013，50（1）：146-149．

［29］鲍亮，李倩．实战大数据［M］．北京：清华大学出版社，2014．

［30］吴凯峰，刘万涛，李彦虎等．基于云计算的电力大数据分析技术与应用［J］．中国电力．2015.2.48（2）．

［31］钟运琴，方金云，赵晓芳等．大规模时空数据分布式存储方法研究［J］．高技术通讯．2013，23（12）：1219-1229．

［32］王春毅．电力行业的大数据发展解析［J］．电力信息化，2013，11（2）：8-9．

［33］江克宜，薛冰，彭翎等．用数据说话：迎接电力营销服务的大数据时代［M］．北京：中国电力出版社，2014．

［34］Ian Ayres．大数据思维与决策［M］．宫相真，译．北京：人民邮电出版社，2014．

［35］赵刚．大数据：技术与应用实践指南［M］．北京：电子工业出版社，2014．

［36］郑海雁，金农，季聪等．电力用户用电数据分析技术及典型场景应用［J］．电网技术，2015，39（11）：3147-3152．

［37］赵莉，候兴哲，胡君等．基于改进k-means算法的海量智能用电数据分析［J］．电网技术，2014，38（10）：2715-2720．

［38］王德文，孙志伟．电力用户侧大数据分析与并行负荷预测［J］．中国电机工程学报．2015，35（03）：527-537．

［39］张素香，赵丙镇，王风雨等．海量数据下的电力负荷短期预测［J］．中国电机工程学报，2015，35（1）：37-42．

［40］沈杰．数据可视化在大数据时代中的应用探究［J］．电子世界．2014（23）：10．

［41］李德仁，马军，邵振峰．论时空大数据及其应用［J］．卫星应用．2015（9）：7-11．

［42］王余蓝．图形数据库NEO4J与关系数据库的比较研究［J］．现代电子技术．2012（10）：77-79．

索　引

后　记

电力大数据将随着电力信息化的深度应用逐步发挥作用。作为"一带一路"战略的基础设施互联的全球能源互联网的建设将为电力大数据应用提供新的机遇。全球能源互联网是以特高压电网为骨干网架，以输送清洁能源为主导，全球互联泛在的坚强智能电网。将由跨国跨洲骨干网架和涵盖各国各电压等级电网的国家泛在智能电网构成，连接"一极一道"和各洲大型能源基地，适应各种分布式电源接入需要，能够将风能、太阳能、海洋能等清洁能源输送到各类用户，是服务范围广、配置能力强、安全可靠性高、绿色低碳的全球能源配置平台。

能源互联网要达到这样的运转效率，就需要大云物移等信息通信技术。未来，"互联网+电力"会催生新的商业模式，电力服务模式将产生明显变化，移动互联网服务的方式会得到普及，客户与电网双向互动将变为现实。随之而来的是，电网发展理念将发生变革，一方面，电能替代和绿色替代将成为能源发展的主流，电能替代主要是指"以电代煤，以电代油，电从远方来，来的是清洁电"，绿色替代就是大幅增长的水能、风能、太阳能等清洁能源将替代火电。另一方面，需求侧管理也将更加科学合理，分布式能源并网容量的增多会加大用电客户与电网之间的互动需求，而智能用电、移动终端等的广泛应用也将促进电网与用电客户间的互动，便于电网侧做出合理的调度调整，使得用电需求相应更加科学合理。

因此，随着"互联网"+智慧能源的发展，催生了像"电力大数据""电力物联网""能源互联网""智慧城市"等新兴概念。通过使用先进的传感器、控制设备和软件应用程序，将电力生产端、电力传输端、电力消费端的数以几十亿计的设备、机器、系统和用户连接起来，形成了"全景全息的电力物联网"，产生了巨量实时的电力大数据。大数据分析、机器学习和预测是这种互联网络实现生命体特征的重要技术支撑：通过整合运行数据、气象数据、电网数据、电力市场数据等，进行大数据分析、负荷预测、发电预测，打通并优化电力生产和电力消费端的运作效率，需求和供应可进行随时的动态调整。智能发电、用电、储电设备，最终都将接入能源互联网，借助信息流，形成自我优化的良性生态循环体系。

与其说是智能电网、能源互联网的发展，必然依赖大数据技术的发展和应用，还不如说是大数据为智能电网、能源互联网的建设提供的机遇。能源产业本身的发展变革必然面对大数据的采集、管理和信息处理的挑战。因此，大数据技术，不仅仅是能源行业某个技术环节所需要的专业技术，而是组成整个能源互联网的技术基石。将全面影响到电网的规划、技术的变革、设备升级、电网改造，以及设计规范、技术标准、运行规程乃至市场营销政策的统一等方方面面，它支撑的正是整个未来新结构的精细化能量管理的新一代电力系统。

最后，由于时间紧迫及水平所限，本书还有很多不尽如人意的地方，欢迎各位学者和同仁们不吝赐教。我们将深入不断的推进电力企业在生产、经营和优质服务以及新兴业务中的大数据应用，让数据真正发挥其价值和作用，推动能源生产和消费的革命，推动全球能源互联网的建设。在此，感谢本书得以付梓的诸位专家和同事，感谢各位在百忙之中在材料提供、文字校对、文稿润色、出版安排等方面的巨大帮助。